대세는 **국영수코!** 교과서보다 먼저 만나는 **첫 코딩**

**파이썬
코딩
0교시**

대세는 국영수코! 교과서보다 먼저 만나는 첫 코딩

파이썬 코딩 0교시

Must Know High School Computer Programming

초판 1쇄 2021년 4월 30일

지은이 줄리 스웨이(Julie Sway)
옮긴이 임성국
발행인 최홍석

발행처 (주)프리렉
출판신고 2000년 3월 7일 제 13-634호
주소 경기도 부천시 길주로 77번길 19 세진프라자 201호
전화 032-326-7282(代) **팩스** 032-326-5866
URL www.freelec.co.kr

편 집 고대광, 박영주
디자인 황인옥

ISBN 978-89-6540-292-3

파이썬 코딩 0교시

대세는 " 국영수코! 교과서보다 먼저 만나는 " 첫 코딩

줄리 스웨이 지음
임성국 옮김

프리렉

IT 기술이 우리 생활에 깊고도 넓게 파고 들었습니다. 코딩(프로그래밍)에 대한 리터러시가 필요한 상황입니다! 여러분은 프로그램(웹이나 앱)이 어떻게 작동하는지 궁금할 수도 있고, 새로운 프로그램에 대한 아이디어가 떠오를 수도 있습니다. 더 나아가 미래에 개인용 로봇을 갖고 싶어서 프로그래밍을 배워야 할 수도 있습니다. 이 책은 여러 이유로 코딩을 시작하는 여러분에게 도움이 될 것입니다.

생활의 다양한 측면에 IT 기술이 접목되면서 이들 기술 요소가 포함되지 않은 직업은 거의 없게 되었습니다. 프로그래머가 아니더라도 코딩 리터러시가 높을수록 고용 시장에서 더 가치 있는 사람으로 평가되게 되었습니다. 예를 들어 소프트웨어 개발 방법에 대해 알면 개발 프로젝트 팀이 개발할 소프트웨어 요구사항까지도 고객 입장에서 더 잘 이해할 수 있습니다.

이러한 변화를 반영하여 <2015 개정 교육과정>을 통해 공교육에 코딩 교육이 도입되었습니다. 아직까지 많은 학생이 코딩 배우기를 불안해합니다. 실상은 여러분의 생각보다 그렇게 어렵지 않습니다! 아직 접해 보지 않아 생기는 두려움일 뿐입니다. 희망적인 소식은 이미 선수 과정을 통해 배웠던 수학 및 논리 개념과 겹치는 부분이 많이 있으며, 이 책에서 다루는 내용을 배우고 익히는 데 여러분의 학습 능력은 차고도 넘치리라는 것입니다.

현재 중고등학교에서는 교과 과정에 따라 코딩 수업이 이루어지고 있습니다. 이 책은 프로그래밍 언어 입문 수업뿐 아니라 게임 개발 및 디자인, 로봇 공학 등에도 활용될 수 있습니다. 이 책에서 다루는 기본 개념은 프로그래밍 언어마다 구현에 있어 약간의 차이는 있지만, 모든 언어에 공통적으로 적용되며, 비판적 사고와 논리 적용, 문제 해결과도 관련이 있습니다.

일부 입문 과정에서는 동일한 기본 개념을 다루면서도 백그라운드에서 프로그래밍 작업을 별도로 수행하는 블록 기반 프로그래밍을 사용하기도 합니다. 이들 블록 기반 프로그래밍 언어에서도 학생들은 여전히 "실제 프로그래밍"을 수행하며 학습하게 됩니다. 여러분은 이 책에서 대학의 프로그래밍 수업 과정에서 다루는 개념과 구조를 먼저 배우게 될 것입니다. 또한, 여기서 다루는 프로그래밍의 기본 개념은 앞으로 다양한 과정에서 다른 프로그래밍 언어를 배울 때도 유용하게 쓰일 것입니다.

만일 중고등학교 수준의 코딩 수업 전에 기본 개념을 배우고 싶거나 혼자서 배우는 데 관심이 있다면, 첫 번째 단계는 이 책과 같은 수준의 도서를 만나는 것입니다. 책을 펼쳐 예제의 코드를 작성해 보십시오. 새로운 기술과 마찬가지로 단순히 읽는 것만으로는 프로그래머가 될 수 없습니다. 코딩은 직접 경험해야만 학습 성과가 나옵니다!

자, 여러분!《파이썬 코딩 0교시》를 선택해 주셔서 감사합니다. 여러분에게 맞는 책을 잘 선택했다고 할 만한 이유를 이야기해 보겠습니다. 아마도 지금껏 본 책에서는 용어를 잔뜩 늘어놓으면서 암기를 요구했을 것입니다. 이 책은 그렇지 않습니다. 물론 여러분이 관심을 갖고 외운다면 반대하지 않고 환영하지만 말입니다. 다음으로, 많은 책이 대충 내용을 훑어보며 끝까지 배우다 보면 이것저것 할 수 있는 것이 많다며 약속했을 것입니다. 하지만 그 과정에서 실제로는 목표를 달성하는 데 필요한 블록을 놓치는 아쉬움이 있었을 것입니다. 그래서 이 책은 접근 방식을 다르게 취했습니다.

먼저 새로운 장을 시작하면 [주목! 핵심 개념]을 볼 수 있습니다. 이들 개념은 여러분이 기본적으로 알아야 할 내용이며, 장 전체로 보면 기초가 됩니다. 이러한 필수 개념을 배우면서 함께 알아야 하는 내용도 다루며 각 장을 일관되게 끌어갑니다. 이러한 기초를 다지기 위해, 당연히 다루어야 하는 주제를 적절하게 배치해 가며 쉽게 이해할 수 있도록 설명합니다. 그러면서 컴퓨터 프로그래밍에서 문제를 풀기 위해 배우는 내용이 실제로는 어떻게 적용되는지 알려주는 [예제]도 다룹니다. 마지막으로 각 장은 새로운 내용을 배우면서 자신감까지 배양하도록 고안된 [마무리 퀴즈(책 전체에 걸쳐 250개 이상)]로 끝납니다.

이 책에는 프로그래밍에 도움이 되는 또 다른 요소들이 있습니다. 유용한 정보를 다루기도 하고 잠시 공부를 접고 쉬어 가며 읽어 볼 만한 내용도 있습니다. [알아두면 쓸모 있는 팝업노트]는 중요한 정보를 제시하고 프로그래밍 측면에서 주의해야 할 사항을 알려 줍니다. 이따금 나오는 [상식이 쑥쑥, 하이퍼링크]는 공부하는 내용이 실제 세계와 어떻게 관련되는지 알려 줍니다.

시작하기 전에 이 책에서 여러분과 함께할 가이드를 소개하겠습니다. 줄리 스웨이(Julie Sway)는 조지아주 콜럼버스에 있는 명문 사립학교 브룩스톤 스쿨(Brookstone School)에서 기술 부서 의장 겸 교육 기술 및 혁신 부장으로 근무하며, AP Computer Science A 및 AP Computer Science Principles를 가르쳤습니다. 그뿐 아니라 AP Computer Science Principles 수행 과제의 검토자로도 활동했습니다.

줄리 선생님은 여러분이 컴퓨터 과정에서 무엇을 얻어야 하는지에 대한 명확한 아이디어를 가지고 있으며, 목표에 도달하는 데 도움이 되는 전략을 개발했습니다. 선생님은 또한 학생들이 겪을 수 있는 문제의 여러 유형을 보았으며 이러한 어려움을 해결한 경험이 풍부합니다. 이 책에서 줄리 선생님은 그 경험을 여러분에게 주어진 개념을 배우는 가장 효과적인 방법과 여러분이 빠질지도 모르는 함정에서 빠져나오는 방법을 보여주기 위해 적용합니다. 줄리 선생님은 프로그래밍 지식을 확장하고 새로운 기술을 개발할 때 신뢰할 수 있는 가이드가 될 것입니다.

이 책을 학습하면서 여러분이 내내 즐겁고 성과 또한 있기를 바랍니다!

또한, 이 책을 선택한 여러분에게 행운이 함께하기를 진심으로 바랍니다.

《파이썬 코딩 0교시》 편집자

▶ 유튜브 강의

무료 동영상 강의로 처음 하는 코딩도 혼자서 씩씩하게 함께 하자!

https://www.youtube.com/user/EVENTIA77

1장

하드웨어와 소프트웨어

· 컴퓨터 소프트웨어는 하드웨어에서 실행됩니다. 하드웨어는 중앙처리장치인 **CPU**와 주기억장치인 **RAM**, 보조기억장치인 **HDD**(SDD), 그리고 입출력장치인 키보드, 마우스, 모니터 등으로 구성되어 있습니다.

· 이런 장치는 모두 메인보드에 연결되어 있습니다.

이 책은 프로그래밍을 시작하기에 적합한 책이면서, 동시에 하드웨어의 기본을 이해하는 데도 도움이 될 것입니다. 컴퓨터를 구성하는 물리적인 요소들을 하드웨어라고 합니다. 프로그램은 하드웨어가 없다면 실행될 수 없습니다. 데스크톱이든, 노트북이든, 스마트폰이든, 또 다른 형태이든 하드웨어는 반드시 필요합니다. 현재의 다양한 하드웨어가 만들어지기까지 수많은 IT 기술의 기여가 있었는데, 스마트폰과 데스크톱은 크기 면에서 많아 달라 보이지만 내부는 본질적으로 같습니다. 에드박이라는 세계 최초의 컴퓨터 구조를 설계한 폰 노이만은 다음과 같은 컴퓨터의 구조를 제안하였고 지금도 사용되고 있습니다.

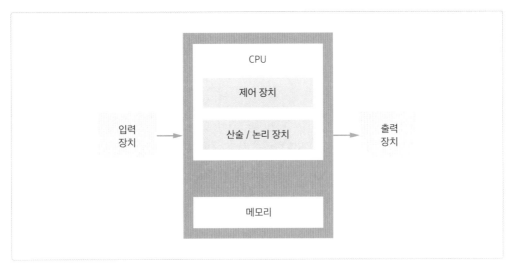

그림 1-1 폰 노이만 구조

입력 장치를 이용해 컴퓨터로 데이터를 넣습니다. 입력 장치로는 마우스, 터치스크린, 바코드 리더, 키보드 등이 있습니다. 모니터, 스피커, 헤드폰, 프린터, 3D 프린터 등은 출력 장치의 예입니다. 앞의 예에 사용된 비교적 흔히 사용되는 입출력 장치 외에도 다양한 유형의 입출력 장치들이 있습니다.

입력 및 출력 장치는 유선이나 무선으로 컴퓨터 본체에 연결됩니다(지금 이 글을 쓰면서 무선 키보드를 사용하고 있답니다).

그림 1-2 메인보드

컴퓨터 내부에 있는 CPU는 중앙 처리 장치를 의미합니다. 컴퓨터 명령을 관리하는 **제어 장치**와 프로그램의 수학 연산과 논리를 처리하는 **산술/논리 장치**가 CPU 내에 있습니다. 가끔 CPU를 컴퓨터의 두뇌라고 부르는 것을 들어 보았을 텐데, 그것은 CPU가 모든 처리를 지시하기 때문입니다. **메모리**는 현재 실행 중인 프로그램에 대한 정보와 컴퓨터 명령을 저장합니다.

RAM이라는 용어를 들어 본 적이 있나요? RAM은 랜덤 액세스 메모리(Rrandom Aaccess Mmemory)의 약자로, 장치(PC의 경우 메인보드) 내부에 있습니다. RAM은 데이터를 영구적으로 저장하지 않고, 전원이 꺼지면 저장되어 있던 정보가 사라지기 때문에 휘발성 메모리로 분류됩니다.

컴퓨터의 하드 드라이브는 프로그램과 함께 이미지, 동영상, 문서와 같은 다양한 유형의 파일을 저장합니다. 하드 드라이브는 RAM보다 훨씬 더 많은 데이터를 저장할 수 있습니다. 또한, 여러분은 외장형 하드 드라이브나 USB 플래시 드라이브를 구입해 데이터를 더 많이 영구적으로 저장할 수도 있고, 쉽게 휴대할 수도 있습니다.

메인보드를 마더보드(motherboard)라고도 합니다. 마더보드에 연결되는 그래픽카드나 사운드카드 등을 도터보드(daughterboard) 혹은 도터카드라고 부릅니다. 마더보드는 모든 것을 연결합니다! 거기에는 외부 입력 장치나 프린터 같은 출력 장치도 포함됩니다. CPU도, RAM도 전부 메인보드에 연결됩니다.

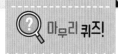

01 하드웨어를 구성하는 기본 요소는 무엇인가요?

02 입력 및 출력 장치는 하드웨어에 어떻게 연결되나요?

03 메모리의 역할은 무엇인가요?

04 RAM이 휘발성이라는 말은 무슨 의미인가요?

05 중앙처리장치인 CPU를 부르는 다른 말은 무엇인가요?

2장

컴퓨터가 사용하는 언어,
이진수

- 컴퓨터는 0와 1만을 사용하는 수 체계인 이진수를 사용합니다.

- 이진수는 비트(bit)라고도 하며, BInary digiT의 줄임말입니다.

- 1바이트(byte)는 8비트입니다.

- 한 숫자는 다른 수 체계(2진수, 8진수, 16진수 혹은 10진수 등)로 나타낼 수 있습니다. 이렇게 변환된 숫자는 표기 방법만 달라졌을 뿐 여전히 동일한 크기를 가집니다.

- 현재 사용 중인 수 체계는 일반적으로 숫자의 오른쪽 아래에 첨자로 나타냅니다(101001_2).

- 소프트웨어에 사용되는 숫자와 문자, 기호, 색상, 소리 등은 모두 이진수로 표시될 수 있습니다.

컴퓨터는 이 책에 쓰여진 국어나 영어와 같은 자연어를 사용하지 않습니다. 왜 그럴까요? 이 문제는 결국 하드웨어와 연결됩니다. 하드웨어는 열림(open)과 닫힘(close), 두 가지 가능성만 사용하는 논리 게이트(logic gate)를 사용합니다. 전류가 논리 게이트를 통해 흐르면 열림, 즉 'on'이 됩니다. 반대로 전류가 흐르지 않는 것은 닫힘, 즉 'off'를 의미합니다. on과 off의 두 상태는 쉽게 0(전류 없음)과 1(전류 있음)의 값으로 변환되는데, 이것이 **이진수**로 표시될 수 있습니다. 더 큰 숫자로 나타내려면 다양한 전압을 일관되게 측정해야 하는데, 이쪽이 훨씬 더 어렵습니다. 전류가 흐르거나 흐르지 않는 두 가지로만 한정하는 편이 신뢰도가 높습니다. 노트북이나 스마트폰과 같은 일반 컴퓨터 장치에 사용되는 CPU에는 (수십억까지는 아니지만) 수백만 개의 수많은 논리 게이트가 들어 있습니다.

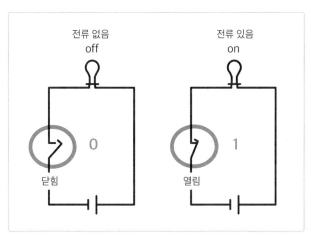

그림 2-1 전기 회로도로 표현한 논리 게이트의 구조

이제 왜 이진수를 사용하는지는 알았습니다. 하지만, 어떻게 0와 1의 묶음이 단어와 숫자, 기호를 나타낼 수 있을까요? 좋은 질문입니다! 이진수로는 숫자, 텍스트, 색상 또는 소리와 같은 여러 가지 정보를 나타낼 수 있습니다. 소프트웨어는 저마다 자기의 목적에 맞게 이진수를 해석하는 방법을 알고 있습니다. 예를 들어, 이미지 편집 소프트웨어는 이진수를 색상으로 해석합니다. 음악 소프트웨어는 같은 이진수를 소리로 해석할 것입니다. 예를 들어, 지금 우리가 사용하는 PC에서 이진수 01000001은 특히 다음과 같을 수 있습니다.

숫자, 65(65_{10} = 01000001_2)

대문자, A('A', 65 에 해당하는 아스키 코드값)

색상, 자홍색, 짙은남색 (#000041, 01000001_2 에 해당하는 16진수 색상 표기)

우리가 사용하는 십진수 중에서 하나를 이진수로 변환해 봅시다. 먼저 1과 10 사이의 숫자를 생각해 볼까요? 여기서는 7을 선택합니다. 이제, 여러분이 7을 나타낼 수 있는 여러 방법을 생각해 봅시다. 여기 몇 가지 예가 있습니다.

7, 일곱, seven, 七, VII

각각은 같은 양을 나타냅니다. 이와 마찬가지로 다른 수 체계를 사용해서 같은 양을 나타낼 수 있습니다.

자릿값

일반적으로 사용하는 수 체계는 0 ~ 9라는 10개의 숫자를 사용합니다. 잠깐 초등학교 수학 시간으로 돌아가 볼까요? 숫자 10을 나타낼 때는 '십' 자리가 추가로 필요하고, 두 개의 숫자를 사용해야 합니다. '십' 자리에 1을, '일' 자리에 0을 씁니다.

십	일
1	0

숫자 321을 나타낼 때는 '백' 자리가 추가로 필요하고, 세 개의 숫자를 사용해야 합니다. '백' 자리에 3을 쓰고, '십' 자리에 2를, '일' 자리에 1을 씁니다.

10^2	10^1	10^0
백	십	일
3	2	1

각 자리의 맨 위에 주목합시다. 숫자 10을 거듭제곱하고 있습니다. 이 경우에는 숫자 10을 사용했는데, 우리가 사용하는 수 체계이기 때문입니다. 거듭제곱한 숫자 10은 밑이라고 하며, 따라서 십진수라고 말합니다. 십진수는 숫자 0, 1, 2, 3, 4, 5, 6, 7, 8, 9를 자리수로 하며, 이때 0도 유효한 숫자라는 것을 기억해 두세요.

지수는 0에서 시작하며 '일' 자리에 해당합니다. 수학 시간에 배웠듯 어떤 숫자든 0 제곱은 1이라는 것을 기억합시다.

$10^0 = 1$

→ $10^1 = 10$ 10 * 1 = 10, '십' 자리입니다.

→ $10^2 = 100$ 10 * 10 = 100, '백' 자리입니다.

밑과 지수를 사용하는 패턴이 보이나요? 그럼, '천' 자리는 무엇일까요?

이진수에서의 자릿값

앞에서 설명한 것처럼 이진수는 0과 1만 사용합니다. 따라서 우리는 이진수를 2를 기반으로 하는 수 체계라고 부릅니다. 이진수도 십진수와 동일한 원칙을 사용합니다.

0부터 세고 다음은 1을 셉니다. 그런 다음 2를 사용하고 싶지만 이진수는 0과 1만을 사용하기 때문에 새로운 자리, 즉 '2'의 자리를 만들어야 합니다.

이	일
1	0

그래서 2를 나타내는 숫자는 이진수로 10_2입니다. 밑을 2로 하는 수 체계에서는 첨자 2를 사용해 사용하는 수 체계가 이진수임을 나타냅니다.

계속해서 3을 나타내 봅시다. '2' 자리에 1, '1' 자리에 1을 쓰면 됩니다.

알아두면 쓸모 있는 팝업노트

십진수 수 체계에서 숫자를 표시할 때 첨자로 10을 사용할 수 있습니다. 하지만 십진수는 일반적으로 널리 사용하는 수 체계여서 첨자를 생략합니다. 즉, 42_{10}은 그냥 아래 첨자 없이 42로 적습니다.

이	일
1	1

3은 이진수로 11_2입니다.

요약하자면, 자릿값으로 이진수 체계에서는 일, 십, 백... 대신에 일, 이, 사...를 사용하는 것입니다.

4에 도달하면, 두 자리 수로는 자리가 부족해서 새로운 자리를 만들어야 합니다.

2^2	2^1	2^0
사	이	일
1	0	0

각 자리의 맨 위를 보면 십진수에서 쓰던 것과 같은 패턴이 사용되고 있는 것을 알 수 있습니다. 여기서는 2를 밑으로 사용합니다. 왜냐하면 이진수의 수 체계이기 때문입니다. 지수는 0에서 시작하며 '일' 자리에 해당합니다. 다시 말하지만, 어떤 수를 0 제곱해도 값은 1입니다.

$2^0 = 1$

$\rightarrow 2^1 = 2$ 2 * 1 = 2, '이' 자리입니다.

$\rightarrow 2^2 = 4$ 2 * 2 = 4, '사' 자리입니다.

밑과 지수를 사용한 패턴이 보이나요? 다음 자리는 무엇일까요?

이러한 이진수의 각 자릿수를 **비트**(bit)라고 하는데, 이것은 BInary digiT를 줄인 말입니다. 8비트는 1바이트(byte)가 됩니다.

1바이트를 나타내는 8비트 이진수 표를 만들어 보면 다음과 같습니다.

2^7	2^6	2^5	2^4	2^3	2^2	2^1	2^0
128	64	32	16	8	4	2	1

표에서 아래 줄은 2를 거듭제곱한 값들입니다.

오른쪽에서 왼쪽으로 갈수록 각 자리는 2의 제곱으로 커지는데, 현재 자리는 바로 오른쪽 자리의 두 배가 됩니다.

십진수를 이진수로 변환하기

십진수를 이진수로 변환하려면 앞의 이진수 표와 함께 다음 알고리즘을 사용하면 됩니다.

1. 십진수를 적습니다.

2. 십진수에서 음의 결과가 나오지 않도록 이진수 표에서 가장 큰 십진수를 뺍니다.

3. 이진수 표에서 뺐던 십진수에 해당하는 이진수의 자리에 1을 표시합니다.

4. 빼지 못하고 건너뛴 자리에는 0을 표시합니다.

5. 십진수가 0이 될 때까지 1~4단계를 반복합니다.

6. 이진수 값은 가장 왼쪽 자리가 0부터 시작해도 됩니다. 1바이트(8비트) 전체 자리를 0 또는 1로 채우도록 합니다.

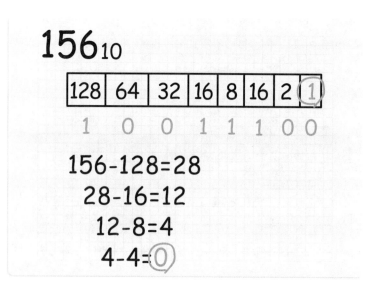

그림 2-2 십진수를 이진수로 변환하는 과정

예제를 하나 살펴봅시다.

예제 **42를 이진수로 변환하기**

▶ 이진수 표를 만들며 시작합시다.

2^7	2^6	2^5	2^4	2^3	2^2	2^1	2^0
128	64	32	16	8	4	2	1
0	0	1	0	1	0	1	0

▶ 맨 왼쪽 자리에서 시작해, 음의 결과가 나오지 않고 42에서 뺄 수 있는 가장 큰 십진수는 32입니다.
2⁵의 자리에 1을 쓰고, 왼쪽 자리에 모두 0을 표시합시다.

$$42 - 32 = 10$$

▶ 빼고 남은 십진수를 가지고 음의 결과가 나오지 않으면서 뺄 수 있는 가장 큰 십진수를 표에서 찾습니다.

▶ 10에서 16을 뺄 수 없으므로 2^4 자리에 0을 표시합니다.

▶ 8을 빼면 되므로 2^3 자리에 1을 표시합니다.

$$10 - 8 = 2$$

▶ 2에서 4를 뺄 수 없으므로 2^2 자리에 0을 표시합니다.

▶ 2를 빼면 되므로 2^1 자리에 1을 표시합니다.

$$2 - 2 = 0$$

▶ 십진수가 0이 되었고 더 이상 빼지 않아도 됩니다. 그러나 2^0 자리에 0을 표시하는 것을 잊지 않도록 해야 합니다.

$$42_{10} = 00101010_2$$

더 큰 십진수로 다시 시도해 봅시다. 변환 단계는 동일하다는 점을 기억하세요.

예제 73을 이진수로 변환하기

▶ 이진수 표를 만듭니다.

2^7	2^6	2^5	2^4	2^3	2^2	2^1	2^0
128	64	32	16	8	4	2	1
0	1	0	0	1	0	0	1

▶ 결과로 음수를 갖지 않고 73에서 뺄 수 있는 가장 큰 십진수를 찾습니다.

▶ 그것은 2^6인 64입니다.

$$73 - 64 = 9$$

▶ 2^7 자리에 0을 표시합니다.

▶ 2^6 자리에 1을 표시합니다.

▶ 값을 빼면 음수가 되기 때문에 2^5과 2^4 자리에 0을 표시합니다.

$$9 - 8 = 1$$

▶ 2^3 자리에 1을 표시합니다.

▶ 2^2과 2^1 자리에 0을 표시합니다.

$$1 - 1 = 0$$

▶ 2^0 자리에 1을 표시해서 완성합니다.

$$73_{10} = 01001001_2$$

이진수를 십진수로 변환하기

이진수에서 십진수로 정반대의 변환을 해야 하는 경우도 있습니다. 이때 사용하는 알고리즘은 다음과 같습니다.

1. 앞의 예에서 사용한 이진수 표에 이진수의 각 비트를 적습니다.

2. 1이 있는 자리의 경우 2를 해당 자리의 지수만큼 곱해 값을 구합니다(각 자리에서 2의 지수는 몇 번 곱하는지를 나타냅니다).

3. 1이 있는 모든 자리에서 구한 값을 더한 총합이 십진수로 변환된 값입니다.

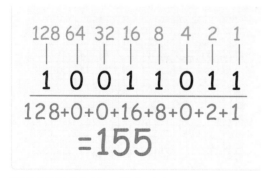

그림 2-3 이진수를 십진수로 변환하는 과정

한번 해 봅시다!

예제 이진수 10110110_2을 십진수로 변환하기

▶ 먼저 이진수 표를 만들고 제자리에 비트를 배치합니다.

2^7	2^6	2^5	2^4	2^3	2^2	2^1	2^0
128	64	32	16	8	4	2	1
1	0	1	1	0	1	1	0

▶ 표의 각 자리에 있는 십진수와 비트를 서로 곱하고 값들의 총합을 구합니다.

$(128 * 1) + (64 * 0) + (32 * 1) + (16 * 1) + (8 * 0) + (4 * 1) + (2 * 1) + (1 * 0) = 128 + 0 + 32 + 16 + 0 + 4 + 2 + 0 = 182_{10}$

다음 표는 0에서 16까지의 십진수와 각각에 해당하는 이진수를 보여줍니다. 값이 증가함에 따라 보여지는 이진수의 패턴에 유의합시다. 이진수의 경우, 숫자의 가장 오른쪽 값인 '일' 자리의 값은 십진수가 1씩 증가함에 따라 0과 1을 반복합니다. 왼쪽의 다음 숫자인 '이' 자리의 값은 십진수가 2씩 증가함에 따라 0과 1을 반복합니다. 그다음 숫자인 '사' 자리는 십진수로 4만큼 증가할 때마다 0과 1을 반복합니다. 2의 지수 제곱을 기반으로 한 이 패턴은 자릿수를 늘려 가며 계속됩니다.

십진수	이진수
0	00000000
1	00000001
2	00000010
3	00000011

알아두면 쓸모 있는 팝업노트

오른쪽이 모두 1로 이루어진 이진수를 십진수로 나타내면 하나 큰 자리의 2의 지수만큼 제곱한 값보다 1만큼 작습니다. 이진수에서는 1이 가장 큰 수이기 때문에 2를 사용할 수 없습니다. 다음으로 큰 값은 새로운 자리에 1이 들어간 값으로 2의 '자릿수'만큼의 값이 됩니다. 이진수 11_2 $(=1 \times 2^1 + 1 \times 2^0)$ 다음 수는 100_2 $(=1 \times 2^2 + 0 \times 2^1 + 0 \times 2^0)$입니다. 즉, 11_2의 다음 수를 십진수로 나타내면 2^2인 4가 됩니다.

$00001111_2 = 15_{10}$

다음 자리는 2^4, 16이 됩니다.

$00011111_2 = 31_{10}$

다음 자리는 2^5, 32가 됩니다.

$11111111_2 = 255_{10}$

다음 자리는 2^8, 256이 됩니다.

4	00000100
5	00000101
6	00000110
7	00000111
8	00001000
9	00001001
10	00001010
11	00001011
12	00001100
13	00001101
14	00001110
15	00001111
16	00010000

🔍 마무리 퀴즈!

01 왜 컴퓨터는 이진수 수 체계를 사용하나요?

02 비트란 무엇인가요?

03 바이트란 무엇인가요?

04 이진수에서 자릿값이 의미하는 것은 무엇인가요?

05 23을 이진수로 변환하세요.

06 121을 이진수로 변환하세요.

07 01010011_2을 십진수로 변환하세요.

08 11000011_2을 십진수로 변환하세요.

3장

시작하기

핵심 개념

- 우리는 고급 프로그래밍 언어를 사용해 프로그램 코드를 작성합니다.

- 컴파일러와 인터프리터는 우리가 작성한 프로그램 코드를 컴퓨터가
  실행할 수 있는 기계어(이진수)로 변환해 줍니다.

- 개발 과정을 반복하면서 프로그래머는 주어진 요건을 충족하는
  소프트웨어를 설계하고 만듭니다.

- 개발 과정은 소프트웨어 설계, 코딩, 테스트가 여러 차례 반복되면서
  이루어집니다.

코드는 여러분의 관점에 따라 다른 의미를 갖습니다. 대체로, **코드**(code)란 사람이 무언가를 하기 위해 실행하는, 프로그래밍 언어로 작성된 프로그램을 일컫습니다. 사람들은 프로그램을 두고 "이건 내가 만든 코드"라고 부르거나 또는 "내가 이 코드를 만들었어"라고 할지도 모릅니다. 프로그래밍 언어로 코드를 직접 만들다니 놀랍지 않나요?

세상에는 코드 작성에 사용할 수 있는 많은 프로그래밍 언어가 있으며, 계속해서 새로운 언어들이 개발되는 중입니다. 거의 매일같이 새 언어가 수정, 추가되어 현재 700개가 넘는 다양한 프로그래밍 언어 목록을 위키피디아에서 볼 수 있습니다.

그림 3-1 위키피디아 프로그래밍 언어 목록 (2021년 2월)

코드는 컴퓨터가 읽고 실행할 수 있는 언어입니다. 현재 대부분의 프로그램은 일반적으로 '영어와 비슷해서' 사람이 읽고 이해할 수 있는 프로그래밍 언어로 작성됩니다. 현재 사용되는 대다수의 프로그래밍 언어는 초기 프로그래밍 언어에 비교하면 사람이 배우고 사용하기 훨씬 쉽습니다. 프로그래밍 언어는 컴퓨터가 알 수 있도록 **기계어**(machine language)로 번역되어야 합니다. 앞 장에서 설명했듯이 컴퓨터는 0과 1로 구성된 밑이 2인 수 체계, 이진 코드를 사용합니다. 이진 코드는 우리가 작성한 프로그램을 컴퓨터가 실제로 실행하기 위해 사용하는 것입니다.

이 책에서 우리는 많은 기업과 소프트웨어 개발자가 사용하고 있는 파이썬이라는 프로그래밍 언어를 사용할 것입니다. 파이썬은 구글과 유튜브, 드롭박스 등 많은 회사에서 사용하고 있습니다.

그림 3-2 파이썬 공식 로고

파이썬은 누가 만들었을까?

네덜란드 출신 귀도 반 로섬(Guido van Rossum)은 파이썬의 최초 개발자로, 1991년에 파이썬의 첫 버전을 출시했습니다. 파이썬이란 이름은 파충류에서 따온 것은 아니고, 그가 영국 코미디 그룹 몬티 파이썬(Monty Python)의 팬이었기 때문에 붙여진 것입니다. 그래서인지 파이썬 문서 여기저기에서 몬티 파이썬을 참조한 것을 볼 수 있습니다.

2018년 7월 귀도 반 로섬은 오픈 소스 개발 리더에게 부여되는 파이썬의 'BDFL(Benevolent Dictator for Life)' 자리에서 물러났는데, 이 자리는 파이썬의 수정이나 오픈 소스 소프트웨어 개발자 간의 논쟁을 해결하고자 할 때 최종 결정을 내려 주는 역할이었습니다.

컴파일러(compiler)와 **인터프리터**(interpreter)는 고급 프로그래밍 언어로 만들어진 소스 코드를 기계어로 변환하기 위해 사용하는 것들입니다. 기본적으로 컴파일러와 인터프리터를 이용해서 프로그래머가 작성한 소스 코드를 컴퓨터가 읽고 실행할 수 있습니다.

컴파일러와 인터프리터의 차이는 무엇일까요? 그것은 바로 컴파일러는 모든 코드를 번역해 실행 파일을 만드는 반면, 인터프리터는 프로그램이 실행됨에 따라 프로그램 코드를 한 줄씩 기계 코드로 번역한다는 것입니다. 컴파일러가 더 빠르긴 하지만, 작은 프로그램이나 작은 양의 데이터를 사용하는 경우 그 차이는 무시해도 좋을 때가 많습니다. 파이썬은 인터프리터를 사용합니다.

과거에 컴파일러와 인터프리터는 프로그램 소스 코드를 컴퓨터가 사용하고 있는 **어셈블리**(assembly) 코드로 변환하기 위해 사용되었습니다. (어셈블리어는 이진 코드가 아니라 컴퓨터 명령을 사용합니다. 이들 명령은 컴퓨터가 사용하는 기계어에 특화되어 있으며 사람이 사용하는 자연어 - 국어나 영어 등 - 를 닮지 않았습니다.) 어셈블리어는 하나하나를 조립해 다양한 측면의 코드 실행을 기록할 수 있었습니다. 지금도 많은 컴파일러에는 여전히 다양한 옵션이 남아 있어서 이진 코드가 아닌 어셈블리 코드로 변환할 수 있습니다.

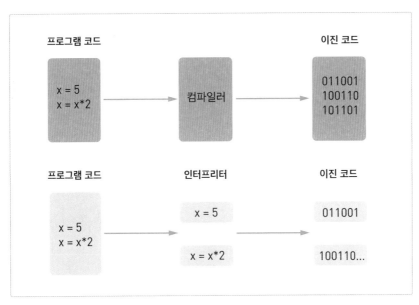

그림 3-3 컴파일러와 인터프리터
컴파일러는 실행 파일의 전체 프로그램을 이진 코드로 변환합니다. 인터프리터는 프로그램을 한 줄씩 이진 코드로 변환합니다. 프로그래밍 언어에서 별표는 곱셈을 의미합니다.

대부분의 이메일 시스템은 실행 파일을 첨부 파일로 허용하지 않는데, 악성 프로그램이 숨어 있을 수 있기 때문입니다. 악성 프로그램을 탐지하기 위해 사용 전에 바이러스 백신 프로그램을 통해 실행 파일인지 점검해 보는 것이 좋습니다.

만약 바로 실행 가능한 형식의 첨부 파일이 이메일에 포함되어 있을 경우, 별도의 메시지로 이메일을 보낸 사람에게 직접 확인해서 수상한 메일이면 삭제해야 합니다.

반복적인 소프트웨어 개발

목표를 수행할 소프트웨어 개발이 운에 맡겨져서는 안 됩니다. 프로그래머가 정확하고 효율적이며 읽기 쉬운 코드를 개발하기 위해서는 일정한 프로세스를 따르는 과정이 필요합니다. 다양한 개발 과정이 있지만, 다음 그림에서 알 수 있듯이 핵심은 소프트웨어 개발이 **반복적인**(주기적인) **과정**이라는 것입니다.

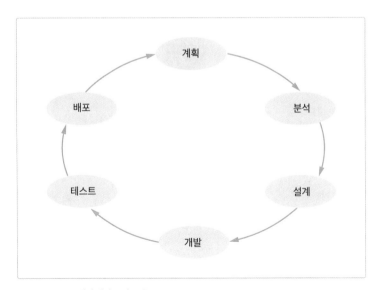

그림 3-4 소프트웨어 개발 수명주기

프로그램을 작성하고자 할 때, 프로그램이 간단하고 규모가 작은 것이 아니라면 프로젝트를 시작하자마자 코드를 작성할 수는 없습니다. 먼저 소프트웨어가 해결해야 하는 문제나 필요 등의 요구사항이 뭔지 확실히 이해해야 합니다. 개발 과정 중 **분석** 단계에서 이런 사항을 다룹니다.

상식이 쑥쑥, 하이퍼링크

특히 대규모이거나 복잡한 소프트웨어를 개발해야 하는 프로젝트의 경우 시작 시점에서 모든 요구사항을 온전히 파악하기는 어렵습니다. 그래서 때로는 일단 다음 단계로 간 뒤에 요구사항 분석 단계로 여러 번 되돌아와야 하는데, 이는 많은 정보와 최신의 정보를 가질수록 요구사항을 더 구체화할 수 있기 때문입니다. 그런가 하면 '되돌아오기'는 기술이 고객의 요구사항을 처리하지 못해 조정이 필요해져서 이루어지기도 합니다.

그러고 나서 우리는 충분한 시간을 가지고 프로그램이 우선적으로 처리할 것을 파악해야 합니다. 이것이 **소프트웨어 설계** 단계입니다. 능력 있는 프로그래머는 설계 단계에 시간을 투자합니다. 충분한 준비 기간을 가질 때 결과적으로 훨씬 더 나은 코드를 작성할 수 있습니다. 대부분의 기업과 조직은 이런 준비와 설계 단계를 준수할 뿐만 아니라 코딩을 시작하기 전에 설계에 대한 검토와 승인을 거칩니다. 이 단계 하위에 **분해** 과정이 있으며, 이 과정은 프로그램이 개발 목표에 부합하는지 판단하기 쉽도록 작은 부분으로 나누는 활동입니다. 이렇게 해서 나온 작은 블록이 서로 결합되어 원하는 해결책이 될 수 있습니다. 그런 뒤에야 우리는 개발 단계로 넘어가 코드를 작성하고 테스트하게 됩니다.

코드를 작성할 때는 코드 내 오류가 있는지 검증해야 하고, 있다면 수정합니다. 이것을 **단위 테스트**(unit test)라고 합니다. 일단 소프트웨어가 예상대로 실행되면 보다 완전한 형태의 테스트가 필요합니다. **통합 테스트**로 코드의 모든 요소가 원만히 실행되는지 확인하고 나면, **시스템 테스트**로 전체 시스템 차원에서 기능을 점검합니다. 이런 반복적인 과정을 거쳤지만, 테스트 단계에서 오류를 찾지 못한 몇 가지 유명한 사례가 있습니다.

1999년, 한 화성 탐사선이 화성 표면에 추락했습니다. 충돌 사고에 대해 조사한 결과, 한 팀은 인치, 다른 팀은 센티미터로 계산을 코딩한 것으로 밝혀졌습니다. 테스트에서는 오류가 발견되지 않았지만, 탐사선이 화성 대기권에 진입해 착륙을 시도하면서 파괴되는 최악의 상황으로 종결되고 말았습니다.

소프트웨어 테스트에는 잘 정립된 과정이 있습니다. 내부에서만 사용하는 용도이거나 상용이거나 소프트웨어를 개발하려면 다음과 같은 단계를 적용해 소프트웨어가 항상 일관되면서도 정상적으로 실행되도록 해야 합니다. 테스트 단계에서는 프로그램이 정상적으로 실행된다고 가정하지 않고 프로그램을 중단시킬 수 있는 오류나 방법이 있는지를 꼼꼼히 조사해야 합니다. 다른 사람이 실제 사용하기 전에 테스트 단계에서 미리 오류를 알아내는 것이 더 낫기 때문입니다.

다음은 일반적인 소프트웨어 테스트 과정입니다.

1. 오류가 확인되면 과정을 처음부터 다시 시작합니다.

2. 발견된 버그에 대한 해결 방안을 설계하고, 요구사항을 구체화하고, 수정 사항을 프로그램에 반영하고, 다시 테스트합니다.

3. 확인된 버그를 모두 수정하고 테스트를 마칠 때까지 이러한 작업을 반복합니다.

4. 모든 요구사항을 충족하고 사용자 테스트에서 안정적으로 실행되기 전까지 소프트웨어를 배포하지 않습니다. 테스트를 모두 통과한 후 무료나 유료로 사용자와 시장에 배포합니다.

친구들에게 여러분의 코드를 테스트해 달라고 요청하세요. 아마 여러분을 위해 프로그램을 고장 내려고 이리저리 시도하면서 즐거워할 겁니다! 그들은 프로그램을 다루는 방법을 모르기에 결과적으로 여러분은 더 나은 코드 테스트를 받게 될 것입니다.

이런 소프트웨어 개발 과정은 서울에서 부산까지 차를 운전해 가는 것에 비유할 수 있습니다. 차에 타서 지도나 GPS 없이 운전을 시작하면 어찌되든 언젠가는 도착할 수 있겠지만, 그동안 여러분은 잘못된 우회로나 유턴을 택할 수도 있고, 교통 정체를 겪거나 아직 건설 중인 도로를 만나 오도 가도 못하게 될 수도 있으며, 기름이 없는데 주유소도 없는 불상사를 겪을지도 모릅니다.

하지만 만약 여러분이 처음 계획 단계에 시간을 더 할애해서 지도나 GPS를 준비하는 데 약간의 시간을 투자한다면, 더 짧고, 더 저렴하고, 더 효율적이고, 더 즐거운 여행이 될 것입니다.

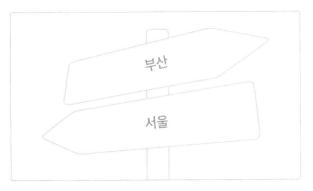

그림 3-5 계획도 없이, 결국 어디로 가나요?

같은 원리가 프로그램 작성에서도 적용됩니다. 앉자마자 고민하지도 않고 바로 코드를 입력해도 프로그램은 실행될 수 있습니다. 그러나 시간을 들여 소프트웨어를 설계하면 코드는 짧아지고 효율적이며 읽기 쉬워져서, 더 완전해지고 신뢰할 수 있게 됩니다. 또한 설계를 하지 않으면, 기능에 포함하지 않았던 내용을 나중에 추가로 작업하는 경우가 종종 발생합니다. 설계를 통해 이런 요소들을 처음부터 포함하면 두 번, 세 번 작업하지 않아도 되므로 시간을 절약할 수 있습니다. 즉, 오류를 수정하면서 추가 작업까지 같이 해야 하는 시간이 줄어듭니다. 당연히 프로그래머인 여러분의 좌절감은 줄고 성취감이 늘어나겠지요! 유용한 프로그램을 설계하는 시간을 사전에 할애하면 실제로 코드를 작성할 때는 많은 시간을 절약할 수 있습니다.

규모가 큰 프로젝트인 경우 여러분은 프로젝트 팀의 일원이 될 수도 있습니다. 여러 사람이 코드 블록을 나누어서 작성할 수 있으며, 이들 블록 모두가 원활하게 실행되도록 해야 합니다. 코딩에 앞서 요구사항을 파악하고 설계를 하지 않으면 서로 다른 블록의 프로그램이 문제없이 통신하고 결합되기가 어려울 테고, 시간도 더 걸릴 것입니다.

개발 과정이 반복적이어서 갖는 또 다른 이점은 일단 코드 블록이 정상적으로 실행되면, 해당 블록은 놓아 두고 다른 블록을 개발할 수 있다는 것입니다. 이러한 독립적인 코드 블록은 프로젝트 팀 간에 공유가 가능하며 프로젝트 코드에 필요할 때마다 사용할 수 있습니다. 단, 블록이 계속해서 만들어질 때마다 블록을 서로 연결해 데이터를 공유하면서 원활하게 실행되는지 테스트해야 합니다.

이런 개발 과정은 개인용이든, 조직용이든, 앱 스토어에서 누구나 설치해 사용하는 상용이든 상관없이 좋은 소프트웨어를 개발하는 데 있어 효율적인 방법입니다.

마무리 퀴즈!

01 컴퓨터가 사용하는 '언어'는 무엇인가요?

02 프로그램 코드는 자연어로 작성된 소스 코드에서 기계 코드로 어떻게 바뀌나요?

03 컴파일러와 인터프리터는 어떻게 다른가요?

04 소프트웨어 개발 프로세스를 따라야 하는 이유는 무엇인가요?

05 프로그래밍 용어에서 분해란 무엇인가요?

06 개발 과정이 반복적인 이유를 설명해 보세요.

07 개발 과정에서 설계 단계는 어떤 단계인가요?

08 소프트웨어를 다른 사람에게 배포하기 전에 어떤 테스트를 수행해야 하나요?

09 만일 통합 테스트를 수행하고 있다면, 무엇을 할 건가요?

4장

프로그램 설계하기:
알고리즘

핵심 개념

- 알고리즘은 문제를 해결하거나 요구사항을 충족시키는 등, 무언가를 해내기 위한 일련의 단계입니다.

- 알고리즘은 구체적이어야 합니다. 사람은 문제 앞에서 추론하거나 합리적인 가정을 할 수 있지만, 컴퓨터는 그러지 못합니다. 그러므로 알고리즘은 매우 상세하고 구체적이어야 합니다.

- 필요한 요구사항을 충족시키는 알고리즘에는 보통 한 가지 이상의 방법이 있습니다.

알고리즘은 무언가를 해내기 위한 일련의 단계입니다. 그 '무언가'는 여러분이 좋아하는 디저트를 만드는 요리 레시피 같은 것일 수도 있습니다.

그림 4-1 요리 레시피는 최고의 알고리즘입니다!

프로그래밍에서 알고리즘은 프로그래밍 과제를 해결하기 위한 식별된 단계를 제공합니다. 예를 들어, 요구사항이 새로운 농구 게임 앱을 만드는 것일 수 있습니다. 물건의 바코드를 스캔해서 매출을 산출하고 재고를 갱신하는 소프트웨어일 수도 있습니다. 멸종 위기에 처한 바다거북 둥지를 추적하거나 도시의 교통신호등 주기를 조정하는 것일 수도 있습니다. 다시 말해, 알고리즘은 우리가 무엇이든 할 수 있게 도와줍니다.

대표적인 알고리즘으로 정렬(sorting)과 검색(searching)이 있습니다. 지금을 빅데이터 시대라고도 합니다. 즉, 사람이 처리할 수 있는 규모를 넘어선 데이터를 수집합니다. 컴퓨터는 대량의 데이터를 처리하기에 안성맞춤입니다. 정렬 알고리즘은 보통 작은 것부터 큰 것까지 순서대로 데이터를 나열합니다. 검색 알고리즘은 데이터에서 원하는 항목을 찾아 줍니다. 정렬과 검색을 처리하는 알고리즘과 소프트웨어가 벌써 많이 개발되어서 검증까지 완료되어 있습니다.

알고리즘(algorithm)은 프로그래머에게서 나옵니다. 프로그래머는 먼저 프로그램의 요구사항을 파악하고, 이어서 이를 관리 가능한 작은 규모로 **분해**해 코드를 작성할 수 있도록 합니다.

그림 4-2 나무를 여러 부분으로 구분하듯, 소프트웨어도 분해할 수 있습니다. 소프트웨어는 독립적으로 실행 가능한 여러 블록으로 분해될 수 있으며, 이들 블록이 모이면 원활하게 작동하는 완전한 프로그램이 만들어집니다.

소프트웨어는 하나 이상의 블록이 모여 조립되며, 이때 조립된 블록 전체가 원활하게 작동하면서 사용자의 요구사항을 충족시켜야 합니다.

만약 여러분이 소프트웨어 개발 의뢰를 받았다면, 프로그래밍 전에 의뢰인이 알고리즘을 검토해 주기를 바랄 겁니다. 왜냐하면 여러분이 무언가를 놓쳤을 수도 있고, 의뢰인이 전에는 없던 새로운 정보를 제시할 수도 있기 때문입니다.

알고리즘 검토는 언제나 유익합니다. 의뢰인이 프로젝트의 특정 내용에 대해 생각이 바뀌었을 수도 있습니다. 세법과 같이 프로젝트와는 관계없는 외부 상황이 알고리즘 수정을 강제할 수도 있습니다. 그러므로 코딩 전에 알고리즘을 검토해 승인받으면 프로젝트가 목표를 구현할 가능성이 더 높아집니다.

만약 여러분이 자신이나 친구들을 위해 소프트웨어를 개발한다면, 코딩 전에 여러분의 계획을 검토해 보는 것은 좋은 생각입니다. 하지만 단순히 재미 삼아 개인적인 프로그램을 개발하는 경우라면 굳이 많은 시간을 계획과 검토에 사용할 필요까지는 없겠죠?

상식이 쑥쑥, 하이퍼링크

전체 검색 알고리즘은 암호를 추정할 때나, 금융이나 개인 정보를 암호화하는 데 사용하는 비밀키를 해독할 때 사용합니다.

다음은 땅콩버터 젤리 샌드위치를 만드는 알고리즘입니다. 단계를 하나씩 읽으면서 정확하고 구체적인지 알아보도록 합시다.

1. 두 조각의 빵을 준비합니다.

2. 땅콩버터 병을 가져옵니다.

3. 땅콩버터 병을 엽니다.

4. 땅콩버터를 다량으로 퍼냅니다.

5. 빵 한 쪽에 땅콩버터를 펴 바릅니다.

6. 젤리 병을 엽니다.

7. 젤리를 적당량 퍼냅니다.

8. 다른 쪽의 빵에 젤리를 펴 바릅니다.

9. 빵 두 쪽을 하나로 합치면서, 땅콩버터 면과 젤리 면을 서로 붙입니다.

10. 먹습니다!

그림 4-3 땅콩버터와 젤리 샌드위치를 만드는 여러분의 알고리즘은 무엇인가요?

알고리즘에 문제가 있어 보이나요? 어디가 더 구체적이었으면 좋겠다고 생각되나요? 기존 알고리즘을 개선해야 할까요?

물론 진짜 문제는, 젤리를 땅콩버터를 바른 쪽 위에 덧바르느냐 아니면 다른 쪽 위에 바르느냐 하는 것입니다! 이 예는 알고리즘을 작성하는 데는 항상 한 가지 이상의 방법이 있다는 것을 보여줍니다. 어떤 알고리즘이 다른 알고리즘보다 효율적일 수는 있지만, 어쨌건 둘 모두 정상적인 결과를 낼 수 있습니다.

상식이 쑥쑥, 한입 패링크

(적어도 지금까지) 아무런 해결 알고리즘도 없는 문제들이 있습니다. 이런 문제를 **결정불가능성 알고리즘**이라고 부릅니다. 튜링 문제 등이 유명합니다.

알고리즘을 작성할 수는 있지만 지금의 컴퓨터 처리 능력으로는 대용량 데이터셋을 처리하는 데 너무 오랜 시간이 걸리는 문제들도 있습니다. 이들 문제는 **난해한 알고리즘**이라고 불립니다. 이 중 일부는 온라인 네트워크에서 데이터를 암호화하는 데 사용됩니다. 그래서 우리는 비밀 메시지를 보낼 수 있고, 인터넷 쇼핑에서 결제할 수 있습니다. 이런 경우, 난해한 것이 오히려 장점이 됩니다.

▶ 선생님의 프로그램 수업에서는, 학생들에게 임의로 물건의 이름이 적힌 종이 한 장을 고르도록 합니다. 그런 다음 학생들은 물건을 그리는 알고리즘을 작성해야 합니다. 같은 수업의 다른 학생은 알고리즘의 지시만을 따라서 해당 물건을 그려야 합니다. 여기 한 예가 있습니다. 다음 지시를 따를 때 어떤 물건이 그려지는지 확인해 보세요.

1 평평한 면이 아래로 향하도록 반원형 물체를 그립니다.

2 반원형 물체의 아래 바닥에서 나오는 막대를 그립니다.

3 막대기 한쪽 끝에 곡선 부분을 그립니다.

4 반원형 물건 윗면에서 나와 가장 가까운 모퉁이를 향해 굽어 나가는 곡선을 그립니다.

▶ 알고리즘은 정확하고 구체적이어야 하는데, 말처럼 쉽지 않을 겁니다. 또한, 누군가 질문을 해도 여러분은 지시를 설명해서는 안 됩니다.

01 알고리즘이란 무엇인가요?

02 알고리즘이 구체적이어야 하는 이유는 무엇인가요?

03 암호를 입력해 장치를 여는 알고리즘을 작성합시다. 입력한 암호가 틀린 경우 발생하는 일을 포함하세요. 또한, 암호가 너무 많이 틀린 경우 발생하는 일도 포함하세요.

04 축구 골대를 그리는 알고리즘을 작성하고, 친구나 가족으로 하여금 지시에 따르게 해서 여러분이 작성한 알고리즘으로 무엇이 그려지는지 보세요. 또한 하루나 이틀 후에 자신이 직접 지시를 따라 보면서 지시 중 무엇을 바꾸어야 하는지 확인합시다.

05 다음 알고리즘에 따라 물건을 그려 봅시다. 필요하다면 추가 지시를 써도 됩니다.

a. 원을 두 개 그립니다.
b. 두 원의 상단끼리 서로 연결합니다.
c. 양 측면에 둥근 것을 그립니다.
d. 상단에 혹을 그립니다.
e. 측면의 둥근 것과 상단의 혹을 서로 연결합니다.

5장

의사코드와 순서도

핵심 개념

- 의사코드(pseudo-code)는 자연어(영어나 한국어 같이 일상에서 사용되는 언어)와 프로그램 언어의 조합입니다.

- 의사코드는 컴퓨터에서 실행되지 않습니다.

- 순서도는 프로그램으로 만들 알고리즘을 도식화한 것입니다.

- 프로그래머는 의사코드와 순서도를 사용해 프로그램의 설계를 보다 향상시킬 수 있습니다.

지금까지, 우리는 프로그램의 코드로 해결해야 할 요구사항들을 처리하기 위해서 알고리즘을 설계했습니다. 이제 알고리즘을 소프트웨어로 바꾸는 과정을 시작할 때가 되었습니다. 이럴 때 일반적으로 사용하는 방법으로 두 가지가 있습니다. 바로 의사코드와 순서도입니다.

의사코드

의사코드(pseudo-code)는 프로그래밍 언어가 아니므로 컴퓨터로는 실행할 수 없습니다. 그리고 자연어와 프로그래밍 언어를 합쳐서 작성합니다. 의사코드는 프로그래밍 언어처럼 특별한 문법이나 규칙을 가지고 있지 않기 때문에 사람마다 다양하게 작성합니다. 알고리즘을 풀이하면서 만들어진 구조를 스스로에게나 다른 사람에게 설명할 때 쓴 모든 것을 의사코드라고 보아도 됩니다. 즉, 여러분도 프로그램을 설계하면서 자신도 모르게 의사코드를 사용하고 있을 수도 있습니다. 여러분이 처음 작성하는 의사코드는 프로그래밍 언어보다 자연어에 더 가까울지도 모릅니다. 프로그래밍과 프로그래밍 언어를 더 많이 알수록, 여러분은 자연스럽게 프로그래밍 언어를 자신의 의사코드에 더 많이 넣게 될 것입니다. 의사코드를 사용하는 이유가 프로그래밍을 하기 위해서이므로 의사코드도 크게 보면 프로그램의 구조를 따릅니다.

오늘날 많은 조직에서는 의사코드와 순서도를 사용하는 것이 일상이 되었습니다. 프로그래머 개인이나 팀은 설계 과정의 일부로 의사코드 또는 순서도를 대략적으로 기술할 수는 있지만 공식적으로 검토하지는 않습니다. 그러나 일부 기관이나 정부 계약에서는 공식적으로 검토하도록 요구합니다.

다음은 프로그래밍 언어보다 자연어에 더 가까운 의사코드의 예입니다.

```
온라인으로 영화 목록을 확인한다

보고 싶은 영화가 있는가 - yes / no
if no, 다른 할 일을 찾는다
end

if yes, 볼 수 있는 시간에 자리가 있나 - yes / no
if no, 다른 할 일을 찾는다
end

if yes, 차편을 검색한다
돈을 챙긴다
극장에 간다
end
```

여기 의사코드의 예로 두 가지가 더 있습니다. 첫 번째는 자연어가 더 많이 포함되어 있고, 두 번째는 프로그래밍 언어가 더 많이 포함되어 있습니다.

 # 자연어가 더 많은 경우 - 의사코드

Select 더운 날씨일 때 평일, 저녁, 주말에 대한 집 온도 설정

For 주중 모든 날에 대해, 모든 날은 매시간에 대해 아래를 반복
        If 만약 방의 온도가 온도계에 세팅된 값보다 +3 이상이면
           에어컨을 켠다.
반복

 # 프로그래밍 언어가 더 많은 경우 - 의사코드

```
get time_of_day
get day_of_week
get temp_set

repeat
        read current_temp
        if current_temp > temp_set + 3
                turn on ac
```

순서도

순서도(flowcharts)는 의사코드와 목적이 유사합니다. 알고리즘을 의사코드처럼 텍스트 형태로 작성하기보다는 도식화한 점이 다릅니다. 대부분의 사람은 텍스트보다 시각적인 표현을 선호하기에, 대개 알고리즘의 흐름을 순서도를 이용해 대략적으로 기술하게 됩니다.
순서도에 사용하는 도형에는 저마다 의미가 있습니다. 알고리즘을 정의하는 데 사용하는 몇 가지 대표적인 도형은 다음과 같습니다.

시작/끝		순서도의 시작과 끝을 알린다.
입력/출력		단계에 따라 데이터가 입력되고 출력될 때마다 사용한다.
처리		자료 처리나 연산 처리 등에 사용한다.
판단		판단에 사용하며, 결괏값은 '예' 아니면 '아니요'가 된다.

순서도에서 사용하는 도형은 서로 흐름선으로 연결되어 있습니다. 판단 도형에서만 하나 이상의 흐름선이 나올 수 있으며, 각 흐름선은 '예' 또는 '아니요'를 의미합니다.

종종 수업 시간에 학생들에게 익숙한 상황을 순서도의 예로 설명하는데, 바로 등교일 알람 시계로 잠을 깨우는 상황입니다. 다음은 수업 시간에 다루는 순서도입니다.

> ▶ 화이트보드 맨 위에 작은 타원을 그리고, 타원 안에 "시작"이라고 썼습니다.
>
> 시작
>
> ▶ 학생들은 평소 잠이 깊게 든다고 하는데, 십대들에게 보이는 전형적인 모습입니다. 갑자기 알람이 울리기 시작합니다. 알람 소리를 입력으로 봐야 하는지 아니면 처리로 봐야 하는지에 대해 논의합니다. 처리 도형을 선택하기로 하고, 시작 도형 아래쪽에 그린 뒤 처리할 내용을 씁니다.
>
>
>
> 알람이 울린다

▶ 이제 판단할 차례입니다. 침대에서 일어날까요, 아니면 알람의 중지 버튼을 누를까요? 판단 결과는 오직 두 가지만 가능하다는 것에 유의합니다. '예'와 '아니요'입니다. 이 결과는 참일 수도 있고 거짓일 수도 있습니다

▶ "침대에서 일어날 마음이 있나?"라는 질문에 대해 대답이 **"예"**라면, 이것을 처리할 블록이 필요합니다.

침대에서
일어난다

▶ 앞의 질문에 대해 대답이 **"아니요"**라면, 일어날 마음이 없는 것입니다. 그럼 알람의 중지 버튼을 누르는 처리가 필요합니다.

중지 버튼을
누른다

▶ 알람이 울리고 알람을 중지하는 단계는 여러 번 반복될 수 있습니다. 이러한 반복적인 처리 과정을 알기 쉽게 도식으로 배치하고자 합니다.

▶ 마지막으로, 우리는 침대에서 일어나야 합니다. 그래서 "끝"이 적힌 타원으로 순서도를 마칩니다.

▶ 선생님은 보통 모든 단계를 확인한 후에 흐름선을 그립니다. 가끔, 보기 좋게 도형을 이리저리 옮겨 보면서 흐름선이 서로 교차하지 않게 합니다.

다음은 수업 시간에 나온 최종 순서도입니다.

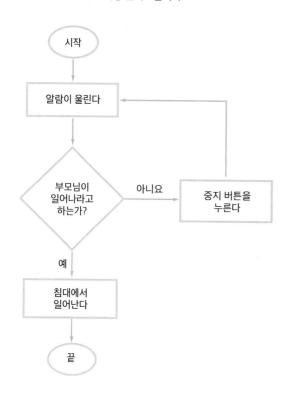

마무리 퀴즈!

01   의사코드란 무엇인가요?

02   왜 순서도를 사용하나요?

03   순서도에서는 아무 도형이나 사용해도 되나요?

04   시리얼에 우유를 타서 먹는 순서도를 그려 봅시다.

05   자판기에서 상품을 구입하는 의사코드를 작성해 봅시다.

06   자판기에서 상품을 구입하는 순서도를 그려 봅시다(앞의 의사코드와 동일).

6장

첫 번째 프로그램 작성 및 주석 달기

- 프로그램 코드는 IDE라고 하는 환경에서 작성합니다.

- 파이썬의 예약어는 프로그램 코드에서 색상이 달라 쉽게 구별됩니다.

- 파이썬 프로그램은 .py 확장자로 끝납니다.

- 작은따옴표(' ') 또는 큰따옴표(" ")로 파이썬의 문자열을 둘러쌀 수 있습니다. 하나의 문자열에는 작은따옴표든 큰따옴표든 상관은 없으나 같은 짝을 사용해야 합니다.

- 주석은 프로그램과 관련된 설명을 작성한 것이며 컴파일러와 인터프리터는 주석을 무시합니다.

프로그램 코드는 어디에서 작성할까요? 무료 온라인 편집기가 시중에 많이 나와 있으며, 여기에서 코드를 작성하고, 테스트하고, 실행할 수 있습니다. 인터넷 포털 사이트에서 '코드 편집기' 또는 '온라인 IDE'를 검색하면 됩니다.

인터넷 검색을 하면 온라인 편집기가 몇 개 나올 텐데, 직접 써 보며 평가하면 됩니다. 참고로 선생님은 온라인 편집기로 repl.it과 trinket.io를 사용합니다. 프로그래밍 언어 자체에서나 타 기업이 제공하는 IDE를 컴퓨터에 내려 받아 코드를 실행해 보며 평가할 수도 있습니다. 대표적인 IDE로는 PyCharm이 있는데, 특별히 파이썬에 한정해서 개발된 오픈 소스 IDE인 만큼 개인용 또는 전문용으로 널리 쓰입니다.

IDE는 'integrated development environment'의 약자로 통합 개발 환경이라는 뜻입니다. 프로그래머에게는 IDE가 코드를 작성하는 작업 공간이 됩니다. IDE에는 컴파일러나 인터프리터가 포함되어 있어서 구문 오류를 확인할 수 있고 기계 코드로 변환하면서 디버깅까지도 할 수 있습니다.

그림 6-1 Pycharm 실행 화면

이 책은 많은 프로그래밍 언어에서 통용되는 일반적인 용어를 사용할 것이며, 파이썬 프로그래밍 언어로 된 예를 제공할 것입니다. 온라인 편집기나 (오프라인 기반의) 파이썬 통합 개발 환경인 IDLE 중 어느 것이든 자유롭게 사용해도 됩니다.

그렇지만 선생님은 항상 학생들에게 최신 버전의 IDLE를 사용하라고 권합니다. (IDLE는 Mac과 Linux, Windows에서 모두 사용할 수 있습니다.) 네트워크가 느리거나 아예 연결되어 있지 않은 경우에도 언제나 IDLE를 사용해 코딩 작업을 할 수 있습니다. 만약 여러분의 와이파이 연결을 믿을 수 있다면 온라인 편집기가 코딩 작업에 유용할 수도 있습니다. 하지만 파이썬 IDLE 사용에 익숙해지기를 권합니다.

알아두면 쓸모 있는 팝업노트

온라인 편집기에서는 대부분 Python2와 Python3를 모두 사용할 수 있습니다. 이 책에서는 Python3를 사용합니다. Python2는 2020년 1월에 공식적으로 지원이 종료되었기에, 새로운 프로젝트를 시작하려면 Python3를 배우는 편이 더 바람직합니다.

상식이 쑥쑥, 하이퍼링크

파이썬의 창시자 귀도 반 로섬은, 앞서 이야기한 것처럼 몬티 파이썬 그룹의 광팬이었습니다. 그래서인지 파이썬의 IDE인 IDLE는 몬티 파이썬 멤버 Eric Idle의 이름을 따서 지어졌습니다.

최신 버전의 Python3를 컴퓨터에 내려 받기 위해서는 다음을 참고하세요.

- **www.python.org/downloads/** 사이트를 방문합니다.

그림 6-2 www.python.org/downloads/ 메인 화면

- 내려 받을 파이썬 설치 파일을 골라 클릭합니다. Python2가 아닌 Python3를 내려 받도록 주의합니다.

Python Releases for Windows

- Latest Python 3 Release - Python 3.9.1
- Latest Python 2 Release - Python 2.7.18

그림 6-3 윈도우용 파이썬 설치 화면. 'Latest Python 3 Release'를 선택합니다.

첫 번째 프로그램 작성하기

새로운 프로그래밍 언어로 첫 프로그램을 작성할 때의 전통이 있습니다. "Hello, world"라는 문구를 출력하는 것입니다. 이 작업은 프로그램이 여러분 컴퓨터에서 제대로 실행되는지 확인하는 간단한 방법이자 새로운 언어를 시작하기에 손쉬운 방법입니다. 전통을 이어가 봅시다!

```
Hello, world
```

Python3 IDLE를 실행합니다. 파이썬과 함께 제공되는 IDLE는 '셸(shell)' 모드로 열리는데, 거기서 >>> 프롬프트를 볼 수 있을 겁니다.

이 프롬프트는 저장하거나 재사용할 필요가 없는 코드나 비교적 작은 프로그램을 실행할 때 유용합니다. 여기서 시작합니다.

코드 첫 줄로, 여러분이 처음으로 사용하는 파이썬 명령어인 **print( )**를 >>> 프롬프트 뒤에 쓰겠습니다. **print( )** 명령어를 입력하면 색상(보라색)이 바뀐다는 점에 유의합시다. 이것은 **print( )**가 파이썬에 지정된 명령어임을 나타냅니다. 이 경우 파이썬은 괄호 사이에 어떤 것이든 표시할 수 있습니다.

print( )와 같이 IDE에서 색상이 바뀌는 명령어는 프로그래밍 언어에서 예약어로 보면 됩니다. 프로그래머는 프로그래밍 언어에 정의된 방식으로 예약어를 사용할 수 있습니다. 예약어는 변수 이름이나 프로시저 이름 등 다른 목적으로는 사용하지 못합니다. 더 자세한 내용은 곧 만날 수 있습니다!

- **print( )** 명령어가 색상이 바뀌지 않았다면, 모두 소문자인지, 철자는 맞는지 그리고 소괄호인지 확인하도록 합시다.
- 이전 명령을 재입력하지 않고 셀에서 가져오려면 [Alt + P] 단축 키를 사용합시다. 그런 다음 해당 코드를 수정하거나 [Enter] 키를 눌러 재실행할 수 있습니다.

이제 화면에 보여줄 텍스트를 소괄호 안에 입력해 파이썬에 전달하도록 합니다. 이때 파이썬이 정확하게 텍스트를 화면에 출력하려면 입력한 텍스트는 인용 부호로 둘러싸여야 합니다. 파이썬에서는 인용 부호로 작은따옴표나 큰따옴표 둘 다 사용할 수 있습니다. 하지만 둘을 사용할 때에는 일관성이 있어야 하는데, 시작과 끝의 따옴표가 같은 조합이어야 합니다.

선생님은 큰따옴표를 추천하는데, 이유는 다른 프로그래밍 언어에서 큰따옴표를 사용하기 때문입니다. 그럼 여러분이 다른 언어를 새로 배울 때 이런 습관을 다시 익히지 않아도 됩니다.

맞는 예: **'text'** 와 **"text"**

틀린 예: **'text"** 와 **"text'**

이제 파이썬의 첫 번째 명령입니다. "Hello, world"를 입력하고 [Enter] 키를 누르면 다음과 같이 출력됩니다.

```
>>> print("Hello, world")
Hello, world
>>>
```

따옴표 안에 있는 텍스트가 색이 바뀐다는 점에 유의합시다. 이것은 파이썬이 텍스트로 인식한다는 것을 알려 줍니다. 파이썬 IDLE는 초록색을 사용하는 반면, 일부 온라인 IDE는 빨간색을 사용합니다. 색이 바뀌는 한, 파이썬은 텍스트로 인식하고 있는 것입니다. 둘 다 해 봅시다! 텍스트 필드에 작은따옴표를 사용해도 큰따옴표를 사용하는 것과 화면 출력이 같습니다.

```
>>> print('Hello, world')
Hello, world
>>>
```

첫 번째 프로그램을 작성해 보았습니다. 프로그램 코드는 파이썬 인터프리터로 이진 코드로 번역된 후 컴퓨터에서 실행되었습니다. 축하합니다!

프로그램 저장하기

앞의 경우 파이썬 셸에서 코드를 입력했기 때문에, 입력 코드는 저장되지 않습니다. 코드를 저장한 다음 재사용하려면 어떻게 해야 하는지 알아보겠습니다. 파이썬에서 저장한 프로그램 코드를 '**스크립트**(script)'라고 합니다. 저장해서 재실행할 코드는 이 스크립트를 사용해야 합니다. 파이썬 IDLE의 메뉴에서 [File] > [New File]을 차례로 선택하면 새 스크립트가 만들어집니다.

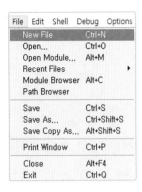

새 창이 나타났습니다. 새 이름으로 저장할 때까지 창에는 *untitled*으로 표시될 것입니다. 앞에서 입력했던 것처럼 첫 번째 줄에 **print("Hello, world")**를 입력하고 [Enter] 키를 누릅니다. 파이썬 셸에서는 **>>>** 프롬프트가 있을 때, [Enter] 키를 치면 print 명령이 실행되었습니다. 하지만, 여기서는 아무 일도 일어나지 않습니다! 우리는 파이썬에 코드를 실행할 준비가 되었다고 알려야 합니다. 파이썬 IDLE에서 이 작업을 수행하려면 메뉴에서 [Run]을 선택하고, 다음에 표시되는 드롭다운 메뉴에서 [Run Module]을 선택해야 합니다. 아니면 바로가기 키로 [F5]를 사용해서 스크립트를 실행합니다.

파이썬 IDLE가 프로그램을 실행하기 전에 저장을 하도록 유도한다는 점에 주의합시다. 여러분이 작성하는 프로그램은 별도의 폴더를 새로 만들어서 그곳에 저장하는 것이 바람직합니다.

파이썬 IDLE를 사용하는 경우, 작성한 프로그램은 .py 파일 확장자로 자동 저장됩니다. 이 확장자로 인해 IDLE는 파일을 파이썬으로 인식하고 해당 색상으로 표시된 예약어를 인식할 수 있습니다. 한번 코드를 저장했다면, 언제든 다시 실행할 수 있습니다.

온라인 편집기에서 작성한 프로그램을 실행하는 경우 대부분 [▶] 버튼을 누르면 됩니다.

Run ▶

내려 받은 파이썬 IDLE를 사용하면 파이썬 셸에 출력 결과가 표시됩니다. 코드를 실행할 때마다 가장 먼저 ===== **RESTART:**가 보이고, 그 뒤에 프로그램의 출력 결과가 나옵니다. 이번 예제의 경우, 출력 결과는 다음과 같습니다.

```
===== RESTART :   파일 경로가 포함된 파일이름 (사용자마다 다름) ======
Hello, world
>>>
```

다시 한번 축하합니다! 여러분은 파이썬으로 첫 번째 저장된 프로그램을 작성했습니다.

주석 달기

주석(comment)은 프로그램과 관련된 설명입니다. 지금은 불필요해 보일지 모르지만, 몇 달(혹은 몇 주) 전에 작성한 프로그램을 보면, 이 코드가 무엇인지, 어떻게 작동하는지 등의 세부 내용을 기억하기가 어려울 수 있습니다. 또한 주석은 프로그램의 기능을 다른 사람이 이해하기 쉽게 해줍니다. 만일 여러분이 프로그램의 오류를 고치거나 업데이트하기 위해 다른 프로그래머가 작성한 코드를 수정해야 할 경우, 잘 쓰인 주석이 있다면 코드를 이해하기가 훨씬 쉽고 작업 시간도 상당히 줄 것입니다. 또한 코드 오류의 원인을 찾을 때 주석을 사용할 수도 있습니다. 이것은 7장에서 자세히 알아보겠습니다.

주석은 한 줄 이상으로 프로그램에서 일어나는 일에 대해 설명합니다. 프로그래밍 언어마다 주석을 처리하는 고유의 방식이 있습니다. 주석은 프로그래머를 위한 것이므로, 컴파일러나 인터프리터는 주석을 무시합니다.

```
# 해시태그는 주석의 시작을 나타내는 기호다.

"""
파이썬에서는 블록 형태로 주석을 사용할 수 있다.
세 개의 큰따옴표로 묶어 주석 블록을 만든다.
"""

'''
파이썬에서는 작은따옴표로도 주석 블록을 만들 수 있다.
'''
```

다음 프로그램의 맨 위를 보면, 프로그램 작성자와 날짜, 프로그램의 목적에 대한 간략한 설명으로 이뤄진 주석을 볼 수 있습니다. 주석은 프로그래머에게 필요한 좋은 코딩 습관입니다.

```
# 작성자: 홍길동
# 만든 일자: 04/12/2020
# 수정 일자: 05/12/2020
# 프로그램 목적에 대한 간략한 설명
```

또한 프로그램의 핵심 코드나 복잡한 코드에는 주석을 달아야 합니다. 이렇게 하면 처음 보는 사람들뿐만 아니라, 여러분이 나중에 프로그램을 다시 다루게 될 때도 도움이 됩니다.

마무리 퀴즈!

01 IDE는 무엇을 하나요?

02 파이썬에서 텍스트를 화면에 출력하는 데 사용하는 명령은 무엇인가요?

03 파이썬에서 예약어는 어떻게 표시되나요?

04 작은따옴표와 큰따옴표를 섞어서 사용할 수 있나요?

05 파이썬 프로그램의 파일 확장자는 무엇인가요?

06 파이썬 프로그램의 다른 이름은 무엇인가요?

07 여러분의 이름을 표시하는 코드를 작성해 보세요.

08 여러분의 반려동물 이름이나, 미래의 반려동물에게 주고 싶은 이름을 표시하는 코드를 작성해 보세요.

09 프로그램에서 주석을 사용하는 이유 두 가지를 말해 보세요.

10 파이썬에서 한 줄 주석을 처리할 때 사용하는 기호는 무엇인가요?

11 한 번에 여러 줄을 주석으로 처리하려면 어떻게 해야 하나요?

12 주말인지 평일인지에 따라 다른 시간에 커피포트의 전원을 켜는 프로그램을 설명하는
     주석 블록을 작성해 보세요.

7장

디버깅과 테스트

- 버그는 작성한 프로그램의 코드에 있는 오류입니다.

- 디버깅은 프로그램의 오류를 확인해서 수정하는 작업입니다.

- 구문 오류를 수정하지 않으면 프로그램은 실행되지 않습니다.

- 논리 오류가 있어도 프로그램은 실행되지만 결과적으로 부정확한 결괏값이 나오게 됩니다.

- 런타임 오류는 영(0)으로 나누는 것과 같은 특정 상황에서 발생합니다. 코드가 실행될 때마다 매번 발생하지는 않습니다.

- 코드를 테스트하는 작업은 매우 중요합니다. 프로그램이 모든 가능성을 적절하게 처리하는지 유효한 데이터와 유효하지 않은 데이터 모두에 대해 철저하게 테스트해야 합니다.

오류와 디버깅

우리는 결국 작성한 코드에서 하나 이상의 오류가 있다는 것을 알게 됩니다. 프로그램의 오류를 파악하고 제거하는 데에 시간이 걸리기 때문에 문제 해결 과정을 확실하게 밟는 것이 중요합니다.

여러분이 **print( )** 명령으로 "Hello, world"를 입력하는 과정에서 오류가 발생했을 수도 있습니다. 우리는 종종 오타를 치는데, 다행히 코드를 실행하려고 하면 인터프리터가 이를 찾아 줍니다. 다음 예는 'print'라는 단어의 철자를 잘못 쓴 오류입니다. 우연히 'i' 자를 빼놓고 **'prnt'**를 입력했습니다. 파이썬은 이런 오류를 해결하는 데 필요한 정보를 메시지 형태로 제공합니다.

```
prnt("Hello, world")
```

```
Traceback (most recent call last):
    File "<pyshell# O>", line 1, in <module>
            prnt("Hello World!")
NameError: name 'prnt' is not defined
```

오류 메시지를 한 줄씩 살펴봅시다.

- 첫째 줄: 'Traceback'은 문제가 발생한 위치를 단순히 추적하고 있다는 의미입니다.

- 둘째 줄: 오류가 발생한 파일 이름과 파일 내 줄 번호를 알려 줍니다. 셀(shell) 모드에서 코드 한 줄만 작성했기에

<pyshell # 0>이라는 이름이 붙었습니다.

#0은 셀을 연 후 처음 사용한다는 뜻입니다. 다시 열 때마다 0으로 재설정됩니다.

- 셋째 줄: 오류가 실제로 발생한 코드 줄입니다.

- 넷째 줄: **"NameError:"**는 오류의 종류와 오류에 있는 '이름'을 알려 줍니다. 예에서는 **'prnt'**가 정의되지 않았다는 것을 알려 줍니다. 다행히, 이 오류는 수정하기 쉽습니다!

프로그래밍에서, 코드 오류를 **버그**(bugs)라고 말하기도 합니다.

상식이 쑥쑥, 하이퍼링크

'버그(bug)'는 해군 장교이자 나중에 제독이 된 그레이스 머레이 호퍼(Grace Murray Hopper)가 1945년 하버드 마크 II 계전기에서 발견한 나방에서 비롯되었다는 설이 일반적입니다. 그녀는 계전기에서 찾은 나방을 노트에 테이프로 붙였는데, 스미스소니언 협회의 국립미국사박물관에 보관되어 있습니다. 이보다 앞서 '버그'라는 용어가 사용되긴 했지만 실제 곤충이 발견된 것은 그때가 처음이었습니다. 버그라는 용어는 그대로 굳어져 오늘날까지 사용되고 있습니다.

그림 7-1 세계 최초의 '버그'를 보관한 그레이스 머레이 호퍼의 노트

코드 테스트는 3장에서 다룬 반복적인 개발 과정 중 한 단계입니다. 작성한 프로그램을 다른 사

람이 사용하기 전에 철저히 코드를 테스트하는 것은 매우 중요합니다. 가끔, 손가락은 뇌가 입력하라고 지시한 것을 따르지 않습니다. 실수를 할 의도는 아니었지만, 애석하게도 하곤 합니다. 반복적인 개발 과정을 떠올려 봅시다. 코드를 작성하기 전까지 알고리즘을 쪼개고 분해합니다. 그런 다음 개별 블록을 코드화하고 테스트한 다음 오류를 수정합니다. 다시 테스트하고 오류를 수정합니다. 찾을 수 있는 오류가 모두 확인되고 수정될 때까지 테스트는 반복됩니다. 그런 다음에야 문제가 해소된 실행 코드를 가지게 됩니다. 이제 다른 블록의 코드를 작성할 수 있습니다. 그렇게 여러 개의 블록이 만들어지면, 우리는 다시 각각의 코드 블록 사이를 연결하며 테스트해야 합니다.

일반적으로 오류에는 세 가지 범주가 있습니다.

구문 오류

구문 오류는 코드상의 문법 오류에 해당합니다. 프로그래밍 언어는 쉼표, 마침표 등의 구두점에 기반한 고유한 구문으로 구성되며 이들을 사용하기 위한 규칙이 있습니다. 소괄호나 중괄호의 짝이 불일치하거나 구두점이 없는 경우 등이 구문 오류에 속합니다.

구문 오류는 컴파일러나 인터프리터에서 코드를 기계 코드로 변환하는 과정에서 발견됩니다. 구문 오류를 수정하기 전까지 코드는 컴파일되지 않습니다. 대부분의 컴파일러와 인터프리터는 오류가 발견된 줄의 번호와 오류에 대한 설명을 제공해서 프로그래머가 오류를 해결하도록 돕습니다. 하지만 가끔은 오류 메시지가 도움이 되지 않기도 합니다.

예를 들어, 다음 코드에서 선생님은 닫는 괄호를 잊어버렸습니다. 그런데 오류 메시지가 조금 당황스럽습니다. EOF는 'End Of File'의 약자이고, 파싱(parsing)은 파이썬 인터프리터가 코드를 기계 코드로 변환하는 과정에서 더 작은 요소로 나누는 작업을 하고 있었다는 뜻입니다. 이 예에서 보이듯, 오류 메시지는 절대적인 정답이 아닙니다.

```
print("Hello, world"
```

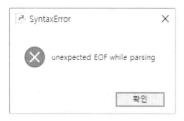

논리 오류

논리 오류는 컴파일 과정에서 발견되지 않고, 인터프리터로도 문법적 오류를 찾지 못합니다. 그래서 프로그램이 실행될 때까지 발견되지 않을지도 모릅니다. 논리 오류는 -(뺄셈 기호)가 아니라 +(덧셈 기호)를 계산에 사용하거나 유효하지 않은 값을 사용해서 나온 결과일 수 있습니다. 따라서 프로그래머가 실제 결과를 예상 결과와 비교하기 위해 자세하게 검증하지 않는 한, 발견되지 않습니다. 다음 예에서 선생님은 점수에 2를 더해야 하는데 오히려 2를 빼고 있습니다. 이런! 논리적인 오류입니다. 사실 코드에 덧셈 대신 뺄셈을 사용해도 실행에는 아무 문제가 없습니다. 따라서 테스트를 통해 점수가 예상과 다르다는 것을 알고 코드를 수정하는 작업은 오로지 프로그래머에게 달려 있습니다.

```
score = score - 2
```

런타임 오류

프로그램에 구문 오류가 없으면 컴파일이 제대로 됩니다. 그런데 다음 단계인 프로그램 실행에서 세 번째 오류, 즉 런타임 오류가 발생할 수 있습니다. '0으로 나눈' 상황이 발생했을 때가 런타임 오류의 예입니다. 프로그램은 여러 차례 실행되면서도 분모가 0인 경우를 만나지 않아 성공적이었습니다. 그러나 분모가 0인 경우를 만나면 프로그램은 런타임 오류로 종료됩니다. 다음 예에서 선생님은 게임에 대한 통계를 계산하고 있었는데, 프로그램을 실행하자 분모에 해당하는 변수 score에 0이 적용되어 버렸습니다.

보다시피, **ZeroDivisionError: division by zero** 오류가 발생했습니다. 이처럼 변수 score가 0이 아닐 경우에는 프로그램이 성공적으로 실행되지만 0이 되면 바로 런타임 오류가 발생합니다.

```
>>> score = 0
>>> numGames = 5
>>> stats = numGames / score
Traceback (most recent call Last):
   File "<pyshell# 2>", Line 1, in <module>
      stats = numGames / score
ZeroDivisionError: division by zero
>>>
```

테스트

구문 오류 때문에 실행이 안 되는 프로그램 과제들을 학생들이 얼마나 많이 제출하는지 모릅니다. 이것은 학생들이 직접 프로그램을 실행해 본 적이 없다는 것을 말해 줍니다. 그럴 때마다 학생들의 자신감에 박수를 보내는 한편, 테스트를 회피한 것에 기분이 언짢습니다. 우리 모두는 코드를 작성하면서 실수를 저지릅니다. 간단한 프로그램인데도 자주 오타가 나옵니다. 그러므로 작성한 코드는 반드시 테스트하는 습관을 갖도록 합시다.

알아두면 쓸모 있는 **팝업노트**

따옴표 안에서 단어 철자가 틀리면 오류가 발생하지 않습니다. 따옴표 안의 문자열은 그대로 출력 결과에 반영됩니다.

예를 들어 다음의 코드가 있다고 합시다.

print("Print an errer message")

이 명령의 결과는 다음과 같습니다.

Print an errer message

error가 errer로 잘못 입력되었지만, 오류 없이 철자가 틀린 문자열이 그대로 출력되었습니다.

테스트하는 습관

항상 코드를 직접 실행해서 구문 오류가 없도록 합니다.

논리 오류가 발생하지 않도록 실제 결과와 비교할 수 있는 예상 결과를 준비합니다. 이는 프로그램을 실행하기 전임에도 선택한 데이터를 사용하면 어떤 결과가 나올지 예상이 된다는 것을 의미합니다. 그런 다음 프로그램을 실제로 실행해서 예상 결과가 나오는지 확인합니다.

다른 사람이 당신의 프로그램을 사용할 수 있는 모든 가능한 방법을 생각해 보세요.

경계 조건

코드에서 100보다 작은 값을 확인하는 경우라면 100을 테스트할 뿐만 아니라 99와 101이라는 '경계 조건'도 테스트하도록 합니다. 이는 **순환 횟수**(off-by-one) 오류가 자주 발생하기 때문에 필요합니다. 순환 횟수 오류란 1의 차이로 인해 오동작하는 논리 오류의 일종으로, n개의 공간에 n+1개의 기둥이 있는 상황이나 특히 반복문의 루프가 너무 많이 또는 너무 적은 횟수로 반복하는 경우를 고려하지 않을 때 일어납니다. 반복문에 관해서는 17, 18장에서 자세하게 설명하겠습니다.

유효하지 않은 데이터

항상 유효하지 않은 데이터로 프로그램을 테스트해야 합니다. 예를 들어, 사용자로부터 숫자를 입력받는 경우 문자나 특수 문자도 입력해 보면서 반대의 경우도 테스트해야 합니다.

코드 블록을 주석 처리하면 오류가 발생하는 위치를 식별하는 데 도움이 됩니다. 긴 프로그램에서 실행 코드를 주석 처리하는 것은 테스트를 신속하게 진행하는 데 도움이 됩니다. 프로그램에서 초기에 개발한 블록은 건너뛰고 문제가 발생한다고 생각하는 블록으로 이동해도 됩니다.

`print( )` 문을 사용하면 변수에 대한 중간 결과를 출력해 보거나, 오류가 발생하기 전 프

로그램이 어느 줄까지 도달하는지 확인할 수 있습니다. 선생님은 오류의 원인을 찾을 때 **print("Got here")**를 자주 사용합니다.

여러분의 이름이 프로그램 주석에 있다는 것을 기억하세요. 여러분이 찾지 못한 오류가 프로그램에 남아 있다면, 그것은 여러분의 이름에 걸맞지 않을 겁니다!

상식이 쑥쑥, 하이퍼링크

대형 음료 회사에서 근무하고 있을 때 프로젝트 매니저가 회사의 사용자 커뮤니티에서 코드를 시연해 보이던 때가 생각납니다. 프로젝트 매니저는 프로그램을 어떻게 사용해야 하는지를 알고 있었기 때문에 모든 것이 완벽하게 실행되었습니다. 하지만, 사용자들이 프로그램을 테스트하기 시작하면서, 예상하지 못했던 조합으로 프로그램을 사용했고 오류가 이쪽저쪽에서 터져 나오기 시작했습니다. 당황스럽기는 했지만, 프로젝트는 결과적으로 훨씬 더 개선되었습니다. 물론 오류를 해결한 후였지만 말입니다!

01 디버깅이란 무엇인가요?

02 왜 유효하지 않은 데이터로 프로그램을 테스트해야 하나요?

03 경곗값이란 무엇인가요?

04 예상 결과는 무엇인가요?

05 화씨에서 섭씨로 온도를 변환하는 프로그램을 작성하는 경우 코드에 대해 실행해야 하는 테스트를 최소 3개 이상 들어 보세요.

06 프로그램에서 텍스트 필드에 숫자를 입력하려고 하면 어떤 유형의 오류가 발생하나요?

07 예약어의 철자가 틀리면 어떤 유형의 오류가 발생하나요?

```
예 : prnt( )
```

08 나눗셈 중에 분자와 분모를 혼동하면 어떤 유형의 오류가 발생하나요?

09 다음 코드에는 어떤 오류가 있을까요?

a. **Print**("Let's go team!")

b. **print**('레벨업 시간이다!")

c. **print**{"지금 몇 시인가요?"}

8장

변수와 대입문

- 변수는 프로그램에서 사용하는 값을 보관합니다.

- 프로그래머는 프로그램에서 사용할 변수의 이름을 지정합니다.

- 변수의 이름을 지정할 때 지켜야 하는 구문 규칙이 있습니다.

- 대입문은 값을 변수에 넣는 데 사용합니다.

- 프로그래밍 언어에서 등호는 오른쪽에 있는 것을 연산하여 등호 왼쪽의 변수에 대입하라는 명령입니다.

변수

이제 우리는 간단한 **"Hello, world"** 프로그램보다 더 복잡한 프로그램을 작성할 준비가 되어 있습니다. 우리가 첫 번째로 마주할 개념은 바로 **변수**(variable)인데, 간단히 말하면 값을 보관하는 공간입니다.

프로그래머는 프로그램의 코드에서 변수의 이름을 지정해 사용합니다. 프로그램 언어마다 변수의 이름을 지정하는 자체 규칙이 있습니다. 다음 규칙과 규약은 많은 프로그램 언어에서 공통적입니다.

- **규칙 1**

  변수는 일반적으로 알파벳 소문자로 시작됩니다.

  일부 언어에서는 변수 이름을 시작할 때 _(밑줄)을 허용하기도 합니다.

  변수 이름에 숫자를 사용할 수 있지만, 첫 번째 문자로는 사용할 수 없습니다.

  student1

- **규칙 2**

  문자 사이에는 공백(space)이 없어야 합니다. 공백은 유효한 문자지만 변수 이름에는 사용할 수 없습니다.

  만일 공백이 있다면, 프로그래밍 언어는 공백을 기준으로 앞과 뒤 두 개를 별개의 변수로 보게 됩니다.

  firstName → 유효한 변수 이름

`first name` → 유효하지 않은 변수 이름. 공백 때문에 변수가 두 개(first와 name)라고 인식합니다.

▪ 규칙 3

특수 문자는 사용할 수 없습니다. 대부분의 프로그래밍 언어는 @, #, !, $, %, *와 같은 특수 문자를 변수 이름으로 사용하는 것을 허용하지 않습니다. 유일하게 밑줄만은 일반적으로 허용됩니다.

`_name` → 유효한 변수 이름

`name!` → 유효하지 않은 변수 이름

▪ 규칙 4

대문자와 소문자는 다릅니다. 변수 이름에서 대문자와 소문자는 다른 문자로 구분됩니다. 가령, 다음 변수들은 모두 다른 변수로 취급됩니다.

`age`

`Age`

`AGE`

`aGe`

▪ 규칙 5

프로그래밍 언어마다 예약어가 있습니다. 예약어는 변수 이름에 사용할 수 없습니다. 대부분의 편집기에서 예약어는 색상이 달라 구별하기 쉽습니다. 예약어는 프로그래밍 언어에서 약속된 단어로 저마다 특별한 기능이 있습니다. 이런 예약어는 변수 이름으로 사용할 수 없습니다.

▪ 규약 1

변수 이름을 단어를 조합해 만들 때는 "카멜케이스(camelCase)"처럼 하면 됩니다. 낙타 대문자라고도 부르는데, 두 번째 단어(및 그 이후의 모든 단어)의 첫 번째 문자를 대문자로 시작하는 것입니다. 이러면 변수 이름을 더 쉽게 인식할 수 있습니다. 둘 중 어느 것이 읽기 쉬운가요?

`testScore`

`testscore`

- **규약 2**

  변수에 대한 설명이 이름에 포함되도록 합니다. 변수가 보관하는 데이터를 설명하는 이름을 사용하면 프로그램 코드를 이해하기가 더 쉬워집니다. 예를 들어 프로그램에서 학생 이름을 보관하는 변수의 이름을 짓는 경우, 어느 것이 바람직할까요?

  stuName

  sn

대입문

이제 변수 이름에 대해 알았습니다. 좋습니다! 그러면 변수를 가지고 무엇을 할 수 있을까요? 값을 보관할 수 있다고 했으니까, 변수에 값을 넣는 방법을 알아봅시다.

프로그래밍 언어에는 변수에 값을 대입하는 방법이 있습니다. 우리는 대입문을 사용해 변수에 값을 넣게 됩니다. 이럴 때 대부분의 프로그래밍 언어에서는 =(등호) 하나를 사용합니다.

| age = 16 | 변수 **age**에 숫자 16을 대입합니다. |
| day = 25 | 변수 **day**에 숫자 25를 대입합니다. |

그런 다음 **print( )** 명령을 사용해 변수가 가지고 있는 값을 출력할 수 있습니다.

```
age = 16
print(age)
```

이 경우, 숫자 16은 다음처럼 표시될 것입니다.

```
===== RESTART : 파일 저장 경로
16
>>>
```

프로그래밍 언어에서는 등호 오른쪽에 있는 것을 연산한 뒤에 등호 왼쪽에 있는 변수에 연산 결과를 대입한다는 것을 반드시 기억합시다.

변수를 이용해서 값을 바꿀 수도 있습니다. 서프라이즈!

        age = 21   변수 **age**의 값을 21로 지정합니다. 이전 값이던 16은 사라지고 지워집니다!

식을 사용해서 연산하고 결과를 변수에 대입할 수도 있습니다.

        age = 16 + 1   오른쪽은 16 + 1로 연산되며, 결과 17이 변수 **age**에 대입됩니다.

        print(age)   17을 출력합니다.

식에 다른 변수를 사용할 수도 있습니다.

        yearsToVote = 21 - age   카멜케이스와 같은 방식으로 3개의 단어를 조합해 변수 이름을
                                       만들었습니다.

변수 age는 앞의 예에서 17로 지정되었습니다. 그 후에 '21 - age' 식은 21 - 17로 연산될 것입니다.
따라서 연산 결과인 4가 변수 **yearsToVote**에 대입됩니다.

        print(yearsToVote)   4를 출력합니다.

마찬가지로, 두 개의 변수를 식에 사용할 수 있습니다.

        age = 15   변수 **age**의 값은 이제 15로 지정됩니다.

        votingAge = 21   변수 **votingAge**에 21이 들어갑니다.

        yearsToVote = votingAge - age   등호 오른쪽 식을 연산합니다.

        print(yearsToVote)   print( ) 문에 의해 6이 출력됩니다.

여기서는 '**votingAge - age**' 식이 21 - 15로 연산되고, 그 결괏값이 변수 **yearsToVote**에
대입되었습니다.

좀 더 복잡한 식도 가능합니다.

        celsius = 22   섭씨 온도가 22도로 지정됩니다.

```
fahrenheit = ((9 * celsius) / 5) + 32
```

등호 오른쪽은 섭씨를 화씨로 변환하는 식입니다.

```
print(fahrenheit)
```

print( ) 문에 의해 71.6이 출력됩니다.

온도 변환 결과는 변수 **fahrenheit**에 대입되어 있습니다. 다음 명령문은 식을 연산해 결괏값을 출력하지만, 결괏값이 변수에 저장되지는 않습니다.

```
print((9 * celsius) / 5 + 32)
```

알아두면 쓸모 있는 **팝업노트**

수학에서는 곱셈 기호를 생략해 '화씨온도 = 섭씨온도(9/5) + 32'라고 변환식을 써도 괜찮습니다. 그러나 프로그래밍에서는 수학 기호를 생략할 수 없습니다. 생략하면 구문 오류가 발생합니다. 10장에서 수학 기호에 대해 자세히 다룰 것입니다.

대입문과 변수

앞 절에서는 변수에 값을 넣는 대입문을 소개했습니다. 그런데 변수를 사용하는 방법이 또 있습니다. 다음처럼 등호의 오른쪽과 왼쪽에 같은 변수를 사용하는 경우입니다.

```
score = score + 2
```

대입문에서는 오른쪽을 연산한 후 결과를 등호 왼쪽 변수에 대입한다는 것을 기억하나요? 여러분은 변수의 현재 값을 취해서 어떤 방법으로든 변경한 다음, 새 값을 이전 값에 덮어쓰기해 저장할 수도 있습니다. 이 개념은 새내기 프로그래머에게 조금 혼란스러울지도 모릅니다.

다음 예시에서는 현재 변수 값인 42를 가져와, 이 값에 2를 추가한 다음 새 숫자를 다시 변수로 할당해서 이전 값인 42를 덮어쓰고 있습니다.

```
score = 42
```

변수 score에 값 42를 대입합니다.

```
score = score + 2
```

변수 score의 현재 값에 2를 더합니다. 42+2입니다.

그런 다음 변수 score의 이전 값에 새 값인 44를 덮어씁니다.

```
print("현재 점수는:", score)
```

이 코드는 다음과 같이 출력됩니다.

현재 점수는: **44**

결론적으로 변수는 값을 보관하는 장소입니다. 변수 이름을 지정하고 프로그램 명령문에서 변수를 사용할 때는 규칙이 있습니다. 우리는 값을 계산해 변수에 보관했다가 그 값을 다시 계산할 필요 없이 프로그램이 필요할 때마다 변수에 보관된 값을 사용할 수 있습니다. 그럼으로써 프로그램이 더 효율적으로 실행되게 됩니다.

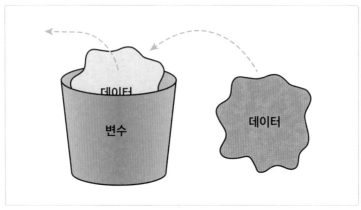

그림 8-1 변수는 데이터를 보관하는 장소입니다.

출력 옵션

print( ) 명령은 한 번에 여러 정보를 출력할 수 있습니다. 이때 값의 의미를 설명하는 메시지를 값과 함께 출력한다면 더 쉽게 이해될 것입니다. 앞의 예에 **"Age: "**라는 메시지를 추가해서 출력하면 더 보기 쉬운 결과가 됩니다. 코드로는 다음과 같습니다.

```
print("Age: ", age)
```

print( ) 문에 텍스트와 변수를 추가할 수도 있습니다. 각각은 쉼표(,)로 구분해야 합니다. 만약 주소나 전화번호와 같은 사용자 정보도 가지고 있다면, 이 모든 정보를 **print( )** 문에서 한꺼번에 출력할 수 있습니다. 텍스트 주위에는 " "(따옴표)가 있다는 것에 유의합시다. **print( )** 문은 따옴표 내에 있는 내용을 그대로 출력합니다.

```
print("Age: ", age, "Address: ", address, "Telephone number: ", phoneNum)
```

이 경우 모든 정보가 다음과 같이 한 줄에 출력되는데, 값에 문제는 없습니다.

```
Age: 17 Address: 1600 Pennsylvania Avenue Phone Number: 123-456-7890
```

그렇지만 더 읽기 쉽게 할 수도 있습니다. 이럴 때 **확장 문자**(escape character)를 사용합니다. 출력할 문자열 내에 사용하려는 파이썬 형식을 지정하는 것입니다. 확장 문자는 \(백슬래시)로 시작하는데, 이 문자와 /(슬래시)를 혼동하지 말아야 합니다. 백슬래시는 대부분의 키보드에서 [Enter] 키 위에 있으며, 한글 키보드에서는 ₩(원) 표시가 되어 있습니다. \는 백슬래시 다음 문자를 특별하게 다루어야 한다는 것을 **print( )** 명령에 알려 줍니다.

- \n   새로운 줄로 이동해 계속 출력한다.

- \t   탭 하나를 추가한 후에 계속 출력한다.

- \ "   큰따옴표(")를 출력한다.

- \ '   작은따옴표(')를 출력한다.

- \\   백슬래시 하나를 출력한다.

확장 문자를 사용하는 경우가 더 있지만, 이것만으로도 파이썬 형식을 지정하는 데 충분합니다. 파이썬 공식 문서를 검색하면 더 많은 내용을 참고할 수 있습니다.

다음은 확장 문자를 사용해 각 값을 새 줄에 출력하고, 두 번째 줄과 세 번째 줄의 한 탭 수준을 들여쓰기 위한 앞선 **print( )** 문의 예입니다.

```
print("Age: ", age, "\n\tAddress: ", address, "\n\tTelephonenumber: ", phoneNum)
```

다음과 같은 형식으로 출력됩니다.

```
Age: 17
  Address: 1600 Pennsylvania Avenue
  Phone Number: 123-456-7890
```

파이썬에는 형식을 지정하는 옵션이 또 있습니다. 천 단위 숫자를 구분하기 위해서 쉼표를 사용하고 싶다면, 다음과 같은 형식 지정 옵션을 사용하면 됩니다.

```
"{:,}".format(형식을 지정할 숫자)
```

예를 들어, 값이 큰 변수를 쉼표와 함께 출력하려면 다음과 같이 지정합니다.

```
number = 1234567890
print("{:,}".format(number))
```

이 경우, 출력 결과는 다음과 같습니다.

```
1,234,567,890
```

형식 지정에 작은따옴표를 사용해도 괜찮습니다.

```
print('{:,} '.format(number))
```

여러분도 짐작했겠지만, 형식을 지정하는 옵션들이 다양하게 있습니다.
출력할 소수의 자릿수를 표시하기 위해 **{:.2 f }**를 사용할 수 있으며, 여기서 2는 출력할 소수의 자릿수로, 필요에 따라 변경할 수 있습니다. 원주율(π) 값을 소수점 4자리까지 출력한다면 다음과 같습니다.

```
pi = 3.14159265
print("The value of Pi is: {:.4f}".format(pi))
```

결과는 이렇습니다.

```
The value of Pi is: 3.1416
```

만약 백분율로 작업하고서 % 기호를 붙이고자 한다면, 앞서의 출력문에서 f 대신 %를 사용하면 됩니다.

```
print("The percentage is: {:.3%}".format(pi))
```

다음과 같이 출력될 겁니다.

```
The percentage is: 314.159%
```

파이썬이 원주율 값을 가져와 자리를 이동시킨 다음에 변수가 가지고 있던 8자리가 아닌 소수점 3자리만을 출력했습니다.

앞선 형식 지정 코드 중 어떤 것도 변수의 값을 바꾸지 않은 데에 유의합시다. 단지 출력 표시 방법만 변경되었습니다. 이러한 형식 지정 옵션은 대부분의 문제를 해결하지만, 파이썬 공식 문서에는 이보다 많은 옵션이 소개되어 있습니다.

01 다음과 같은 변수 이름이 유효한가요? 만일 그렇지 않다면 어떤 규칙에 위배되나요?

    a. `carTag`   b. `0ptioN`

    c. `locker#`   d. `alarm time`

02 asdf가 변수 이름으로 적절한가요? 왜 그런가요, 아니면 왜 그렇지 않나요?

03 자주 듣는 음악의 변수 이름으로 적당한 것은 무엇인가요?

04 우편 받는 위치의 변수 이름으로 적당한 것은 무엇인가요?

05 대입문에 사용하는 기호는 무엇인가요?

06 변수에 값을 대입한 후에도 이 값을 변경할 수 있나요?

07 변수를 사용해서 다른 변수의 값을 계산할 수 있나요?

08 이번 시즌 가장 좋아하는 스포츠 팀의 경기 수를 저장하는 변수의 대입문은 어떻게 작성할까요?

09 한 팀의 승률(승수/패수)을 계산하는 변수의 대입문을 작성해 보세요.

10 지난해 총 3번 감기에 걸렸고, 각각 3일, 7일, 4일간 치료받았다고 할 때, 지난해 감기에 걸려서 치료받은 날의 평균 일수를 계산하는 변수의 대입문을 작성해 보세요.

11 다음 예에서 출력되는 값은 무엇인가요?

```
testScore = 92
extraCredit = 5
testScore = testScore + extraCredit
print(testScore)
```

[12~15] 여러분은 게임 토너먼트를 준비하고 있습니다. 다음의 질문에 답하세요.

12 선수를 새로 등록할 때마다 변수 numberOfPlayers에 1을 더하세요.

13 등록 선수가 토너먼트에 출전할 때마다, 변수 noShows에서 1을 빼세요.

14 확장 문자가 있는 print( ) 문만 사용해서 첫 줄에는 등록한 선수의 총 숫자를, 둘째 줄에는 변수 numerOfPlayers의 값을 한 수준 들여써서 출력하고, 셋째 줄에는 변수 noShows의 값도 한 수준 들여써서 출력하세요.

15 게임 토너먼트는 많은 선수가 참가하기에 규모가 큽니다. 쉼표를 사용해 등록 선수의 수, 출전 선수의 수, 출전하지 않은 선수의 수를 구분해 출력하도록 출력 형식을 지정해 보세요.

16 평균을 내고 싶은 세 과목의 시험 점수가 있다고 가정할 때, 계산한 평균을 소수점 3자리로 출력해 보세요.

9장

자료형

핵심 개념

- 변수에는 자료형이 있습니다.

- 변수의 기본 자료형은 int(정수형), float(실수형), str(문자열)입니다.

- 캐스팅(casting)을 사용해서 변수의 자료형을 변경할 수 있습니다.

- 문자열의 문자를 숫자로 변환하려면 숫자로 된 문자들로만
  구성되어 있어야 합니다.

- float(실수형) 자료형을 int(정수형) 자료형으로 캐스팅하면
  소수점 이하 값이 사라집니다.

자료형

프로그램은 다양한 데이터를 처리할 수 있으며, 이런 데이터에는 저마다의 유형(type)이 있습니다. 즉, 문자나 숫자를 보관하도록 변수를 정의할 수 있다는 의미입니다.

숫자에는 크게 정수와 실수, 두 가지 기본 유형이 있습니다. 프로그래밍 언어에서는 이러한 숫자를 메모리상에 다르게 저장하므로 유형을 구별하는 것이 무척 중요합니다.

대부분의 프로그래밍 언어는 프로그램에서 변수를 사용하기 전에 자료형을 지정해야 합니다. 그러지 않으면 오류가 발생합니다. 그러나 파이썬은 다른 언어보다 이런 면에서 상당히 관대합니다. 변수를 선언하면서 값을 대입하면 파이썬은 대입한 값을 기준으로 다음과 같이 자료형을 스스로 판단합니다.

'정수'는 소수점이 없는 수입니다. '실수'는 소수점이 있는 수입니다. 소수 자리에 0 만 있더라도 소수점이 있으면 실수로 처리됩니다. 정수와 실수는 소수점 유무로 구분됩니다.

    3   #정수
    3.0   #실수

age = 18   값에 소수점이 없으므로 age는 정수형 변수로 만들어집니다. 자료형은 **int**입니다.

avg = 4.5   값에 소수점이 있으므로 avg는 실수형 변수로 만들어집니다. 자료형은 **float**입니다.

name = "me"   따옴표에 둘러싸진 문자열을 보관하는 변수가 만들어지며, 자료형은 **str**입니다.

자료형이 **int**(정수형)인 변수에 소수점이 있는 값을 저장하려고 하면 자바(Java)와 같은 일부 언어에서는 오류가 발생합니다. 하지만 파이썬에서는 이런 경우 변수의 자료형을 **int**에서 **float**로 동적으로 변환해서 값을 저장해 줍니다. 파이썬이 자바보다 유연하다고 평가받는 이유입니다.

> **참고** 모든 프로그래밍 언어에서 자료형이 **float**인 숫자는 컴퓨터 메모리에 근사값으로 저장됩니다. 예를 들어 1.5는 1.4999999로 저장됩니다. 이에 비해 정수는 값 그대로 정확하게 저장됩니다. 5는 5로 메모리에 저장됩니다.
>
> 프로그래밍 언어는 부동소숫점 수의 부정확성에 대해 보정을 해야 합니다. 즉, 이러한 부정확성 때문에 프로그래머는 통화 계산 시 정수만을 사용해서 계산한 다음, 실수로 변환합니다. 이로써 부동소숫점 수의 부정확성에 따른 오류를 막을 수 있습니다. 파이썬은 실수를 다루기 위해 Decimal이나 Fraction 같은 내장 모듈을 가지고 있습니다. 이들에 대한 자세한 내용은 파이썬 공식 문서를 참조하세요.

텍스트 필드는 파이썬과 자바 등 많은 프로그래밍 언어에서 **문자열**(string)이라고도 합니다. 값이 텍스트 필드 또는 문자열인 것을 나타내려면 따옴표를 값 주위에 둘러싸야 합니다. 앞 장에서 우리는 "Hello, world"를 화면에 출력하는 프로그램에서 문자열을 사용해 봤습니다. 다음과 같이 따옴표 안에 있는 내용이 모두 그대로 출력되는 것을 확인했습니다.

```
>>> print("Hello, world")
Hello, world
>>>
```

파이썬은 변수를 만들고 값을 대입하면 바로 사용할 수 있으며, 이때 변수는 초기값의 자료형을 취합니다. 대부분의 프로그래밍 언어는 변수를 사용하기 전에 '선언'하거나 '정의'해야 하기 때문에, 주석을 적은 다음, 프로그램 맨 위에 변수를 선언하고 초기값을 대입하는 습관을 들이는 것이 좋습니다.

알아두면 쓸모 있는 **팝업노트**

특별한 경우에 적합한 자료형이 더 있지만, 대부분의 프로그램은 int와 float 그리고 str만으로도 충분합니다.

```
#   변수 선언
firstName = ""          #   값이 없는 str 자료형 변수가 만들어집니다.
lastName = ""
age = 0
testAvg = 0.0
```

파이썬에서 **None**은 값이 아닌 하나의 자료형입니다. 변수가 존재한다는 것을 나타내기 위해 **None**을 사용하지만, 변수에는 아직 값이 없는 상태입니다. 다른 프로그래밍 언어의 null 값과 유사합니다. 변수에 **None**을 대입해서 테스트를 할 수 있습니다.

```
smallestNum = None
```

자료형 변환하기: 캐스팅

프로그래밍을 하다 보면, 자료형을 바꾸어야 할 때가 있습니다. 주로 사용자가 키보드에서 데이터를 입력하는 경우입니다.

파이썬에서, 키보드로부터 입력받은 값은 항상 **str** 자료형으로 프로그램에 들어옵니다. 키보드의 숫자 자판을 입력한 경우에도, str 자료형으로 프로그램에 들어오는 것입니다(이 문제는 12장에서 더 다루겠습니다).

다행스럽게도 사용자가 입력하는 데이터가 숫자처럼 보이기만 하면 int나 float 자료형으로 변환할 수 있습니다. 이것을 **캐스팅**(casting)이라고 합니다. 즉, 새로운 데이터 유형으로 캐스팅하거나 값을 변경하는 것입니다.

다음 예시에는 **value**라는 변수가 나옵니다. 처음에 **"12345"**라는 문자열 값을 가지고 있습니다. 이것은 따옴표로 둘러싸인 문자열이라서 덧셈이나 나눗셈 같은 수학 연산을 수행할 수 없습니다.

```
value = "12345"
```

그런데 파이썬의 내장 함수를 사용하면 문자열을 정수나 소수점이 있는 숫자로 변환할 수 있습니다. 내장 함수란 프로그래밍 언어와 함께 제공되는, 사전에 작성해 테스트를 마친 코드 블록입니다. 이미 우리는 그중 하나인 **print( )** 함수를 사용했습니다. 또한, 내장 함수는 파이썬 IDLE를 사용할 때 색상이 다르게 나타나므로, 우리는 내장 함수에 이미 파이썬에서 지정한 기능이 있다는 것을 알 수 있습니다.

문자열을 int 자료형으로 변환하는 내장 함수는 **int( )**입니다.

```
value = int(value)
```

이 함수는 변수의 현재 내용을 정수로 변환한 뒤 다시 같은 변수에 저장합니다. 문자열의 내용이 숫자처럼 보이기 때문에, 캐스팅을 통한 변환은 성공합니다. 그러면서 파이썬은 자료형도 int로 변경합니다.

그리고 같은 **int( )** 함수를 사용해서 부동소숫점 수나 소수점이 있는 숫자를 정수로 변환할 수 있습니다. 이때 절삭이 일어납니다. 절삭이란 소수점을 포함해 소수점 오른쪽의 값을 모두 잘라내는 것으로, 반올림이 아닌 버림입니다.

```
decimal = 5.5
num1 = int(decimal)        캐스팅한 값을 다른 변수에 저장하고 있습니다.
print(decimal)             변수 decimal의 값이 바뀌지 않았는지 확인할 수 있습니다.
5.5
print(num1)                정수로 변환하면서 값이 절삭되었는지 확인할 수 있습니다.
5
```

다음으로 문자열을 float 자료형으로 변환하는 내장 함수는 **float( )**입니다. 놀랍지 않나요?

```
value = "123.45"
```

```
value = float(value)
```

이 함수는 변수의 현재 내용을 가져와 실수로 변환합니다. float 자료형으로 변환된 값은 같은 변수에 다시 저장됩니다. 이제 변수 value에는 123.45가 저장되어 있습니다. 텍스트 필드의 내용이 숫자처럼 보이기 때문에, 캐스팅을 통한 변환은 성공했습니다.

```
print(value)
```

123.45   변수가 소숫점이 있는 숫자로 변환된 것을 알 수 있습니다.

숫자처럼 '보이지' 않는 문자열의 자료형을, **int** 또는 **float**로 변환하려고 하면 오류 메시지를 받게 됩니다.

```
weather = "hot"
```

```
weather = int(weather)
```
여기서 **"hot"**이 숫자처럼 보이는 문자가 아니어서 다음과 같은 오류 메시지가 나옵니다.

```
Traceback (most recent call last):
  File "<pyshell# 1>", line 1, in <module>
    weather = int(weather)
ValueError: invalid literal for int( ) with base 10: 'hot'
>>>
```

지금까지 설명한 것과 반대로 자료형 **int**와 **float**를 **str**로 변환할 수도 있습니다. 변환한 후에는 수학 연산을 수행할 수 없습니다.

```
phoneNumber = 1234567890
```

```
phoneNumber = str(phoneNumber)
```
str 자료형으로 변환합니다.

```
temperature = 30. 8
```

```
outsideTemp = str(temperature)
```

자료형 확인하기

파이썬에서 **type( )** 내장 함수는 변수의 자료형을 알려 줍니다. 배포하려는 최종 버전의 프로그램에서는 이 함수를 사용할 필요가 없지만, 개발 과정에서 코드 오류를 해결하는 데 도움이 됩니다. 개발 과정에서 가끔 자료형이 틀린 필드가 있을 수 있으며, 이로 인해 오류가 발생하거나 예상 결과와 달라지기도 합니다. 이때 사용 중인 변수의 자료형을 확인하면 오류를 찾아내기가 수월해집니다.

```
userData = "5"
print(type(userData))
<class 'str'>                   변수 userData의 자료형은 str입니다.
userData = int(userData)        자료형을 int로 캐스팅합니다.
print(type(userData))
<class 'int'>                   자료형이 int이 되었습니다.
```

이 장에서는 변수의 자료형에 대해 다루었습니다. 자료형은 숫자이거나 문자열일 수 있습니다. 기본적으로 숫자 자료형에는 **int**와 **float**이 있고, 문자열 자료형에는 **str**이 있습니다.

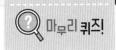

01 소수(실수)를 사용하기 위해서 어떤 자료형을 사용해야 하나요?

02 다음 중 자료형이 int인 값은 무엇인가요?

```
0, 42.0, -999, 14.4, 11.0
```

03 프로그래머는 어떤 방법으로 파이썬에 변수(혹은 필드)가 문자열인지 알릴 수 있나요?

04 다음 중 유효한 부동소숫점 수는 어떤 것인가요?

```
-0.5, -1.0, 0.0, 5, 92, 5432.1
```

05 pet이란 변수를 정의하고, 자신이 키우고 있거나 키우고 싶은 강아지와 같은 반려동물로 초기화하세요.

06 float( ) 자료형을 int( ) 자료형으로 캐스팅하면 어떤 일이 벌어지나요?

07 다음 코드에서 오류가 발생할까요?

```
address = "440"
addressF = float(address)
```

08 다음 코드에서 오류가 발생할까요?

```
addrGov = "1600 Pennsylvania Avenue"
addrGov = int(addrGov)
```

09 여러분의 사물함 번호를 저장할 변수를 만들어 봅시다.

　　a. 사물함 번호를 str로 변환하세요.

　　b. 변수를 출력하세요.

10   절삭이란 무엇인가요?

11   파이썬 자료형에서 절삭은 언제 일어나나요?

12   변수의 자료형을 확인하는 데 사용하는 함수는 무엇인가요?

13   개에게 테니스 공을 던져 가져오는 횟수를 세는 변수를 정의해 보세요.

     a. 변수를 초기값으로 설정합니다.
     b. 변수를 출력하세요.
     c. 변수의 자료형을 출력하세요.

[14~16] 질문에 대해 다음 코드를 사용합니다.

```
age = "18"
age = float(age)
age = int(age)
```

14   첫째 줄을 실행한 다음 변수 age의 자료형은 무엇인가요?

15   둘째 줄을 실행한 다음 변수 age의 자료형은 무엇인가요?

16   셋째 줄 이후 변수 age의 자료형은 무엇인가요?

10장

수학 기호

- 표준 수학 연산은 프로그래밍 언어에서도 가능합니다.

- 연산 기호는 곱셈을 제외하고 수학 연산에서 사용하는 것과 동일합니다.

- 나머지 연산의 경우 결괏값은 두 수로 나누기한 나머지입니다.

- 수학과 프로그래밍에서 수행되는 연산 순서는 동일합니다.

우리는 이미 이전의 몇몇 프로그램 코드를 만들면서 수학 연산 기호를 사용했습니다. 다행히 파이썬에는 표준 수학에서 사용했던 기호가 그대로 사용되기 때문에 계산하려는 식을 쉽게 이해할 수 있습니다. 앞에서 설명했듯이 각각의 수학 연산 기호는 꼭 적어야 합니다. 예를 들어 '2(x + 5)'라고 쓰면 안 됩니다. 구문 오류가 발생할 것이기 때문입니다. 반드시 '2 * (x + 5)'라고 써야 합니다.

수학 연산

대부분의 프로그래밍 언어는 일반적인 수학 연산 기호를 사용합니다.

- 덧셈   +
- 뺄셈   –
- 곱셈   *   대부분의 키보드에서 숫자 8 위에 있는 별표입니다.
- 나눗셈   /
- 정수나눗셈   //
- 제곱연산자   **
- 나머지   %

정수로 나눗셈을 하는 과정은 프로그래밍 언어에 따라 다르게 처리됩니다. 자바 등 대부분의 언어는 분자와 분모가 모두 정수일 때 분자를 분모로 나눈 후 소수점 아래를 절삭합니다. 파이썬이 아닌 다른 프로그래밍 언어를 사용한다면 정수 나눗셈 문제는 주의해야 합니다.

알아두면 쓸모 있는 **팝업노트**

나눗셈 연산 기호의 방향을 유심히 관찰해 보세요. 다른 방향의 기호(\)가 키보드에 있습니다. 백슬래시는 나눗셈에 사용하지 못하며, 만일 사용한다면 구문 오류가 발생합니다.

```
System.out.println(5/2);          2가 출력됩니다.
```

자바에서는 두 정수 간의 나눗셈이라서 결과가 이렇게 나옵니다.

```
System.out.println(5.0/2);        2.5가 출력됩니다.
```

자바에서는 분자가 소수점이 있는 수이므로 절삭이 일어나지 않습니다.

```
System.out.println(5/2.0);        2.5가 출력됩니다.
```

자바에서는 분모가 소수점이 있는 수이므로 절삭이 일어나지 않습니다.

반면 파이썬은 두 정수 간의 나눗셈 결과를 실수로 저장합니다.

```
print(5 / 2)          실수 2.5가 출력됩니다.
```

그러나 결괏값을 정수로 캐스팅하면 소수점 아래가 절삭된다는 점에 주의합시다. 캐스팅에 대해서는 앞 장을 참조하면 됩니다.

```
print(int(5 / 2))          자바와 마찬가지로 2가 출력됩니다.
```

소수점 이하를 버리고 정수로 답을 구할 때에는, 정수나눗셈 연산(//)을 사용하면 됩니다.

```
print(5//2)          정수 2가 출력됩니다.
```

5^2을 구할 때에는 제곱연산자(**)를 사용합니다.

```
print(5**2)          정수 25가 출력됩니다.
```

나머지 연산

나머지 연산(modulus math)에서는 나눗셈은 하지만 나머지를 제공할 뿐, 몫을 제공하지 않습니다. 이 연산은 고등학교 수학 과정에 자주 나오지는 않지만, 프로그램에서는 몇 가지 용도로 사용하고 있습니다.

나머지 연산 **%**	파이썬에서는 퍼센트 기호가 나머지 연산에 사용됩니다.
	일부 프로그래밍 언어는 나머지 연산에 MOD라는 단어를 사용합니다.
20 % 5 = 0	몫은 4, 나머지는 0입니다.
21 % 5 = 1	몫은 4, 나머지는 1입니다.
3 % 5 = 3	연산 기호 앞 숫자가 나중 숫자보다 작으면 나머지는 항상 앞 숫자입니다.

나머지 연산은 짝수 또는 홀수를 찾는 용도로 종종 사용합니다. 예를 들어 2로 나누어서 나머지가 0인 수는 짝수입니다.

```
num % 2 = 0
```

연산 순서

연산 순서는 프로그램과 수학에서 동일하게 적용됩니다. 곱셈은 덧셈보다 먼저 계산됩니다. 곱셈과 나눗셈은 우선순위가 같고, 덧셈과 뺄셈도 우선순위가 같습니다. 우선순위가 같은 경우는 왼쪽에서 오른쪽으로 순서대로 계산됩니다.

곱셈과 나눗셈은 서로 순서를 바꿀 수 있습니다. 왼쪽에서 오른쪽으로 먼저 나오는 것이 먼저 연산됩니다.

덧셈과 뺄셈은 서로 순서를 바꿀 수 있습니다. 왼쪽에서 오른쪽으로 먼저 나오는 것이 먼저 연산됩니다.

```
num1 = 14 + 1 5 + 16 * 2 / 5        num1은 35.4가 됩니다.

num2 = (14 + 15 + 16) * 2 / 5       num2는 18.0이 됩니다.
```

프로그램에서 수학 연산을 수행하는 순서는 수학 시간에 손으로 연산을 푸는 것과 같습니다. 연산 순서에 따라 식을 평가하는 방법이 결정됩니다. 여러 단계의 계산이라서 자신의 의도를 정확히 나타내야 할 때는 괄호를 사용하는 것이 좋습니다. 그러면 여러분의 코드를 다른 프로그래머가 읽고 이해하는 것이 더 쉬워집니다.

01   프로그래밍 언어에서 수학 연산에 사용하는 기호로는 무엇이 있나요?

02   자바와 같은 프로그래밍 언어에서 절삭은 언제 발생하나요?

03   3회 시험 성적의 평균을 계산하는 코드를 작성하고, 결과를 변수에 저장해 보세요.

04   모든 사람이 3조각의 피자를 먹으며 피자 하나는 8 조각이라고 가정할 때, 5명은 피자 몇 판을 주문해야
      하는지 계산하는 코드를 작성해 보세요.

05   /와 \ 연산 기호는 둘 다 나눗셈에 사용할 수 있나요?

06   변수 calc의 값은 무엇인가요?

```
calc = 2 ** 3
```

07   파이썬에서 나머지 연산에 사용하는 기호는 무엇인가요?

08   나머지 연산에서는 어떤 결과가 나오나요?

09   변수 time1에 저장되는 값은 얼마인가요?

```
hour = 7
time1 = hour % 12
```

10   숫자가 홀수인지 판단하는 계산식을 작성해 보세요.

11   숫자를 3으로 나눌 수 있는지 판단하는 코드를 작성해 보세요.

12 변수 num의 값은 얼마인가요?

```
num = 1.0 * (17 / 3) - 2
```

13 코드를 작성해서 반지름이 4인 원의 둘레를 계산하고, 결과를 변수에 저장해 보세요.

> 참고 원주 방정식: 2 * π * r

14 다음 식에 해당하는 코드를 작성해 보세요.

a. 신발 크기를 재어 5를 곱하세요.

b. 50을 더하고 20을 곱하세요.

c. 1020을 더하고, 태어난 연도를 빼세요.

d. 결과를 출력하세요.

11장

문자열

· 문자열의 각 문자마다 인덱스 위치(index position)가 있으며, 정수로 인덱스 위치를 나타냅니다.

· 문자열 간의 연결 연산에는 +(덧셈 기호)를 사용하며, 두 문자열이 연결되어 하나가 됩니다.

· 문자열은 변경 불가능합니다(immutable). 즉, 수정할 수 없습니다.

· 문자열을 '슬라이싱(slicing)'한다는 것은 문자열 중에서 일부를 선택하는 것입니다. 형식은 다음과 같습니다. 변수[start:stop]. 여기서 start에 해당하는 문자는 포함되고 stop에 해당하는 문자는 포함되지 않습니다.

· 파이썬에서 문자열을 비교할 때에는 숫자에서 사용하는 관계 연산자를 동일하게 사용합니다.

  >, >= , <, <=, ==, !=

프로그램에서 텍스트를 다루는 경우가 많습니다. 그래서 str 자료형을 다루는 장을 따로 두었습니다. 이번 장에서는 문자열을 처리하는 몇 가지 방법을 소개하겠습니다.

문자열은 여러 문자와 기호, 숫자, 단어 등으로 구성되고, 변수에 문자열을 저장할 수 있습니다. 따옴표(인용부호) 사이에 어떤 문자가 들어가 있든 간에 한 세트의 따옴표는 하나의 **문자열**(string)로 간주됩니다. 작은따옴표나 큰따옴표는 일관성이 있다면 어느 것이든 사용할 수 있습니다. 하지만 대부분의 다른 프로그래밍 언어에서는 큰따옴표만 사용하므로 큰따옴표를 사용하는 습관을 익히는 것이 바람직할 것입니다.

인덱스와 길이

문자열은 대체로 다수 문자의 구성(문자 기호, 숫자, 단어 등)으로 이루어져 있는데, 개별 문자에 접근해야 하는 경우가 자주 생깁니다. 개별 문자마다 문자열 내 인덱스 위치(index position)가 있습니다. 이 위치는 정수로 나타내며 **인덱스 값**(index value)이라고 합니다. 파이썬뿐만 아니라 다른 프로그래밍 언어도 0부터 인덱스 위치를 세기 시작합니다. 이상하지 않나요? 문자열 'programming'을 저장하는 변수 **course**가 있는 경우, 문자 p는 인덱스 위치가 0이고, 문자 o는 인덱스 위치가 2라는 이야기입니다.

```
course = "programming"
```

문자열 내 문자들	p	r	o	g	r	a	m	m	i	n	g
인덱스 위치	0	1	2	3	4	5	6	7	8	9	10

인덱스 위치가 0에서부터 10까지 있습니다. 그러면 총 11개의 위치가 있는 셈입니다.

문자열 내 개별 문자에 접근하려는 경우 파이썬에서는 **[ ]**(대괄호)를 사용하며, 대괄호 안에 접근하려는 인덱스 위치를 적습니다.

course[1]   인덱스 위치가 1인 문자는 r입니다.

course[5]   인덱스 위치가 5인 문자는 a입니다.

파이썬에는 **len( )**이란 내장 함수가 있으며, 이 함수는 문자열의 **길이**(length)를 알고 싶을 때 사용합니다. 변수나 문자열을 **len( )** 함수의 괄호 안에 입력하면 얼마나 많은 문자가 변수 또는 문자열에 들어 있는지, 그 개수를 반환해 줍니다.

print(len(course))   변수 **course**에 저장되어 있는 문자 개수를 출력합니다.

11   문자열 **"programming"**의 문자 개수는 11입니다.

문자열의 마지막 문자를 참조할 때는 인덱스 위치로 **len(string) - 1**을 사용해도 됩니다. 문자 개수를 알 필요가 없습니다.

course[len(course) - 1]   마지막 문자인 g에 접근하게 됩니다.

왜 그런지 이해되지 않을 수 있습니다. 찬찬히 들여다봅시다.

문제가 있나요?

1. 변수 이름은 course입니다.
2. **len( )** 내장 함수는 길이를 알고 싶은 대상을 인수(argument)로 취합니다. 여기서는 괄호 안의 변수 course가 대상입니다.
3. 변수가 저장한 문자열의 마지막 인덱스 위치를 알고 싶다고 가정합시다. **len(course) -1**을 사용하면 직접 문자 개수를 세지 않아도 됩니다. 왜냐하면 인덱스 위치는 0에서 시작해 대상의 길이보다 1만큼 적은 위치에서 끝나기 때문입니다.

앞의 예에서 뺄셈을 사용하여 인덱스 위치를 계산했다는 점에 유의하기 바랍니다. 우리는 여러 가지 방법으로 인덱스 위치를 계산할 수 있습니다.

course[7 - 4]	인덱스는 3입니다. 그래서 문자 o에 해당합니다.
position = 8	변수를 정의해 8을 대입합니다.
course[1 + position]	인덱스는 9입니다. 그래서 문자 n에 해당합니다.
course[2 ** 3]	지수 2^3의 계산 결과는 8입니다. 해당하는 문자는 i입니다.

인덱스를 선택하거나 계산할 때 주의해야 합니다. 문자열의 길이에 비해 너무 큰 숫자를 사용하면, 오류가 발생할 것이기 때문입니다.

course[44]	예에서 문자열의 인덱스 위치는 0에서 10까지입니다.

이렇게 하면 다음과 같은 오류 메시지가 나옵니다. 마지막 줄을 보면 인덱스 위치가 범위를 벗어났다고 알려 줍니다.

```
Traceback (most recent call Last):
    File "<pyshell# 52>", Line 1, in <module>
            course[44]
  IndexError: string index out of range
```

다음 경우는 오류가 발생하지 않는 것이 이상할지도 모릅니다.

course[-1]

실제로 파이썬에서 이것은 마지막 인덱스 위치에서 시작하는 것이 됩니다. 좀 더 자세히 보겠습니다.

앞서 본 문자열 'programming'의 표에 뒤에서부터 센 인덱스 번호를 덧붙여 보완하면 다음과 같습니다.

문자열 내 문자들	P	r	o	g	r	a	m	m	i	n	g
(앞에서)인덱스 번호	0	1	2	3	4	5	6	7	8	9	10
(뒤부터)인덱스 번호	-11	-10	-9	-8	-7	-6	-5	-4	-3	-2	-1

파이썬의 인덱스 번호는 앞에서부터 셀 때는 0부터 시작하고 뒤에서부터 셀 때는 -1부터 시작합니다. 이 점에 유의합시다.

```
print(course[-1])
```
g   마지막 인덱스 위치인 10(전체 길이 -1)에 해당하는 문자를 출력합니다.

```
print(course[-10])
```
r   인덱스 위치가 1(전체 길이 -10)에 해당하는 문자를 출력합니다.

인덱스 범위 밖의 값이 나오는 음수를 사용하는 경우에도 **IndexError: string index out of range,** 즉 범위를 벗어났다는 오류가 나온다는 점에 유념하기 바랍니다.

```
course[-22]
```

이런 경우 (전체 길이 - 22)로, 11 - 22 = -11이 되어서 (앞에서)인덱스 범위로 유효하지 않습니다.

```
Traceback (most recent call Last):
    File "<pyshell# 58>", Line 1, in <module>
        course[-22]
IndexError: string index out of range
```

문자열 연결

문자나 기호, 숫자 단어 주위에 따옴표를 붙이면 프로그래밍 언어는 문자열로 인식합니다. 숫자로 구성되어 있어도 따옴표 안에 있으면 문자열로 간주하며, 이런 경우 덧셈과 나눗셈 같은 수학 연산을 사용할 수 없습니다. 그러나, 문자열은 **연결 연산**(concatenation)이라고 하는 그들만의 '

수학' 버전을 가지고 있습니다. 파이썬에서는 문자열에 +(덧셈 기호)를 사용하여 두 문자열을 서로 연결합니다. 즉, 이어 붙입니다.

```
cheer1 = "Let's go "        # go 뒤에 공백이 한 칸 있는 것에 주의합니다.
cheer2 = "team!"            # team 앞에 공백을 한 칸 줘도 됩니다.
cheer3 = cheer1 + cheer2
print(cheer3)
Let's go team!
```

파이썬은 +(덧셈 기호)를 사용할 때 자료형이 숫자(정수나 실수)면 덧셈으로 인식하고 자료형이 문자열이면 연결 연산으로 인식합니다. 그만큼 파이썬이 영리한 것입니다. 이런 경우를 오버로딩(overloading, 중복)이라고 부르며, 이는 코드 내 사용 방식이 둘 이상 중복된다는 의미입니다. 그러나 덧셈 기호를 문자열과 숫자 필드가 함께 있는 경우에 사용하면 오류가 발생합니다.

```
address = "440"
address = address + 1            #  문자열 "440"에 숫자 1을 더하려고 시도합니다.

Traceback (most recent call Last):
      File "<pyshell# 65>", Line 1, in <module>
            address = address + 1
TypeError: Can't convert 'int' object to str implicitly
```

*(곱셈 기호)를 문자열과 함께 사용할 수도 있습니다. 똑똑한 파이썬은 문자열을 곱셈으로 표시된 횟수만큼 반복하는 것으로 인식합니다. 이렇게 곱셈 기호 또한 오버로딩에 해당하기에 사용하는 값의 자료형에 맞게 사용해야 합니다. 숫자는 곱셈이 적용되고 문자열은 반복이 적용됩니다.

```
print(cheer3 * 3)              변수 cheer3에 저장되어 있는 "Let's go team!"을 3번 반복해
                              출력합니다.

Let's go team!Let's go team!Let's go team!
```

단순히 출력에만 그치는 것이 아니라 문자열에 곱셈 기호를 사용해서 새로운 값을 변수에 저장

할 수도 있습니다.

```
cheer3 = cheer3 * 2

print(cheer3)

Let's go team!Let's go team!
```

```
address = "440"

address = address * 5

print(address)

440440440440440
```

하지만 -(뺄셈 기호)와 /(나눗셈 기호)의 경우 문자열에 대해 숫자와 동등한 사용 방식이 없습니다! 주의하세요.

변경 불가능

변경 불가능(immutable)은 말 그대로 바꿀 수 없다는 뜻입니다. 대부분의 프로그래밍 언어에서 문자열은 변경 불가능입니다. 파이썬에서 문자열의 문자를 변경하려는 경우를 살펴봅시다.

```
fruit = "Apple"

fruit[0] = "a"            첫 번째 문자를 소문자로 바꾸려고 합니다.
```

그러면 오류 메시지가 나올 것입니다.

```
Traceback (most recent call Last):
    File "<pyshell# 2>", Line 1, in <module>
        fruit[0] = "a"
TypeError: 'str' object does not support item assignment
```

다음 경우에는 무슨 일이 벌어지는지 봅시다. 두 개의 변수를 만든 후 문자열을 연결한 결과를 세 번째 변수에 저장하려고 합니다.

```
greet1 = "Hello, "

greet2 = "World"

greet1 = greet1 + greet2     덧셈 기호는 문자열을 서로 이어 붙입니다.

print(greet1)                변수 greet1과 greet2의 문자열을 연결한 결과를 변수
                             greet1에 저장합니다.

Hello World                  이런 결과가 나왔습니다. 오류가 나와야 정상 아닌가요?
```

이 사례의 자초지종은 이렇습니다. 파이썬은 변수 **greet1**의 원래 문자열 값을 실제로 변경하지 않았습니다. 대신, 연결 문자열인 "Hello, World"에 대하여 메모리에 새로운 공간을 만들고, 이 공간의 주소를 변수 **greet1**에 저장했습니다. 원본은 변경되지 않았습니다! 파이썬이 우리가 오류를 범하지 않도록 뒤에서 도와준 겁니다.

텍스트 필드를 변경하려고 할 때 프로그래밍 언어는 변경된 문자열의 복사본을 반환하며 원본은 그대로 유지합니다. 첫 번째 예에서는 문자열의 문자를 직접 바꾸려고 했기 때문에 오류가 발생했습니다. 인덱스 위치를 사용해서 하나의 문자를 변경하려고 하는 경우, 파이썬은 이미 있는 문자열을 수정할 수 없습니다.

우리 뒤에서 벌어지는 일은 **id( )** 함수를 사용하면 알 수 있습니다. 이 함수는 변수에 할당된 메모리 주소라는 **고유 식별자**(identifier)를 알려 줍니다. 앞의 예로 사용해 봅시다.

```
greet1 = "Hello "
print(id(greet1))       # 출력되는 값은 컴퓨터마다 다를 것입니다.
68922408
greet1 = "Hello, world!"
print(id(greet1))       # greet1의 식별자가 달라졌습니다.
18930304
```

문자열을 변경했을 때 변수 **greet1**에 대한 고유 식별자가 변경되었습니다. 원래의 문자열 자

체가 변경되지는 않았습니다. 새로운 고유 식별자(메모리 주소)를 할당받은 변수에 새로운 문자열을 저장한 것입니다.

슬라이싱

프로그램에서 문자열의 일부를 사용해서 작업해야 하는 경우가 있습니다. 파이썬은 **슬라이싱** (slicing)이라는 방식을 사용해 이것을 수행합니다. 선생님에게 슬라이싱은 식빵을 얇게 써는 작업을 연상시킵니다. 문자열을 슬라이싱한다는 것은 식빵 한 덩어리를 조각 내는 것과 비슷합니다. 개별 조각은 문자열의 문자에 비유됩니다. 파이썬에서의 형식은 다음과 같습니다.

변수[start:stop]

start는 선택 또는 슬라이싱이 시작되는 인덱스 위치를 나타냅니다. 이 위치의 문자는 포함되며, 해당 문자가 선택된다는 의미입니다.

stop은 선택 또는 슬라이싱이 끝나는 인덱스 위치를 나타냅니다. 이 위치의 문자는 포함되지 않으며, 해당 문자가 선택되지 않는다는 의미입니다.

cheer = "Go team!"

문자	G	o		t	e	a	m	!
인덱스	0	1	2	3	4	5	6	7

print(cheer[0:2])

Go

G는 인덱스 위치가 0인 문자로서, 선택에 포함됩니다. 인덱스 위치가 2인 곳에 공백이 있지만, 이것은 포함되지 않습니다. 즉, 인덱스 위치 0에서 시작하여 인덱스 위치 1까지를 포함하고, 인덱스 위치 2는 포함하지 않습니다. 그래서 결과는 "Go"입니다.

print(cheer[3:6])

tea

인덱스 위치가 3인 문자는 t로서, 선택에 포함됩니다. 인덱스 위치가 6에 있는 문자를 포함하지 않을 때까지 오른쪽으로 이동하며 문자들을 선택합니다. 그래서 인덱스 위치 3에서 5까지의 문자가 선택되고, 결과는 "tea"가 됩니다.

start 위치를 빈 채로 두면 선택은 처음 인덱스 위치부터 이루어집니다.

cheer[:4]

Go t

인덱스 위치 0, 1, 2, 3에 해당하는 문자가 선택에 포함되었습니다.

stop 위치를 빈 채로 두면 선택은 마지막 인덱스 위치까지 갑니다.

cheer[4:]

earn!

인덱스 위치는 4에서 시작하고 7인 문자도 선택에 포함되었습니다.

"!"는 선택에 포함되지 않을 것이라고 생각할 수 있지만, 마지막 인덱스 위치에서 문자를 제외하지 않는 유일한 형식입니다.

양쪽 모두 빈 채로 두면 전체가 선택됩니다.

cheer[:]

Go team!

여기서도 마지막 인덱스 위치의 문자가 선택에 포함되었습니다.

일반적으로 문자열에서 지나치게 큰 인덱스 번호를 사용하면 `IndexError: string index out of range` 에러가 발생합니다. 단, 슬라이싱 중에는 큰 인덱스 위치를 사용하더라도 오류가 나지 않을 수 있습니다.

"Go team!" 문자열로 다음과 같이 작성해 봅시다.

c1 = cheer[8:9]   문자열 범위를 벗어난 인덱스 위치를 사용하고 있습니다.

이 경우, c1을 출력해도 출력 콘솔에 아무것도 출력되지 않습니다.

```
print(c1)
```

변수 c1의 길이를 출력하면 무슨 일이 일어나고 있는지 알 수 있습니다. 내장 함수 **len( )** 을 사용해 길이를 알아봅시다.

```
print(len(c1))
```

0

문자열의 길이는 0입니다. 왜냐하면 슬라이싱에 사용한 인덱스 위치 [8:9]가 문자열의 크기를 벗어났기 때문입니다. 문자열 c1이 만들어졌지만 비어 있으며, 범위 오류(**string index out of range**)도 발생하지 않았습니다!

마찬가지로 문자열의 범위를 벗어난 큰 값으로 슬라이싱을 시작하고 끝나는 인덱스 위치를 적지 않으면 오류가 나지 않습니다. 이렇게 만든 새 문자열도 길이가 0이며 비어 있습니다.

```
c2 = cheer[11: ]
```

```
print(len(c2))
```

0

만약 슬라이싱이 아닌 상태로 문자열 범위를 벗어난 인덱스 위치를 참조하면, **IndexError** 오류가 발생합니다.

```
c2 = cheer[11]          #이것은 슬라이싱이 아닌 것에 주의하세요.
Traceback (most recent call Last):
        File "<pyshell# 5>", Line 1, in <module>
                c2 = cheer[11]
IndexError: string index out of range
```

공백이 유효한 문자라는 점을 염두에 두는 것이 중요합니다. 변수 cheer에서 인덱스 위치가 2인 문자는 공백이었습니다. 그런데 인덱스 위치가 2인 공백만 선택하도록 해서 문자열의 길이를 알아보면 0이 아닌 1입니다.

```
c3 = cheer[2:3]

print(len(c3))

1
```

문자열 슬라이싱에는 프로그램에 사용하기 전에 공식 파이썬 문서에서 배우거나 조회해야 하는 몇 가지 특이한 규칙이 있습니다.

문자열 비교

숫자 비교에 사용한 관계 연산자를 문자열 비교에 동일하게 사용할 수 있습니다.

- <   보다 작다
- <=   작거나 같다
- >   보다 크다
- >=   크거나 같다
- ==   같다
- !=   같지 않다

문자열은 알파벳 순으로 비교됩니다. 사전에서 단어를 알파벳 순으로 정렬하는 것과 마찬가지입니다. 이때 대소문자 역시 따로 구분합니다. 다시 말해서, 대문자와 소문자가 다른 것입니다. 문자열 비교에는 아스키(ASCII, 미국정보교환표준부호) 표를 사용합니다. 이 표는 미국의 표준 영어 키보드에 있는 문자와 기호를 이진법으로 나타냅니다. 처음에는 아스키 표로 시작하였으나 다른 언어까지도 수용하면서 확장 유니코드 표가 되었습니다. 유니코드 표에는 137,000개가 넘는 문자가 있으며 이 표에 있는 처음 128개 문자는 아스키 표와 동일합니다.

다음은 아스키 표의 일부입니다. 전체 표에는 모든 문자에 대한 2진법, 16진법, 8진법 값까지 포함되어 있습니다. 10진법을 사용하는 것이 이해하기 훨씬 쉬우므로, 다음 표에는 그것만 나타냈습니다.

십진수	문자	십진수	문자	십진수	문자
0	NULL	43	+	86	V
1	헤더 시작	44	,	87	W
2	본문 시작, 헤더 종료	45	-	88	X
3	본문 종료	46	.	89	Y
4	전송 종료, 데이터 링크 초기화	47	/	90	Z
5	응답 요구	48	0	91	[
6	긍정응답	49	1	92	\
7	경고음	50	2	93	]
8	백스페이스	51	3	94	^
9	수평 탭	52	4	95	_
10	개행	53	5	96	`
11	수직 탭	54	6	97	a
12	다음 페이지	55	7	98	b
13	복귀	56	8	99	c
14	확장문자 시작	57	9	100	d
15	확장문자 종료	58	:	101	e
16	전송 제어 확장	59	;	102	f
17	장치 제어 1	60	<	103	g
18	장치 제어 2	61	=	104	h
19	장치 제어 3	62	.	105	i
20	장치 제어 4	63	?	106	j
21	부정응답	64	@	107	k
22	동기	65	A	108	l
23	전송블록 종료	66	B	109	m
24	무시	67	C	110	n
25	매체 종료	68	D	111	o

26	치환	69	E	112	p
27	제어기능 추가	70	F	113	q
28	파일 경계 할당	71	G	114	r
29	레코드 그룹경계 할당	72	H	115	s
30	레코드 경계 할당	73	I	116	t
31	장치 경계 할당	74	J	117	u
32	스페이스	75	K	118	v
33	!	76	L	119	w
34	"	77	M	120	x
35	#	78	N	121	y
36	$	79	O	122	z
37	%	80	P	123	{
38	&	81	Q	124	|
39	'	82	R	125	}
40	(	83	S	126	~
41	)	84	T	127	삭제
42	*	85	U		

표 11-1 ASCII 문자표

표를 보면 대문자와 소문자가 모두 순서대로 나열되어 있습니다. 대문자 A는 65이고 소문자 a는 97입니다. 문자열을 비교해 봅시다.

"Apple" < "apple"   A와 a를 비교하면 65 < 97이기 때문에 결과는 True입니다.

"Apple" == "apple"   65와 97은 같지 않기 때문에 결과는 False입니다.

"Apple" > "apple"   65는 97보다 크지 않기 때문에 결과는 False입니다.

문자열 비교에서 첫 번째 문자가 같을 경우 두 번째 문자를 비교합니다. 다음 예에서, 문자열 비교는 Grapes의 a와 Great의 e 전까지는 같습니다.

```
book1 = "The Grapes of Wrath"

book2 = "The Great Gatsby"
```

비교를 사용해서 먼저 처리해야 할 문자열을 결정하는 조건을 설정할 수 있습니다.

문자열 내장 함수

대부분의 프로그래밍 언어에는 문자열을 다루는 **내장 함수**(built-in functions)가 있습니다. 내장이건 사용자 정의건, 함수에는 괄호가 있습니다. 또한 사용 형식은 다음과 같습니다.

변수이름.함수이름( )

사용 가능한 함수와 기능, 사용 형식은 항상 파이썬 공식 문서를 확인해야 합니다. 다음에 설명하는 것 외에도 많은 내용이 있습니다. 예에서는 문자열을 저장하는 변수 message를 사용합니다.

```
message = "Programming is fun!"
```

자주 사용하는 함수 몇 가지를 살펴봅시다.

- **find( )**
문자열에 있는 하나 이상의 문자를 검색합니다. 검색 대상(찾는 문자나 문자열)이 처음 나온 인덱스 위치를 결과로 반환합니다. 문자열에 검색 대상이 없으면 결과로 -1을 반환합니다.

```
print(message.find("g"))
```
3이 출력됩니다. g의 인덱스 위치가 3입니다.

```
print(message.find("z"))
```
-1이 출력됩니다. 문자열에 z가 없어서입니다.

- **upper( )**
문자열을 대문자로 변환합니다.

```
print(message.upper( ))
```
"PROGRAMMING IS FUN!"

- lower( )   문자열을 소문자로 변환합니다.

```
print(message.lower( ))
```

"programming is fun!"

upper( )와 **lower( )** 함수 모두 키보드로부터 입력을 받을 때 유용합니다. 프로그램에서 사용자 입력을 대문자 또는 소문자로 변환하는 데 사용할 수 있습니다. 그러면 입력한 데이터에 어떤 것이 들어 있는지 여러 가지 상황을 확인하지 않아도 됩니다. 예를 들어, 사용자가 계속하기 위해 "yes"를 입력해야 하는 경우, "yes", "Yes" 또는 "YES"를 입력할지도 모릅니다. 이때 사용자가 입력한 것을 대문자 또는 소문자로 변환한다면, 오직 하나의 상황만을 고려하면 됩니다. 즉 **upper( )** 함수를 사용한 후에는 "YES", **lower( )** 함수를 사용한 후에는 "yes"와 비교하기만 하면 되는 것입니다.

```
if (userVal.lower( ) == "yes"):
```
입력 시 모든 상황을 수용할 수 있게 됩니다.

- replace( )   문자열에 있는 하나 이상의 문자를 검색해 새로운 문자나 문자열로 치환합니다.

```
print(message.replace("fun", "great"))
```

"Programming is great!"

- startswith( )   문자열이 특정 문자나 문자열로 시작하는지 검색해, 찾으면 결과로 True를 반환하고, 그렇지 않으면 결과로 False를 반환합니다.

```
print(message.startswith("P"))
```
True가 출력됩니다.

```
print(message.startswith("p"))
```
False가 출력됩니다.

문자열은 변경 불가능합니다. 변경한 문자열을 출력한다고 해도 원래 변수의 내용은 변경되지 않는다는 것을 기억해 두세요. **upper( )**나 **lower( )** 같은 함수에서 이를 확인해 보아도 문자열의 복사본이 반환되는 것을 알 수 있습니다.

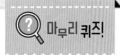

[1~4] 코드에 따라 출력되는 값은 무엇일까요? 확실하지 않으면 파이썬에서 입력하고 실행해 보세요.

```
artist = "One hit wonder"
```

01   `print(artist[5])`

02   `print(artist[72 - 68])`

03   `print(artist[-3])`

04   `print(artist[len(artist) - 1])`

05   직접 인덱스 위치 예제를 작성해서, 파이썬에 입력하고 결과를 확인해 보세요.

[6~7] 다음 코드에 따라 출력되는 값은 무엇인가요?

06   ```
song = "do re mi "
print(song + song)
```

**07**   ```
song = "do re mi "
print(song * 3)
```

08   다음 변수들을 연결해서 fullName이라는 새로운 변수를 만들어 보세요.
```
firstName = "Leon"
middleName = "Ardo"
lastName = "Da Vinci"
```

09   변경 불가능(immutable)이라는 말은 어떤 의미인가요?

10 문자열을 변경하려고 하면 어떤 일이 벌어지나요?

[11~15] fact라는 변수를 다음과 같은 문자열이 되도록 설정합니다.

```
fact = "Coding is awesome!"
```

개별 문자의 인덱스 위치를 표로 만들어서 슬라이싱을 해보는 것이 가장 쉽습니다.

문자	C	o	d	i	n	g		i	s		a	w	e	s	o	m	e	!
인덱스	0	1	2	3	4	5	6	7	8	9	10	11	12	13	14	15	16	17

변수 fact를 다음과 같이 슬라이싱하면 무엇이 나오나요?

11 fact[0:8]

12 fact[:13]

13 fact[13:17]

14 fact[15:]

15 fact[len(fact) - 8:22]

16 다음 코드에서 반환되는 값은 무엇인가요?

```
alert = "Fire alarm test"

alert.find("a")
```

17 다음 코드에서 반환되는 값은 무엇인가요?

```
alert = "Fire alarm test"

alert.lower( )
```

18 "Fire alarm test"를 "Fire alarm drill"로 바꾸려면 어떻게 해야 하나요?

19 다음 코드에서 사용자가 입력하면서 소문자 y로 시작하는지를 어떻게 판단할 수 있을까요?

```
print("Do you want to continue")

continue = input("Enter 'yes' or 'no':")
```

12장

입력

핵심 개념

- input( ) 함수는 키보드로부터 사용자 입력을 받아들이는 데 사용합니다.

- 프로그램은 input( ) 실행 줄에서 일시 중지 상태로 기다리다 [Enter] 키가 감지되면 그 다음 줄로 넘어갑니다.

- 키보드에서 들어오는 모든 데이터는 문자열인 str 자료형입니다.

- open( ) 함수로 프로그램에서 데이터 파일을 사용합니다.

- try와 except 명령은 발생할 수 있는 오류로부터 프로그램을 보호하는 용도로 사용됩니다.

우리는 프로그램이 파일에 있는 데이터를 사용하거나, 게임 중에 다른 플레이어들과 상호작용하기를 원합니다. 그러한 상호작용은 종종 데이터를 입력하는 형태로 이루어집니다. 입력은 내용을 확인하거나, 게임 옵션 중에서 선택하기 위한 것일 수도 있습니다.

사용자 입력

파이썬은 사용자 입력을 받아들일 수 있는 **input( )** 내장 함수를 제공합니다. 파이썬에서 이 명령을 실행하면 프로그램은 일시 중지 상태로 키보드에 무언가가 입력되기를 기다리게 됩니다. [Enter] 키를 누른 것이 감지되는 즉시 해당 시점까지 입력된 키 내용을 받아들입니다.

우리는 프로그램의 변수에 사용자가 입력한 내용을 저장해야 합니다. 그러지 않으면, 입력한 내용은 아무 데에도 쓰이지 않고 사이버 공간에서 사라집니다. 저장하지 않고 사라진 값은 프로그램에서 결정을 내리거나, 옵션을 선택하거나, 메시지를 표시하는 등의 기능에 사용될 수 없습니다.

input( ) 명령은 내장 함수인데, 이는 다시 말해 코드 블록이 이미 파이썬에 미리 작성되어 있다는 뜻입니다. 함수는 괄호를 사용합니다. **input( )** 함수를 사용할 때는 사용자에게 어떤 유형의 데이터를 입력해야 하는지를 메시지로 보여주는 것이 좋습니다. 메시지를 사용자에게 보여줌으로써 프로그램에 문제가 있는 것처럼 보이는 오해(메시지 없이 키보드 입력을 기다리는 것은 마치 컴퓨터가 정지하거나 고장난 것처럼 보일 수 있습니다)를 방지할 수 있습니다. 또한 사용자가 유효한 데이터를 입력할 수 있도록 명확한 지침을 제공해서 처음부터 사용자가 적절한 입력을 할 수 있도록 도울 수 있습니다.

```
variable = input("어떤 데이터를 입력하시겠습니까?")
name = input("이름을 입력해 주세요: ")
choice = input("옵션을 선택해 주세요.'a', 'b', 'c' 중 하나를 선택해 주세요.")
```

input( ) 함수에 메시지를 입력하는 대신 print( ) 함수를 사용해 사용자에게 메시지를 표시할 수도 있습니다.

```
print("이름을 입력해 주세요: ")
name = input( )
```

키보드로부터 입력받은 값의 자료형은 str입니다. 사용자에게 숫자를 입력하라고 요청해서 사용자가 키보드에 있는 숫자를 입력하더라도 input( ) 함수의 결과는 문자열로 저장됩니다. 이렇게 입력된 문자열을 int( )나 float( )로 변환해야 수학 연산에 사용할 수 있습니다. 필요한 경우 9장을 참고해 캐스팅(형변환)을 다시 복습하기 바랍니다.

사용자 입력 확인하기

키보드로부터 유효한 데이터가 입력되었는지 항상 확인해야 합니다. 파이썬은 입력 오류 때문에 프로그램이 멈추지 않도록 사용되는 명령을 가지고 있습니다.

함께 사용하는 두 가지 명령, try와 except가 있습니다. 두 명령이 모두 구조적으로 제 위치에 있어야만 합니다. 둘 중 하나만으로는 의미가 없습니다. 둘 모두 명령 뒤에 :(콜론)을 붙입니다. try 명령의 블록에는 실행 코드가 위치합니다. 그런데 이 블록에서 실행 중 오류가 발생하면, 프로그램을 중단하는 대신 except 명령의 블록에 있는 코드를 실행합니다. 그 덕분에 프로그래머는 오류가 발생하는 코드를 회피해서 중단 사고 없이 처리할 수 있게 됩니다.

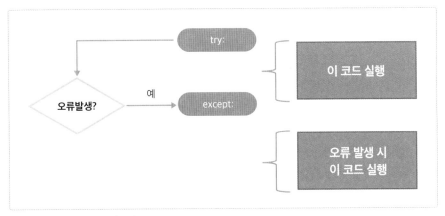

그림 12-1 try/except 구조 알고리즘

try/except 문은 사용자가 입력한 데이터를 확인하는 과정에서 매우 유용합니다. 프로그램을 다양한 사람들이 사용하면서 키보드 입력을 하게 되면, 결국 누군가는 잘못된 데이터를 입력하게 될 것입니다. 이런 경우가 발생될 것을 예상하고 유효하지 않은 데이터가 들어오면 그것을 확인하고 그에 따라 대응해야 합니다. except 블록의 코드는 try 블록의 코드 내부에서 오류가 발생할 경우에만 실행됩니다.

코드 들여쓰기는 파이썬이 코드상 어떤 명령과 어떤 줄이 관련되어 있는지 해석하는 방법입니다. try와 except 두 명령에서도 그렇습니다. 프로그래머는 try 명령 아래에 딸린 코드는 이 블록의 일부로 들여쓰기를 해야 합니다. except 명령에 대해서도 똑같습니다. try와 except 명령은 들여쓰기 수준이 동일해야 합니다. 또한, 각각의 하위 코드는 한 수준만큼 들여쓰기를 해야 합니다. 콜론 뒤에서 [Enter] 키를 치면 파이썬이 자동으로 코드를 한 수준만큼 들여쓰기를 해 줍니다. 들여쓰기가 동일한지 확인합시다. 그러지 않으면 다음과 같은 구문 오류가 발생합니다.

그림 12-2 들여쓰기가 동일하지 않을 경우 받게 되는 오류 메시지

try/except 문에 속하는 코드가 끝났음을 나타내려면 다음 줄의 들여쓰기를 한 수준 왼쪽으로 복귀시키도록 합니다.

여러 줄의 코드 중 하나에서 오류가 발생하기 전까지 try 블록의 코드는 실행됩니다. 만약 try 블록의 코드에서 오류가 발생하면 실행 흐름은 즉시 except 블록으로 이동하며, try 블록의 다른 코드는 모두 건너뛰게 됩니다. 프로그램을 계속 진행하기 전에 잠재적인 오류가 있는지 확인해야 하기 때문에, try 블록의 코드 줄 수를 제한하는 것은 좋은 습관입니다. 다음 예에서, 우리는 사용자에게 숫자를 입력하도록 요청하고 있습니다.

알아두면 쓸모 있는 팝업노트

들여쓰기를 하면서 [Tab] 키와 [Space] 키를 혼용하지 않아야 합니다. 이런 경우 파이썬은 오류 메시지를 냅니다.

```
SyntaxError: inconsistent
use of tabs and spaces in
indentation
```

그러나 누군가가 숫자 대신 한글로 '열일곱'을 입력하거나 기호가 포함된 문자열 '$10.5'를 입력할 가능성이 있습니다. 이 경우 한글이나 특수문자가 오류를 일으킵니다. 키보드로부터 입력받은 모든 데이터는 str 자료형임에 유의하세요.

```
age = input("How old are you?")

try:

    age = int(age)                     정수로 캐스팅해서 유효한 숫자인지 확인합니다. 숫자처럼
                                       보이는 문자만 int 또는 float 자료형으로 캐스팅되고, 나머
                                       지 문자가 입력되면 오류가 발생합니다.

except:

    print("Invalid data")              프로그램은 오류 메시지를 출력합니다.
```

다음을 명심해야 합니다.

◆ 사용자가 10을 입력하면 try 블록이 원활하게 실행됩니다. 이 경우 except 블록의 코드는 실행되지 않습니다.

◆ 사용자가 문자로 '열일곱'을 입력하면 숫자로 변환하는 과정에서 오류가 발생합니다. 이때 except 블록의 코드가 오류 메시지를 출력합니다. 프로그램은 오류로 중단되는 것이 아니라 정상적으로 계속됩니다.

유효하지 않은 데이터로 인해 프로그램이 중단되는 것을 방지했기 때문에, try/except 코드 블록이 끝난 후에도 프로그램이 계속 실행될 것입니다. 따라서 모든 것이 잘 되어 있다는 것을 나타내는 **flag** 변수를 설정하고 프로그램을 계속 진행하겠습니다.

```
flag = 0                    # 유효한 데이터로 간주됩니다.
level = input("레벨을 입력하세요. 쉬움 1, 어려움 2 ")
try:
        level = int(level)
except:
        flag = 1            # 유효하지 않은 데이터가 입력되면 flag 변수가 실행됩니다.
                            # 유효한 데이터가 입력되어야만 프로그램이 계속 진행됩니다.
if (flag == 1):
        print("잘못 입력했습니다. ")
else:
                            # 프로그램은 계속 실행됩니다.
```

파일 읽기와 쓰기

데이터는 어디에나 있습니다! 유튜브 동영상을 보거나, 인터넷에서 상품을 검색해 구매하거나, 반품하거나 할 때마다 많은 데이터가 수집됩니다. 대부분의 기업은 수집된 데이터를 사용해서 아이디어를 기획하고 대박 상품을 생산하고 싶어 합니다.

이런 데이터는 파일 형태로 저장되므로, 우리는 프로그램으로 파일에 저장된 데이터를 읽어 오는 방법을 익혀야 합니다. 여러분은 머신러닝과 데이터과학에 대해 들어 봤을 겁니다. 이것은 어디에서든 프로그램이 데이터를 가져와 필터링하고 분석해서 새롭고 유익한 패턴과 정보를 찾는 기술입니다.

파이썬은 프로그램에서 파일의 데이터를 사용하기 위해 먼저 파일과 연결할 것을 요구합니다.

파일을 프로그램과 연결할 때는 **open( )** 함수를 사용합니다. 이 함수의 괄호 안에 연결할 파일 이름과 모드를 적습니다. 모드는 다음과 같습니다.

Read	r	읽기 전용
Write	w	쓰기 전용, 기존 데이터 덮어쓰기
Append	a	파일에 이미 있는 데이터에 덮어쓰지 않고 파일 끝에서부터 데이터 쓰기
Read/Write	r+	파일에 대한 읽기/쓰기 접근 허용

읽기 모드가 기본 모드입니다. 모드를 지정하지 않으면 읽기 모드로 파일이 열립니다.

open( ) 함수는 변수에 저장해야 하는 값을 프로그램으로 전달합니다. 그 값을 **핸들**(handle)이라고 하며, 파일 작업을 관리하기 위해 사용합니다.

with 예약어는 처리가 모두 끝나면 파일이 자동으로 닫히게 해 줍니다.

```
with open("speech.txt", "r") as fileIn:          fileln은 파일 핸들입니다.

    line = fileIn.read( )                         파일 핸들을 파일 함수와 함께 사용합니다.

    print(line)
```

세 가지 다른 읽기 명령이 있습니다. 첫 번째인 **read( )**는 파일 내용 전체를 읽어 옵니다. 컴퓨터에서 사용 가능한 자원(메모리)을 모두 사용할 수 있기 때문에 대용량 파일의 경우 위험합니다. 그러면 컴퓨터가 정지되어 다시 시작해야 합니다.

그래서 괄호 안에 크기를 지정하는 매개변수(parameter)를 추가하는 옵션이 있습니다.

```
print(fileIn.read( ))            read( )를 사용해서 파일 전체를 출력합니다.

print(fileIn.read(50))           파일에서 50자를 읽어 와 출력합니다.
```

두 번째 유형은 **readline( )**입니다. 이 함수는 파일에서 한 번에 한 줄씩만 읽어 옵니다. 만약 파일이 4줄이라면, 줄 모두를 읽기 위해서는 **readline( )**을 4번 호출해야 합니다. for 반복문 (loop)은 한 줄씩 읽어서 전체를 모두 읽어 오는 좋은 방법입니다. 18장에서 for를 사용하는 반복문을 자세히 다룹니다.

```
print(fileIn.readline( ))
```

마지막 유형인 **readlines( )**(끝에 있는 *s*가 있음)는 파일에서 한 줄씩 읽어 와 리스트의 요소로 저장합니다. 16장에서 리스트(list)에 대해 좀 더 이야기할 것입니다.

```
speechList = fileIn.readlines( )
```

파이썬은 파일 이름의 일부로 파일 경로를 제공하지 않으면 열리는 파일이 프로그램과 동일한 폴더에 있다고 가정합니다. 파일이 폴더에 없거나 경로가 잘못된 경우 다음과 같은 오류 메시지가 표시됩니다.

```
with open("c:\PyPrograms\testFile.txt", "r ") as fileIn:
FileNotFoundError: [Errno 2] No such file or directory: 'testFile.txt'
```

다음으로 파일에 쓸 때는 텍스트 필드인 문자열만 쓸 수 있습니다. 숫자가 있으면 str 자료형으로 캐스팅해야 합니다. 파일에 쓸 때 Write 모드인 w를 사용합니다. 주의할 것은 만약 이미 존재하는 파일이라면 파일에 있는 기존 데이터가 모두 삭제되고 새로운 값으로 덮어씌워집니다.

```
num = 42
num = str(num)                          int 자료형을 str 자료형으로 캐스팅합니다.
with open("speech.txt", "w") as fileOut:
        fileOut.write(num)          문자열을 파일에 씁니다.
```

readlines( ) 함수와 비슷한 이름으로 **writelines( )** 함수도 있습니다. 이 함수는 리스트의 각 요소를 파일에 쓰는 함수입니다. 파일에 데이터를 넣기 위해 파일을 열었는데 해당 파일이 아직 없으면 새로 파일을 만듭니다.

대부분의 프로그램에는 파일에서 읽어 오거나 사용자로부터 입력받은 정보가 필요합니다. 두 경우 모두 데이터를 읽어 오는 명령이 있습니다. 프로그램에서 중요한 것은 프로그램에

> **알아두면 쓸모 있는 팝업노트**
>
> 파일에 쓰는 함수에 **readline( )** 과 비슷한 이름인 writeline( ) 함수는 없습니다.

어떤 데이터가 입력되든 상관없이 계속 진행하기 전에 데이터가 유효하다는 것을 확인해야 한다는 것입니다.

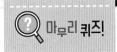
01 왜 사용자와 게임 플레이어가 입력한 값을 변수에 저장해야 하나요?

02 input( ) 명령이 수행하는 역할은 무엇인가요?

03 사용자에게 1부터 10 사이의 숫자를 추측해 보라는 input( ) 명령을 작성해 보세요.

04 try/except 구조의 목적은 무엇인가요?

05 파이썬에서는 들여쓰기가 어떻게 사용되나요?

06 except 명령 아래 코드는 언제 실행되나요?

07 try 문이 없는 except 문은 가능한가요?

08 try/except 문에 사용하는 구두점은 무엇인가요?

09 flag 변수는 무엇을 할 수 있나요?

10 다음을 코드로 작성하세요.

　　a. 사용자에게 현재 온도를 입력하라고 요청하세요.

　　b. try/except 문을 사용해 사용자가 입력한 값이 유효한 것인지 확인하세요.

　　c. 입력값이 유효하지 않은 경우 적절하게 오류 메시지를 사용하세요.

11 10번 질문에 대한 답에서 flag 변수를 어디에 두어야 할까요?

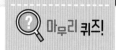
마무리 퀴즈!

12 다음 코드에 이상이 있다면 무엇인가요?

```
age = input("나이를 입력하세요: ")
try:
age = int(age)
except:
print("Error: 나이는 정수여야 합니다.")
flag = 1
```

13 open( ) 함수가 수행하는 역할은 무엇인가요?

14 쓰기 모드는 무엇을 하나요?

15 쓰기와 추가의 차이점은 무엇인가요?

16 파일을 열어 읽는 코드를 작성해 보세요.

13장

세 유형의 명령문

핵심 개념

· 프로그램은 세 가지 유형의 명령문을 조합해서 작성합니다.

· 순차문은 먼저 처음 줄을 실행하고, 완료 후에는 다음 줄을 이어서 실행합니다.

· 선택문/조건문은 if 예약어로 시작하며, 조건이 참(True)일 때 특정 코드의 줄만 실행합니다.

· 반복문은 정해진 횟수 또는 조건이 충족되는 한 계속해서 실행합니다.

세 유형의 명령문(statement)만 조합하면 어떤 프로그램도 작성할 수 있습니다. 이들을 조합하는 것은 여러분이 필요로 하는 프로그램에 따라 간단할 수도 복잡할 수도 있지만, 결국 세 유형만 있으면 됩니다.

순차문

첫 번째 유형은 **순차문**(sequential statement)입니다. 말 그대로, 프로그램 명령은 순차적으로 하나씩 실행됩니다. 앞의 명령이 완료되면, 그때서야 다음 명령이 시작됩니다. 프로그램이 제대로 실행되려면 코드의 줄이 적절한 순서로 작성되어야 합니다. 예를 들어, 생산 라인을 실행하는 알고리즘이 있다면, 해당 단계에 맞는 순서로 작성되어야 합니다. 그렇지 않으면 혼란이 생깁니다.

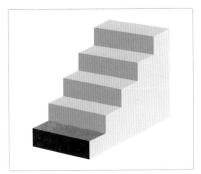

그림 13-1 계단은 순서대로 올라야 합니다.

선택문/조건문

두 번째 유형은 **선택문**(selection statement)입니다. 조건문이라고도 부릅니다. 앞서 배운 순서도에서 판단을 의미하는 마름모를 기억하고 있나요? 항상 '예' 아니면 '아니요'라는 두 가지 결과가 있었습니다. 프로그램에서 이것은 평가에 사용하는 '조건'에 따라 특정 코드를 선택하거나 제외하는 선택문으로 대체됩니다. 조건이 True일 경우(판단 결괏값은 '예'), 조건문의 코드 블록이 실행됩니다. 조건이 False일 경우(판단 결괏값은 '아니요'), 조건문의 코드 블록을 건너뜁니다. 조건문은 항상 if 예약어로 시작합니다. 선택문에 관해서는 다음 장에서 더 자세히 살펴볼 것입니다.

그림 13-2 비가 오면 → 영화관에 갑니다.

반복문

세 번째 유형은 **반복문**(repetitive statement)입니다. 루프(loop)라고도 합니다. 반복문은 프로그래머가 지정하는 코드 블록을 반복합니다. 반복문에는 몇 가지 유형이 있으며, 17장, 18장에서 일반적인 내용을 살펴보려고 합니다.

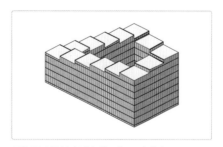

그림 13-3 끝없이 반복되는 펜로즈의 계단

01 if 예약어로 시작하는 명령문의 이름은 무엇인가요?

02 지정한 코드 블록을 반복해서 실행하는 명령문의 이름은 무엇인가요?

03 코드 한 줄이 끝나야 다음 줄을 실행하는 명령문의 이름은 무엇인가요?

14장

선택문

- if 예약어로 시작하는 선택문에는 True 또는 False 조건이 포함되어 있습니다. True 또는 False 값을 부울 값이라고 합니다.

- if 문과 관련된 코드 블록은 조건이 True일 때만 실행됩니다.

- 선택문의 조건이 False일 때 else 문의 코드 블록이 실행됩니다.

- elif 문은 파이썬에서 조건에 대한 여러 가능성을 테스트할 수 있는 방법을 제공합니다.

- 프로그래밍 언어는 여러 가능성 중 하나가 True일 때까지만 조건을 순서대로 확인합니다. 해당 조건과 관련된 코드가 실행되고 나머지 가능성은 건너뜁니다.

if 문

앞 장에서 설명했듯이 선택문은 if 예약어로 시작합니다. 선택문을 일상에서 사용한다면 이런 식이 됩니다. if (만약) 오늘이 학교 휴일이라면, 알람시계를 끄세요.

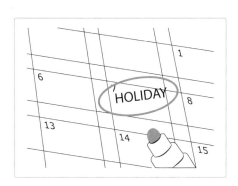

if는 조건과 관계되어 있습니다. 조건이 True인지 False인지를 알아보기 위해 평가하게 됩니다. 만약 조건이 True라면, if 문과 관련된 코드 블록은 모두 실행됩니다. 조건이 False라면, if 문과 관련된 모든 코드 블록은 건너뛰고 그다음 코드 줄을 실행합니다.

if (만약) 온도가 섭씨 26도보다 높으면, 반팔 셔츠를 입으세요!

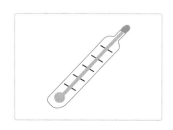

다음은 선택문이 상황에 따라 특정 명령 줄을 건너뛰는 방법입니다.

if 포도가 있으면

포도를 먹습니다

포도가 없으면 먹을 수 없습니다!

부울 값

부울 값(boolean values)은 개념적으로 상당히 단순합니다. True이거나 False입니다. 따라서 부울 값은 일반적으로 선택문에서 사용됩니다. 조건은 항상 부울 값 중 하나로 평가되기 때문입니다. 앞서 배운 것을 떠올려 보면 이진수에서는 0과 1의 두 값만 사용할 수 있었습니다. 컴퓨터는 이진수를 사용해서 코드를 실행하기 때문에, 부울 값은 이런 구조와 잘 들어맞습니다.

True = 1

False = 0

다음은 부울(true/false) 조건에 맞는 몇 가지 예입니다.

오늘은 수요일입니다

올해는 윤년입니다

태풍이 와서 비바람이 불고 있습니다

교통법규에 맞게 운전할 수 있습니다

관계 연산자

선택문을 작성하면서 **관계 연산자**(relational operators)를 사용하는 경우가 많습니다. 관계 연산자는 우리가 수학이나 일상에서 사용하는 용어들의 또 다른 멋진 이름입니다.

- > 　　　　보다 크다

- < 　　　　보다 작다

- >= 　　　보다 크거나 같다

- <= 　　　보다 작거나 같다
  수학에서 사용하던 기호와 조금 다르게 보일 겁니다. 표준 키보드에 수학 버전의 키가 없어서 그렇습니다.
  반드시 말하는 순서대로 입력해야 합니다. "보다 크거나 같다"는 부등호 다음에 등호가 위치합니다. 반대로 입력하면 연산자가 인식되지 않습니다. 인터프리터는 오류 메시지를 표시할 뿐입니다.

- == 　　　동일하다
  파이썬은 같은지 비교하기 위해 이중 등호를 사용합니다. 대부분의 프로그래밍 언어에서는 두 개의 등호를 사용해 조건 비교를 합니다. 이런 경우 한 개의 등호를 사용하는 것과 다릅니다. 한 개의 등호는 변수에 값을 대입할 때 사용합니다.

- != 　　　같지 않다.
  파이썬과 같은 대부분의 프로그래밍 언어는 부정(not)의 의미로 느낌표를 사용합니다.

선택문의 조건 형식

이제 우리는 조건을 작성하는 데 필요한 퍼즐 조각을 모두 가지고 있습니다. 키우는 강아지들에게 언제 먹이를 줄지 결정하는 조건을 작성해 봅시다. 선생님은 오후 6시에 강아지들에게 먹이를 주는데, 5시30분부터 저녁을 달라고 밀치기 시작하는 녀석도 있습니다. 하지만 시간을 어기면 안 됩니다. 오후 6시라면, 강아지들에게 먹이를 줍니다.

파이썬에서 조건을 쓰려면, if 예약어로 시작합니다.

```
if
```

그런 다음 조건을 씁니다. 오후 6시인지 확인해야 하기 때문에 이중 등호를 사용합니다. 조건을 둘러싸는 괄호에 유의하세요. 파이썬에서는 괄호가 필요하지 않지만, 괄호가 있다고 해서 문제가 되지 않습니다. 대중적인 다른 프로그래밍 언어에서는 필수로 괄호가 있어야 하기 때문에, 괄호를 써 주는 것도 좋습니다. 새로운 프로그래밍 언어로 전환하기 더 쉽기 때문입니다.

```
if (time == 1800)
```
오전과 오후를 구분하기 위해 24시간 형식을 사용했습니다.

파이썬은 조건 뒤에 구두점을 두어 조건의 끝을 나타냅니다. 이때 :(콜론)을 사용합니다. 콜론을 입력한 후 [Enter] 키를 치면 파이썬이 다음 줄을 자동으로 들여쓰기해 줍니다.

```
if (time == 1800):
```
콜론을 조건의 끝에 붙입니다.

파이썬은 들여쓰기에 매우 민감합니다. 조건이 True일 때 실행해야 하는 if 문 아래 코드 블록은 모두 같은 크기로 들여쓰기 해야 합니다. 다른 언어는 들여쓰기를 요구하지 않지만, 가독성을 위해 if 문 아래 관련 코드를 들여쓰기 하는 것이 바람직합니다. 어떤 언어에서는 { }, 중괄호를 사용해서 조건이 True라면 이것으로 감싼 코드를 실행합니다. 파이썬은 중괄호 대신에 들여쓰기를 사용합니다. 조건이 True일 때 실행되어야 하는 코드의 끝을 나타내기 위해, 조건과 관련되지 않은 코드의 첫 번째 줄은 들여쓰기를 if 예약어 수준과 동일하게 맞춥니다.

조건이 True일 때 실행해야 하는 코드 블록은 모두 if 문 아래에서 들여쓰기 해야 합니다.

```
if (time == 1800):
        print("강아지들에게 먹이를 준다!")
```

만약 달의 첫날이라면, 강아지들에게 사상충 예방 치료도 해 줍니다.

```
if (day == 1):
        print("사상충 예방약을 줘!")
```

오후 6시가 아니면 강아지들에게 먹이를 주라는 메시지가 출력되지 않는다는 데 유의하세요. 마찬가지로, 달의 첫날이 아니면, if 문 아래 해당 코드가 실행되지 않을 것이기 때문에 강아지들에게 사상충 알약을 주라는 메시지가 출력되지 않을 겁니다.

조건이 True일 때 실행할 코드가 여러 줄인 예를 보겠습니다. 각 줄은 if 문 아래에서 한 수준씩 들여쓰기 되어 있습니다.

```
if (day == "월요일"):
        setAlarm = 700                         조건이 True일 때 이 줄이 실행됩니다.
        setCoffeePotOn = 715                    조건이 True일 때 이 줄이 실행됩니다.
    print("알람이 설정되었습니다.")              이 줄은 선택문 블록이 아니므로 if 문 아래에서 들여쓰기가 되
                                               어 있지 않았습니다. if 문과 상관없이 항상 실행됩니다.
```

12장의 알아두면 쓸모 있는 팝업노트에서 설명했듯이, 코드를 들여쓰면서 스페이스 바와 탭 키를 혼용하지 않아야 합니다. 그렇게 하면 다음과 같은 오류가 발생합니다.

```
SyntaxError: inconsistent use of tabs and spaces in indentation
```

조건이 False일 때: else 문

if 문은 그 자체로도 상당히 유용합니다. 그러나 조건이 True일 때와 False일 때 각기 다른 코드 블록을 실행하고 싶다면 어떻게 해야 될까요? 지금까지는 조건이 False일 때는 아무것도 하지 않았습니다. 다행히도, 이것을 가능하게 하는 명령이 있습니다. **else** 문입니다. if 문과 관련된 코드 블록이 조건이 True일 때만 실행되듯이, else 문과 관련된 코드 블록은 조건이 False일 때만 실행됩니다.

else 문은 평가해야 하는 조건이 없습니다. True와 False인 부울 값을 가지고 실행하기 때문에, 조건이 False일 때만 else 문과 관련된 코드 블록이 실행되는 것으로 알면 됩니다.

if/else 문을 사용하는 경우, 평가 중인 조건이 True이면 프로그램은 else 문을 쳐다보지도 않습니다. else 코드 블록은 조건이 False일 때만 실행됩니다. else 문도 뒤에 콜론이 있습니다. else 문도 if 문처럼 들여쓰기 방식이 적용되며, 따라서 else 문과 관련된 하위 코드는 모두 한 수준씩

들여써야 한다는 점에 유의하세요. 다음 줄의 들여쓰기가 한 수준 왼쪽으로 복귀되었거나 프로그램의 끝이면 else 문의 코드 블록은 종료됩니다.

```
if (age >= 18):
        print("투표할 수 있습니다.")
else:
        print("18세 이상이 되어야 투표할 수 있습니다.")
```

예에서는 조건이 상호 배타적이므로 두 출력 메시지 중 하나만 화면에 출력됩니다.

- 나이가 16세일 때는 조건이 False이고, else 문 아래 메시지가 출력됩니다.

- 나이가 30세일 때 조건은 True로 평가되며, if 문 아래 메시지가 출력됩니다.

나이가 18살이면 어떻게 될까요? 조건이 18세 이상의 나이로 설정되었으므로 여전히 True일 것입니다. 따라서, if 문 아래의 메시지가 출력됩니다. 이것은 7장에서 설명한 경계 조건의 예입니다.

```
if (thunderstorm):
        print("영화를 보러 간다.")
else:
        print("수영을 하러 간다.")
```

if 문 없이 else문이 혼자 있을 수는 없습니다. 이런 경우 구문 오류(syntax error)가 발생합니다. 앞에서 조건문을 설명했듯이 else 문 없는 if 문은 가능합니다.

일어날 수 있는 일이 많을 때: 중첩

일어날 수 있는 일이 많아 조건이 여럿이어야 하는 경우가 종종 있습니다. 성적 처리에서 평균 점수를 문자 등급으로 바꾸는 경우를 생각해 봅시다. 학생의 평균 점수에 따라 문자 등급을 A, B,

C, D, F로 정할 수 있습니다. 이 경우 if 문의 조건으로 모든 가능성을 처리할 수 있을까요? 처리할 수 있습니다!

이제 else if 문을 소개하고자 합니다. 파이썬에서는 else if의 줄임 버전인 **elif**를 사용합니다. elif 문은 선택 조건이 여럿인 경우 if 문과 함께 사용됩니다. 성적 등급을 사용해서 조건을 만들어 봅시다.

```python
if (average >= 90):

        print("Grade: A")
elif (average >= 80):

        print("Grade: B")
elif (average >= 75):

        print("Grade: C")
elif (average >= 70):

        print("Grade: D")
else:

        print("Grade: F")
```

파이썬 선택문에서 사용할 수 있는 elif 문의 수에는 제한이 없습니다.

각 elif 문은 평가할 조건을 가지고 있다는 것에 주목하세요. else 문에는 조건이 없었습니다. if 문, else 문과 마찬가지로, elif 문도 조건 뒤에 콜론을 붙입니다. 또한, elif 문 아래 관련된 코드 블록은 한 수준 들여쓰기를 합니다. 콜론 뒤에 [Enter] 키를 치면 파이썬이 자동으로 다음 줄을 적절한 수준으로 들여쓰기해 줍니다.

일단 조건이 True인 것으로 평가되면 해당 조건과 관련된 코드 블록이 실행되고 나머지 elif 문의 조건은 평가되지 않습니다. 그 시점에서 조건문 전체가 종료됩니다. 프로그램은 조건문이 종료된 후 코드 블록의 다음 줄을 계속해서 실행하거나, 코드 블록의 다음 줄이 없으면 프로그램을 종료합니다.

등급 조건을 사용한 경우, 평균이 78이라면, 첫 번째 if 문의 조건(78>=90)을 평가합니다. 이 경우

False이므로 프로그램은 다음으로 계속 진행되며 다음 조건인 elif 문의 조건(78>=80)을 평가합니다. 마찬가지로 False이므로 이 줄을 건너뛰어서 두 번째 elif 문의 조건(78>=75)을 평가합니다. 이번에는 True라서 조건 아래 코드 블록이 실행되어 "Grade: C"가 출력되고, 조건문 전체가 종료됩니다. 결국 나머지 elif 문의 조건은 평가되지 않습니다. else 문조차도 건너뛰게 됩니다.

if - elif 문을 사용하지 않고 여러 if 문을 써도 괜찮습니다. 하지만 그렇게 하면 if 문의 조건이 개별적으로 평가되게 됩니다. 조건이 True면 그와 관련된 코드 블록이 모두 실행될 겁니다. 이런 경우 처리할 데이터셋이 크면 효율성이 떨어집니다. 예상치 못한 결과도 나옵니다. 예를 들어, 성적 등급 예를 가지고 코드를 다시 작성해 여러 개의 if 문을 사용할 때 어떤 결과가 나오는지 봅시다.

```python
if (average >= 90):
        print("Grade: A")
if (average >= 80):
        print("Grade: B")
if (average >= 75):
        print("Grade: C")
if (average>= 70):
        print("Grade: D")
if (average < 70):        else 문에 사용했던 조건을 추가해야 합니다.
        print("Grade: F")
```

이 경우 평균 점수가 92라면, 맨 아래 조건을 제외한 모든 조건에서 True이기 때문에 이들 조건에 해당하는 문자 등급이 모두 출력됩니다.

선택문을 사용하면 여러 조건을 평가할 수 있습니다. 또한, 프로그램에서 실행 흐름을 달리해서 유연하게 만들 수도 있습니다. if - elif/else 문은 코드를 읽기 쉽고 효율적으로 만들어 줍니다.

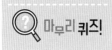

01 다음 문장들은 부울 조건인가요?

    a. 동전 던지기를 하면 앞면이 나옵니다.
    b. 불이 켜져 있나요?
    c. 방을 청소할 시간인가요?
    d. 오늘은 무슨 요일인가요?

02 휘파람을 불 수 있는지 평가하는 선택문을 작성해 보세요.
    조건이 True라면 휘파람을 불 수 있다는 메시지를 출력합니다.

03 '보다 크다'를 나타내는 기호는 무엇인가요?

04 '작거나 같다'를 나타내는 기호는 무엇인가요?

05 이중 등호는 어떤 경우에 사용하나요?

06 노래가 애창곡인지 평가하는 선택문을 작성해 보세요.

07 파이썬에서 if 문의 끝에는 어떤 구두점이 오나요?

08 파이썬에서 if 문 주위에 괄호가 필요한가요?

09 조건이 True일 때 파이썬이 처리해야 하는 일을 어떻게 쓸까요?

10 등교일에만 알람을 설정하는 선택문을 작성해 보세요.

11 이 조건이 평가하는 것이 무엇인지 설명해 보세요.

```
if (price >= 10000):
        print("좀 비싸네요.")
else:
        print("구입!")
```

12 이 조건이 평가하는 것이 무엇인지 설명해 보세요.

```
if (onTime):
        print("버스를 잡았다!")
else:
        print("버스를 놓쳤다!")
```

13 재생 중인 노래를 들을 것인지, 건너뛸 것인지를 판단하는 조건을 작성해 보세요.

14 파이썬은 선택문이 종료된 것을 어떻게 아나요?

15 다음 의사코드는 무엇을 수행하는지 설명해 보세요.

```
if (현재시간 == 오후 6시)
        개에게 먹이를 준다.
개와 놀아 준다.
개 털을 빗어 준다.
```

16 if - elif 문에서 각각의 조건들을 전부 평가하나요?

17 if - elif 문에서 둘 이상의 조건이 True일 경우 어떻게 되나요?

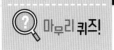
18   이 코드의 결과는 어떻게 나올까요?

```
game = "테니스"
if (game == "배구"):
        print("5세트")
elif (game == "농구"):
        print("4쿼터")
elif (game = = "하키"):
        print("3피리어드")
elif (game == "야구"):
        print("9회")
else:
        print("경기 규칙 매뉴얼을 참고하세요.")
```

19   어떤 수를 3으로 나눈 나머지 값이 0이면 그 수에 10을 더하고, 나머지 값이 1이면
5를 더하는 코드를 작성해 보세요.

20   변수가 book1 = "Hong Gildong" book2 = "Hong Okgyun" book3 = "Hong"일 때,
다음 코드가 출력하는 것은 무엇인가요?

```
if (book1 < book2):
        print(book1, "이 앞에 있습니다.")
else:
        print (book2, "이 앞에 있습니다.")
```

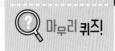
21   다음 코드에서 틀린 것이 있다면 무엇인가요?

```
avg = 87
        threshold = 90
if (avg => threshold)
        print("합격입니다!")
else
        print("다시 시도해 보세요.")
```

15장

논리 연산자

- 논리 연산자 and, or, not을 사용하면 복잡한 조건을 만들 수 있습니다.

- and 연산자를 사용한 복합 조건의 경우 두 가지 조건이 모두 참(True)이어야 결과도 참(True)입니다.

- or 연산자를 사용한 복합 조건의 경우 둘 중 하나의 조건만 참(True)이어도 결과는 참(True)입니다.

- 논리 연산자 not은 조건 값을 반대로 뒤집습니다. Ture면 False가, False면 True가 됩니다.

- 조건을 별도로 평가하여 True인지 False인지를 판단합니다. 그런 다음 이들 조건을 논리 연산자와 결합해서 전체 조건이 True인지 False인지 확인합니다.

가끔 하나 이상의 이벤트가 참(True)이어야 결과가 참(True)이 되는 경우가 있습니다. 프로그램에서도 이런 경우를 표현하는 방법이 있는데, 바로 논리 연산자입니다. 이번 장에서는 세 가지 논리 연산자를 다룹니다.

논리곱 연산자: and

파이썬에서는 논리곱 연산자로 소문자로 이루어진 and를 사용합니다. 반면 자바와 같은 일부 프로그래밍 언어에서는 두 개의 앰퍼샌드(Ampersand), &&를 사용해서 논리곱 연산자를 표현합니다.

두 조건을 and 연산자로 결합하면 두 조건이 모두 True로 평가되어야 전체 조건이 True가 됩니다. 많은 학생이 처음으로 저지르는 실수는 단순히 두 조건이 모두 같아야 한다고 생각해서 양쪽이 모두 False인 경우에도 전체 조건이 True라고 생각하는 것입니다. 그건 잘못 생각하고 있는 것입니다! 두 가지 조건이 모두 True일 때만 전체 조건이 True가 됩니다. 벤 다이어그램에서 두 원의 겹치는 영역이 and 연산자와 같습니다.

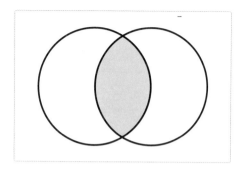

예를 들어, celsius와 storm이라는 두 변수가 있다고 합시다.

```python
if (celsius >= 26 and storm == False):

        print("수영장으로 가자!")
```

수영장에 갈 수 있으려면 두 가지 조건이 모두 True여야 합니다.

다음 예에서는 "rightToVote == True"인 경우라면 뒷부분을 쓸 필요가 없습니다. 그냥 rightToVote라고만 쓰면 됩니다. if (rightToVote == True)와 if (rightToVote)는 같습니다.

```python
if (age >= 18 and rightToVote):

        print("이번 선거에 투표하실 수 있습니다.")
```

논리합 연산자: or

몇 가지 사건 중 단 하나만 True여도 전체 조건이 True가 되는 경우가 있습니다. 이런 경우 파이썬에서는 논리합 연산자로 소문자로 된 or을 사용합니다. 자바 등에서는 두 개의 수직선 ||를 사용해서 논리합 연산자를 표현합니다(이것은 [Enter] 키 위에 있는 수직선(|) 키를 두 번 입력한 것입니다).

두 조건을 or 연산자로 결합하면 양쪽 조건 중 하나만 True여도 전체 조건이 True가 됩니다. 벤 다이어그램에서 두 원의 전체 면적이 or 연산자와 같습니다.

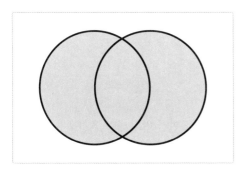

다음 예에서는 현재 시간이 오전 6시나 오후 6시라면, 강아지들에게 먹이를 줄 시간입니다.

```
if (time == 0600 or time == 1800):
        print("강아지들에게 먹이를 주세요!")
```

또 다른 예입니다.

```
if (day == "토요일" or day == "일요일"):
        print("주말입니다.")
```

두 조건 중 하나라도 True면 전체가 True인 데에 유의하세요. 두 조건이 모두 False일 때만 전체
가 False가 됩니다.

논리 부정 연산자: not

그런가 하면, 특정 사건의 반대를 조건으로 사용해야 할 때도 있습니다. 이것도 할 수 있는 방법
이 있습니다. 논리 부정 연산자 not입니다. !(느낌표)도 파이썬에서 not 연산자를 대신해 사용 가
능합니다.

not 연산자는 해당 조건이 True면 False로 만들고, False면 True로 만듭니다. 예를 들어, storm 변
수가 True라면 "비바람이 불고 있다면"이라는 조건입니다. 여기에 not을 붙여 not storm이 True
라면 "비바람이 불고 있지 않다면"이라는 부정 조건이 됩니다. 즉, 다음 조건문은 "비바람이 불

고 있지 않다면(if not storm), 수영장에 가자"라는 의미인 것입니다.

```python
if (not storm):
        print("수영장에 가자!")
```

다음 조건에서는 변수 song이 문자열 "favorite"과 같을 때, not 연산자가 해당 조건을 False로 만듭니다. 노래가 애창곡이 아니면 "다음 곡으로" 넘기라는 문구가 출력됩니다.

```python
if (not (song == "favorite")):
        print("다음 곡으로")
```

앞의 if 문의 조건을 다른 방법으로 이렇게 쓸 수도 있습니다.

```python
if (song != "favorite"):
```

학생들은 보통 이쪽을 더 많이 사용합니다. 물론 둘 다 맞습니다.

논리 연산자 결합하기

논리 연산자를 결합해 더 복잡한 조건을 만들 수 있습니다. 이때 괄호를 사용해 함께 묶을 것을 명확히 해야 합니다. 조건을 개별적으로 평가한 다음, 괄호 안의 조건들을 논리 연산자로 결합하는 방식입니다. 조건과 논리 연산자의 결과를 계속해서 결정하면서 최종적으로 True 또는 False에 해당하는 부울 값이 나오게 됩니다.

```python
if (not(month == "January" or month == "February" or  month == "August")):
        print("학교 수업이 있습니다.")
```

이 조건은 다음과 같이 나눠서 생각할 수 있습니다.

```python
A = (month == "January")   # 1월
```

```
B = (month == "February")  # 2월

C = (month == "August")    # 8월


D = A or B or C

E = not D


if (E) :
        print("학교 수업이 있습니다.")
```

이상의 조건에 따라 A, B, C 중 하나라도 True면 D는 True가 되고, E는 not D 이므로 False가 됩니다. A, B, C 모두 False라면 D는 False, E는 True가 됩니다.

여기 또 다른 예가 있습니다. 이 조건을 읽기 전에 무엇을 테스트하는지 이해되는지 확인해 봅시다.

```
if ((country == "USA" or country == "UK" or country == "Canada") and (speedLimit <=
70)):
        print(SpeedLimit, "마일의 속도입니다.")
```

이 예에서는 변수 country가 'UK' 값을 가지고 있고 speedLimit가 70 이하면 메시지가 출력됩니다. speedLimit가 65라면, "65 마일의 속도입니다."가 출력됩니다. 만약 변수 country가 'Canada'고 변수 speedLimit가 82라면, 아무것도 출력되지 않습니다.

이런 조건은 선택문에서 가장 많이 사용하며 선택문을 요긴하게 해 줍니다. 관계 연산자와 논리 연산자를 사용하면 복잡한 조건을 만들어 프로그램에 사용할 수 있습니다.

01 or 조건이 True일 때는 언제인가요?

02 and 조건이 False일 때는 언제인가요?

03 다음 조건이 True일 때는 언제인가요?

```python
if (time == 1700 and !rain):
        print("강아지를 산책시키세요!")
```

04 다음 조건이 True일 때는 언제인가요?

```python
if (day == "Saturday" and time == 1300):
        print("좋아하는 드라마를 볼 시간!")
```

05 변수가 book1 = "Hong Gildong" book2 = "Hong Okgyun" book3 = "Hong"일 때, 다음 코드가 출력하는 것은 무엇인가요?

```python
if (book2 <= book1) and (book3 < book2):
        nextToShelve = book3
        print("맨 앞으로", nextToShelve, "을/를 올려 둡니다.")
```

06 누가 클래식록의 팬이고 기타를 연주하는지를 테스트할 수 있는 조건을 작성해 보세요.

07 주말인지 아닌지를 첫 번째 기준으로 하고, 마지막으로 어항을 세척한 날짜가 10일 이상 경과했는지를 두 번째 기준으로 해서 어항을 세척할 때가 되었는지를 테스트할 수 있는 조건을 작성해 보세요.

08 지금 시각이 수요일 오후 7시(1900)라면 다음 코드는 무엇을 출력하나요?

```
if (time == 0700 or day == "Monday")
        print("커피가 준비되었어요!")
else:
        print("커피포트가 꺼져 있습니다.")
```

09 하루의 시간을 기준으로 TV 시청 여부를 결정하는 복합 선택문을 작성해 보세요.

10 다음 코드가 수행하는 것을 설명해 보세요.

```
if (not(lives == 0)):
        print("게임을 계속하세요!")
else:
        print("게임을 다시 하시겠습니까?")
```

11 보고 싶은 영화가 상영 중인지 확인하고 티켓을 살 돈이 없다면 돈을 벌기 위해 아르바이트를 할 것을 요청하는 조건문을 작성해 보세요.

12 not 연산자를 사용해서 플레이어가 모든 과제를 해결했을 때 레벨이 오르는 조건문을 작성해 보세요.

13 만일 플레이어가 현재 최고 점수보다 더 높은 점수를 받았다면 "최고 점수가 갱신되었다!"라는 메시지를 출력하는 코드를 작성해 보세요.

16장

리스트

- 리스트는 한 번에 둘 이상의 값을 저장할 수 있습니다.

- 리스트 내 각 항목을 요소라고 합니다.

- 각 요소는 인덱스 위치로 참조할 수 있습니다.

- 파이썬에서 리스트는 인덱스 위치 0부터 시작합니다.

- 파이썬에는 리스트를 다루는 내장 함수가 많이 있습니다.

리스트의 정의와 형식

리스트(list)란 무엇일까요? 장보기 목록이나 할 일 목록을 생각해 보세요. 메모지나 스마트폰에 항목을 적어 두면 상점에 갔을 때나 집에서 쉴 때 목록에 있는 항목을 구매하거나 실행에 옮기게 됩니다.

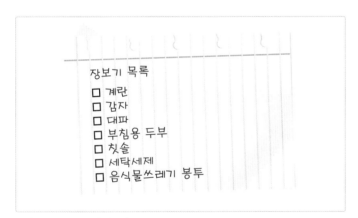

그림 16-1 리스트 예시: 장보기 목록

목록에 있는 모든 항목은 장보기 목록과 같이 하나의 이름과 관련되는데, 이것은 프로그램에서도 같은 방식으로 작동합니다. 우리가 지금까지 사용한 변수는 한 번에 하나의 값만 저장할 수 있는 것이었습니다. 이렇게 각 항목을 따로 저장해 많은 변수를 다루기보다는, 변수 하나를 리스트로 정의해 사용하는 것이 더 좋습니다.

파이썬에서 프로그래머는 리스트의 이름을 정하고 다음과 같은 형식으로 정의합니다.

```
list_Name = list( )
```

그런데 파이썬에서는 리스트를 정의하면서 동시에 값을 대입할 수도 있습니다. 리스트에 저장할 값을 [ ]로 감싸 주면 됩니다. 이때 리스트 내 개별 값은 ,(쉼표)로 구분합니다.

```
grocery = ["bread", "milk", "grapes"]          # 문자열 리스트

testGrades = [100, 96, 88, 92, 84, 80]          # 정수 리스트

temperature = [92.0, 76.2, 87.5, 90.5, 91.7]    # 실수 리스트

roster = [ ]                                     # 빈 리스트
```

대부분의 프로그래밍 언어에서는 리스트와 비슷한 자료구조를 가지고 하나의 자료형만 사용합니다. 그러나 파이썬은 하나의 리스트에서 여러 자료형을 사용하는 것을 허용합니다. 이름이 color인 리스트를 살펴봅시다. color 리스트는 요소로 두 개의 문자열과 정수 리스트를 가지고 있습니다. 리스트의 요소 [255, 0, 0]은 color 리스트에서 3개의 정수 요소가 아니라 하나의 리스트 요소로만 인식된다는 점에 유의하세요.

```
color = ["red", "# ff0000", [255, 0, 0])
```

여기 조선 왕을 나열한 roster 리스트가 있습니다.

```
roster = ["태조", "정종", "태종"]
```


리스트에서 항목을 참조하는 방법

우리는 전체 리스트를 사용하기도 하고, 때로는 리스트에 있는 개별 항목만을 사용하기도 합니다. 이 리스트의 구성원인 항목을 **요소**(element)라고 부릅니다. 각 요소마다 리스트 내 위치가 있

습니다. 이 위치는 정수이며 **인덱스 값**이라고 불립니다.

여기 lockers라는 이름의 리스트가 있습니다. 윗줄은 리스트의 데이터 값이고, 아랫줄은 각 데이터 값의 인덱스 위치입니다. 첫 번째 인덱스 위치는 0이라는 점에 유의합시다!

값	101	202	303	404	505	606	707	808	909	1010
인덱스	0	1	2	3	4	5	6	7	8	9

파이썬에서 요소를 참조하려면 리스트 이름을 입력하고 [ ]로 해당 인덱스 위치를 지정하면 됩니다.

리스트이름[인덱스위치]

lockers 리스트에서 마지막 항목은 값이 1010이고 인덱스 위치는 9입니다. 이 요소에 접근하는 방법은 다음과 같습니다.

```
lockers[9]
```

이번에는 앞서 보았던 roster 리스트를 다시 한번 보겠습니다.

```
roster = ["태조", "정종", "태종"]
```

리스트의 첫 번째 요소를 다음과 같이 참조할 수 있습니다.

```
roster[0]
```

또, 다음과 같이 이 요소를 출력할 수도 있습니다.

```
print(roster[0])
```

```
태조
```

만약 요소의 값을 변경하고 싶다면, 다음 형식을 사용하면 됩니다.

알아두면 쓸모 있는 **팝업노트**

프로그래밍 언어의 이상한 점이 하나 있습니다. 파이썬을 포함해서 대부분의 프로그래밍 언어들은 리스트에서 인덱스 위치를 셀 때 0부터 시작합니다. 그러나 1부터 시작하는 몇몇 프로그래밍 언어들이 있으므로, 새로운 프로그래밍 언어를 배울 때 유념해야 합니다.

```
roster[0] = "이성계"
```

이렇게 하면 인덱스 위치 0의 값인 "태조"가 "이성계"로 덮어씌워져 변경됩니다.

리스트에서 인덱스 위치를 변경할 수는 없습니다. 인덱스 번호는 새 요소가 추가되거나 다른 요소가 제거될 때 파이썬에 의해 자동으로 할당됩니다. 다만 지정된 인덱스에 있는 요소의 값을 변경하는 것은 가능합니다.

리스트의 길이

종종 리스트의 길이를 알아야 하는 경우가 있습니다. 그런데 길이는 리스트에 요소가 추가되거나 제거되는지에 따라 변경될 수 있습니다.

다행히 요소의 수를 직접 세지 않고도 리스트의 길이를 알려 주는 내장 함수가 있습니다. roster와 같이 작은 리스트는 몇 개의 요소가 있는지 셀 수 있습니다. 하지만 데이터셋은 매우 커질 수도 있고, 사람은 그렇게 커다란 데이터셋을 효과적이고 효율적으로 처리하기 어렵습니다. 컴퓨터는 바로 이런 작업을 위해 만들어졌습니다!

리스트의 길이를 알려 주는 함수는 **len( )**입니다. 이것은 11장에서 본 **len( )**과 같은 함수로서, 그때는 한 줄에 몇 개의 문자가 있는지 알고 싶을 때 사용했습니다. 리스트의 이름은 괄호 안에 인수로서 제공됩니다. **len( )**은 리스트의 길이 또는 크기를 정수로 반환합니다. 다음 예에서 반환되는 값은 howBig 변수에 저장됩니다.

```
howBig = len(roster)
```

이 부분은 좀 헷갈릴 수 있습니다. 리스트는 0에서부터 인덱스 위치를 매기기 시작하는데도, **len( )** 명령은 요소의 숫자이기 때문입니다. 다시 말해, 길이는 1부터 세기 시작해서 나오는 리스트에 있는 총 요소의 개수인 것입니다.

조선 왕의 roster 리스트에서 리스트의 길이는 3입니다. 왜냐하면 리스트에 3개의 요소를 가지고 있기 때문입니다.

```
roster = ["태조", "정종", "태종"]
```

인덱스 위치는 0, 1, 2입니다.

값	태조	정종	태종
인덱스	0	1	2

len( ) 함수를 사용하면 리스트에 있는 마지막 항목의 인덱스 위치를 다음과 같이 나타낼 수 있습니다.

```
리스트이름[len(리스트이름) - 1]
```

roster 리스트에서, 우리는 다음 두 가지 중 어느 형식으로든 마지막 요소를 참조할 수 있습니다.

```
roster[2]
```

```
roster[len(roster) - 1]
```

이것은 종종 새내기 프로그래머에게 이해하기 어려운 개념입니다. 그렇지만 조금만 생각하면 어렵지 않습니다.

연결

앞서 문자열에서 +(덧셈 기호)로 문자열을 연결했던 것과 동일한 방식이 리스트에서도 작동합니다. 두 개의 리스트가 있다면 덧셈 기호를 사용해서 그것들을 이어 붙일 수 있습니다.

```
list1 = [1, 3, 5]
list2 = ["a", "b", "c"]
list3 = list1 + list2
print(list3)            # list1과 list2를 연결해 출력합니다.
```

```
[1, 3, 5, 'a', 'b', 'c']
```

파이썬은 같은 덧셈 기호를 자료형이 정수형이든 혹은 실수형(소수점이 있는 숫자)이든 간에 실수 같은 숫자라면 덧셈으로 처리하고, 문자열이나 리스트라면 연결로 처리할 수 있을 정도로 똑똑합니다.

다시 말해, 리스트에다 덧셈 기호로 숫자 더하기를 시도하면 오류가 발생합니다. 다음과 같이 시도한다면 말입니다.

```
list4 = list1 + 1
```

실행의 결과로 정수를 리스트와 연결시킬 수 없다는 다음과 같은 오류 메시지를 받습니다. 파이썬은 우리가 연결과 덧셈을 같이 사용하고 있다고 생각합니다. 오류 메시지는 또한 우리에게 리스트는 오직 다른 리스트에만 연결할 수 있다는 것을 정중하게 상기시켜 줍니다. 고마워요, 파이썬!

```
TypeError: can only concatenate list (not "int") to list
```

또한 우리가 문자열에서 할 수 있었던 것처럼 리스트에서도 *(곱셈 기호)를 사용할 수 있습니다. 다시 말하지만, 파이썬은 문자열과 리스트 둘에 대해 연산자 *가 표시된 횟수가 중복을 의미한다는 것을 인식할 만큼 똑똑합니다.

```
print(list2 * 3)          # 다음이 출력됩니다.
['a', 'b', 'c', 'a', 'b', 'c', 'a', 'b', 'c']
```

새로운 값을 단순히 출력하는 것에 그치지 않고 리스트에 곱셈 기호를 사용해 저장할 수도 있습니다. 다음 예는 변수 주소의 현재 값을 취하고 복제한 후 결과를 같은 변수에 다시 저장해서 이전 값을 덮어쓴 것입니다.

```
address = address * 5          # 원래 address에 "440"이 저장되어 있었습니다.
print(address)
440440440440440                # 곱셈 연산의 결과입니다.


list5 = list2 * 3                          # 원래 list2는 ['a', 'b', 'c']입니다.
print(list5)
['a', 'b', 'c', 'a', 'b', 'c', 'a', 'b', 'c']    # 연결 연산의 결과입니다.
```

리스트에서는 덧셈(+)과 곱셈(*)에 대해서만 연결 및 반복 기능이 있습니다. 뺄셈(-)과 나눗셈(/)의 경우에는 덧셈이나 곱셈 같은 특별한 기능이 없습니다.

슬라이싱

프로그램은 리스트 일부만을 사용해 작업하는 경우가 있습니다. 파이썬은 이 작업을 문자열에서 했던 것처럼 슬라이싱 기술을 사용해서 처리합니다. 사용하는 형식은 다음과 같습니다.

리스트이름[start:stop]

start는 슬라이싱을 시작하려는 인덱스 위치를 나타냅니다. 리스트의 해당 위치에 있는 요소가 선택 항목에 포함됩니다. stop은 슬라이싱을 끝내려는 인덱스 위치를 나타냅니다. 리스트의 해당 위치에 있는 요소는 선택 항목에 포함되지 않습니다. start는 '이상', stop은 '미만'으로 기억하면 쉽습니다. [0:3]의 경우, 0 이상 3 미만이 되어 0은 들어가고 2는 들어가지 않습니다. 즉, 0, 1, 2가 됩니다.

다음 games 리스트로 더 자세히 살펴봅시다.

```
games = ["마리오카트", "포트나이트", "마인크래프트", "테트리스", "로켓리그", "핑퐁"]

print(games[0:2])

["마리오카트", "포트나이트"]
```

마리오카트의 경우 인덱스 위치가 0이며 슬라이싱 과정에서 선택 항목에 포함되었습니다. 하지만 인덱스 위치 2는 선택 항목에서 제외되었습니다.

그러므로 인덱스 위치 0에서 시작하여 인덱스 위치 1은 포함하지만, 인덱스 위치 2는 포함하지 않아야 합니다.

```
print(games[3:5])

["테트리스", "로켓리그"]
```

인덱스 위치 3은 테트리스에 해당하며, 선택 항목에 포함됩니다. 요소를 포함하면서 이동하지만 인덱스 위치 5의 요소는 포함하지 않습니다.

시작 위치인 start를 공백으로 두면 리스트의 처음 요소에서 슬라이싱이 시작됩니다.

```
games[:4]

["마리오카트", "포트나이트", "마인크래프트", "테트리스"]

# 인덱스 위치 0, 1, 2, 3이 슬라이싱에 포함됩니다.
```

끝내는 위치인 stop을 공백으로 두면 슬라이싱은 리스트의 끝까지 갑니다.

```
games[4:]

["로켓리그", "핑퐁"]
```

games [:]처럼 start와 stop을 모두 공백으로 두면 전체 리스트가 선택됩니다.

문자열과 마찬가지로, 리스트의 요소를 참조하는데 인덱스 위치가 너무 크면 **IndexError: list index out of range error** 오류가 발생합니다. 하지만, 슬라이싱에서는 리스트에 없는 인덱스 위치도 참조할 수 있으며 오류 메시지도 내지 않습니다!

games 리스트의 경우를 다시 한번 봅시다.

```
games[8]            # 인덱스 위치가 리스트의 범위를 벗어나 오류가 발생합니다.

g1 = games[8:9]     # 슬라이싱에서 리스트의 범위를 벗어난 인덱스 위치를 사용했습니다.
                    # 변수 g1을 출력해 보면 출력 콘솔에 아무것도 표시되지 않습니다.
```

```
    print(g1)                # 비어 있는 리스트([])만 나옵니다.
```

변수 g1의 길이를 출력해 보면 어떤 일이 있었는지 더 잘 알 수 있습니다. 길이를 확인하기 위해 내장 함수 **len( )**을 사용해 봅시다.

```
    print(len(g1))

    0
```

리스트 g1의 길이는 0입니다. 슬라이싱에서 리스트의 범위를 벗어난 인덱스 위치 8:9를 사용했기 때문입니다. 변수 g1이 만들어졌지만 비어 있었고, **"list index out of range error"** 오류는 발생하지 않았습니다!

마찬가지로 리스트 크기보다 큰 값으로 슬라이싱을 시작하면서 끝내는 위치를 지정하지 않아도 오류가 발생하지 않습니다. 만들어진 새 슬라이스는 길이가 0으로 비어 있습니다.

```
    g2 = games[11:]

    print(len(g2))

    0
```

슬라이싱이 아닌 리스트를 사용해서 존재하지 않는 인덱스 위치를 참조하려고 하면 IndexError가 발생합니다. 다음 예가 그렇습니다. 실제로 존재하지 않는 인덱스 위치 11을 참조하려고 했습니다.

```
    g3 = games[11]

    IndexError: List index out of range
```

리스트 다루기

종종 리스트 항목을 모두 확인해야 하는 경우가 있습니다. 특정 조건을 만족하는 요소를 선택문으로 처리할 수 있는데, 각 요소를 점검하며 기준을 만족하는지 확인해야 합니다. 이런 경우는

for 루프를 사용하기에 적합합니다!

for 루프는 리스트의 처음 항목에서 자동으로 시작되며 리스트의 각 요소에 모두 접근한 뒤에야 종료됩니다(18장에서 루프에 대해 자세히 다룹니다).

```
roster = ["태조", "정종", "태종"]

for name in roster:

    if (name == "정종"):

        print(name)
```

반복	name
1	태조
2	정종
3	태종

루프 반복 변수 name에 리스트의 첫 번째 요소 "태조"가 들어갑니다. if 문은 변수 name에 있는 값이 "정종"과 같은지 확인합니다. 같지 않기 때문에 파이썬은 for 루프의 맨 위로 올라갑니다.

두 번째로 반복 변수 name에 리스트의 두 번째 요소 "정종"이 들어갑니다. 그다음, if 문은 변수 name 값이 "정종"과 같은지 확인합니다. 두 값이 같으므로(조건이 True) 아래의 print 문이 실행되고, "정종"이라는 변수 name의 현재 값이 출력됩니다.

다시 루프 맨 위로 올라가고, 변수 name은 "태종"이라는 값을 가집니다. 그런 다음 if 문은 변수 name 값이 "정종"과 같은지 확인합니다. 같지 않기 때문에 파이썬은 다시 for 문의 맨 위로 이동합니다.

이번에는 파이썬이 목록의 모든 항목이 액세스되었음을 인식해서 루프를 완료하고 for 루프의 다음 줄 코드로 이동하거나 마지막 줄인 경우 프로그램을 종료합니다.

리스트에서 자주 사용하는 내장 함수

리스트는 파이썬뿐만 아니라 다른 프로그래밍 언어에서도 널리 사용됩니다. 그러다 보니 리스트를 다루는 블록이 사전에 많이 만들어져 파이썬에 내장 함수와 메소드로 포함되어 있습니다. 이 절에서는 리스트를 다룰 때 일반적으로 사용하는 몇 가지 내장 함수를 설명하려고 합니다. 보다 자세한 내장 함수와 그에 딸린 매개변수가 어떤 것들이 있는지에 대해서는 항상 온라인 공식 문서를 확인하기 바랍니다.

기억할지 모르겠지만 문자열은 변경 불가능(immutable)이라고 배웠습니다. 하지만 리스트의 요소들은 변경이 가능합니다. 예를 들어 "사과"를 "바나나"로 변경하려면 다음과 같이 하면 됩니다.

```
fruit = ["사과", "포도"]
fruit[0] = "바나나"
print(fruit)
["바나나", "포도"]
```

예약어 **in**은 데이터 값이 리스트에 있는지 여부를 확인합니다. 값이 리스트에 있으면 True가 반환되고, 그렇지 않으면 False가 반환됩니다. 위의 fruit 리스트에 적용해 보겠습니다.

```
if ("포도" in fruit):
        print("포도는 과일 목록에 있습니다.")
```

sort( )는 리스트의 요소를 오름차순으로 정렬합니다. 형식은 다음과 같습니다.

```
리스트이름.sort( )
```

```
nums = [5, 3, 77, 21, 95, 0, -5, 29]

nums.sort( )

print(nums)

[-5, 0, 3, 5, 21, 29, 77, 95]     # 정렬된 리스트
```

append( )는 리스트 끝에 원하는 요솟값을 추가합니다. 형식은 이렇습니다.

> 리스트이름.append(추가요솟값)
>
> roster.append("문종")

한 번에 하나의 요소만 추가할 수 있다는 점을 명심합시다.

리스트에서 자주 사용하는 함수로 특정 위치에 값을 삽입하는 함수가 있습니다. **insert( )**는 리스트의 지정된 위치에 요솟값을 추가하는 내장 함수로, 형식은 다음과 같습니다.

> 리스트이름.insert(인덱스위치, 추가요솟값)

조선 왕 리스트를 다음과 같이 작성하였습니다.

roster = ["태조", "정종", "태종", "문종", "단종", "세조"]

이런, 세종이 빠졌습니다! 다음과 같이 "세종"을 적절한 위치에 삽입할 수 있습니다.

roster.insert(3, "세종")

세종은 조선의 4번째 왕이었습니다. 리스트는 인덱스 위치가 0에서 시작하므로 이름은 3번에 삽입해야 합니다. 삽입한 후 리스트는 다음과 같습니다.

roster = ["태조", "정종", "태종", "세종", "문종", "단종", "세조"]

"세종"을 삽입하면서 파이썬은 인덱스 위치 3의 기존 값을 덮어쓰지 않았다는 점에 유의하세요. 대신 파이썬은 기존 값인 "문종", "단종", "세조"를 오른쪽으로 한 자리씩 옮겼습니다. **insert( )** 함수는 한 번에 하나의 요솟값만 삽입할 수 있음을 알아 두길 바랍니다.

리스트에서 항목을 제거해야 할 때가 있습니다. 파이썬은 이 작업을 수행하기 위한 몇 가지 방법을 제공합니다. 이들 방법을 사용하면, 파이썬은 리스트의 해당 위치에서 요소를 제거한 후 나머지 요소를 옮깁니다. 그러면 리스트의 길이도 하나 줄어듭니다.

1. `remove(지정값)`
2. `pop(인덱스위치)`
3. `del`

`remove( )` 함수는 괄호 안에 값을 지정하고 검색해서 처음 나온 값을 리스트에서 제거합니다. 리스트에서 지정한 값을 찾을 수 없으면 "ValueError" 메시지가 표시됩니다. 먼저 요소를 검색해 리스트에 있는지 확인해야 합니다. 12장에서 설명한 대로 try/except 문을 사용해도 됩니다. 다음의 nums 리스트를 사용해 봅시다.

```
nums = [1, 99, 24, 7, 44, 17, 29, 44]
```

`nums.remove(44)`는 리스트에서 첫 번째로 나오는 숫자 44를 제거합니다. 그러면 리스트는 다음과 같이 변합니다.

```
nums = [1, 99, 24, 7, 17, 29, 44]
```

`pop( )` 함수는 지정한 인덱스 위치의 요소를 제거하고 반환합니다. 인덱스 위치를 지정하지 않는 경우에는 리스트의 마지막 항목을 제거하고 반환합니다.

```
numbers = [12.5, 42.2, 60.0, 87.4, 33.3]
```

`numbers.pop(3)`은 인덱스 위치 3에 저장된 값 87.4를 제거하고 반환할 것입니다. 리스트는 인덱스 위치 0에서 시작한다는 것을 기억하세요. 이제 numbers 리스트는 다음과 같습니다.

```
numbers= [12.5, 42.2, 60.0, 33.3]
```

인덱스 위치를 지정하지 않은 또 다른 **pop( )** 예를 살펴봅시다.

numbers.pop( )은 인덱스 위치를 지정하지 않으면 리스트에 있는 가장 마지막 요소를 제거합니다. 즉, numbers의 마지막 요소인 33.3을 제거하고 반환합니다. 이제 numbers 리스트는 다음과 같습니다.

```
numbers = [12.5, 42.2, 60.0]
```

del 리스트이름[인덱스위치]는 지정한 인덱스 위치의 항목을 삭제합니다. 조선 왕 리스트를 다시 사용해 봅시다.

```
roster = ["태조", "정종", "태종", "세종", "문종", "단종", "세조"]
del roster[6]              # "세조"를 삭제합니다. 그러면 리스트는 다음처럼 변합니다.
roster = ["태조", "정종", "태종", "세종", "문종", "단종"]
```

리스트에서 자주 사용하는 다른 함수로는 리스트에서 최댓값이나 최솟값을 찾는 함수가 있습니다. 우리가 직접 코드를 짜서 모든 값을 반복시키며 어떤 값이 가장 크거나 작은지 비교해 볼 수 있겠지만, 동일한 기능을 수행하는 코드가 이미 작성되어 내장 함수로 제공되고 있으니 그것을 사용합시다!

max( )는 리스트에서 최댓값을 찾아 반환하는 내장 함수입니다. 형식은 다음과 같습니다.

```
max(리스트이름)
```

임의의 숫자로 이루어진 다음의 nums 리스트에 적용해 봅시다.

```
nums = [1, 99, 24, 7, 44, -17, 29]

big = max(nums)
```

값 99가 반환되고 big 변수에 저장됩니다.

마찬가지로 **min( )**은 리스트에서 최솟값을 찾아 반환하는 내장 함수입니다. 소수점이 포함된 임의의 실수로 이루어진 numbers 리스트에 min()을 적용해 봅시다.

```
numbers = [12.5, -42.2, 60.0, -87.4, 33.3]
```

```
small = min(numbers)
```

-87.4라는 숫자가 반환되고 small 변수에 저장됩니다.

max( )와 min( )도 문자열 리스트에서 사용할 수 있습니다. 비교는 알파벳에 기초합니다.

```
notes = ["do", "re", "mi", "fa", "so", "la", "ti", "do"]
print(max(notes))

ti

print(min(notes))

do
```

또 다른 리스트에서 자주 사용하는 함수로 리스트의 모든 요소의 합을 구하는 함수가 있습니다. 반복문을 사용해서 요소의 합을 구할 수도 있지만, 이미 만들어져 있는 함수를 사용하는 것이 훨씬 간편합니다. 자동차를 만들기 위해서 바퀴를 만들 필요는 없습니다. 바퀴는 그냥 사서 사용하면 됩니다. 마찬가지로 프로그래밍에서도 이미 만들어져 있는 요소의 합을 구하는 함수를 가져다가 쓰면 됩니다. 다시 작성할 필요는 없습니다!

sum( )은 리스트의 모든 요소를 합하는 내장 함수입니다. 형식은 다음과 같습니다.

```
sum(리스트이름)
```

리스트를 사용한다면 다음과 같이 될 겁니다.

```
nums = [1, 99, 24, 7, 44, 17, 29]

numbers = [12.5, 42.2, 60.0, 87.4, 33.3]

total= sum(nums)
```

총합 221이 반환되고 total이라는 변수에 저장됩니다.

```
amount = sum(numbers)
```

총합 235.4가 반환되고 amount라는 변수에 저장됩니다.

sum( ) 함수는 숫자에서만 사용할 수 있다는 점에 유의하세요. 문자열에 사용하면 오류가 발생합니다.

split( ) 함수는 공백을 기준으로 문자열을 분리하고 각 단어를 요소로 하여 리스트를 작성하는 함수입니다. 기본적으로 공백을 사용해서 새 요소가 시작되는 위치를 결정하지만, 분할에 사용하는 문자를 인수로 제공해서 문자열을 분리할 수도 있습니다.

```python
news= "여기서부터 이 마법이 시작되었습니다!"

newslist = news.split()

print(newslist)          # 개별 단어로 이루어진 리스트를 출력합니다.

['여기서부터', '이', '마법이', '시작되었습니다!']


amenities = "wifi:수영장:셔틀"

amenities2 = amenities.split(":")

print(amenities2)                    # 분할 문자인 콜론을 기준으로 리스트를 만듭니다.

['wifi', '수영장', '셔틀']
```

컴퓨터를 사용한 프로그래밍에서 리스트를 많이 사용합니다. 리스트는 이해하기 쉬우며, for 루프와 내장 함수를 이용해서 쉽게 조작할 수 있습니다.

01 좋아하는 영화 3편이 들어 있는 movies라는 이름의 리스트를 정의해 보세요.

02 me 리스트를 정의하고 이름, 키, 나이, 성별 등 여러분의 4가지 특징을 포함시키세요.

03 리스트의 개별 항목을 무엇이라 부르나요?

04 리스트의 개별 항목은 어떻게 참조하나요?

05 파이썬 리스트에서 첫 번째 인덱스 위치는 무엇인가요?

06 좋아하는 음식, 최소 4가지를 요소로 하는 리스트를 만들어 보세요.

a. 리스트를 출력하세요.

b. 리스트의 항목 하나를 다른 음식으로 변경하세요.

c. 변경된 리스트를 다시 출력하세요.

07 다음 리스트를 사용해서 리스트의 길이를 알아보는 코드를 작성해 보세요.
리스트 길이와 마지막 인덱스 위치의 요소를 출력하세요.

```
scores = [141, 78, -84, 47, 72, 1029, 55]
```

08 좋아하는 노래 5곡을 요소로 하는 리스트를 만들어 보세요.

a. for 루프를 사용해서 리스트를 처리하세요.

b. 곡명에 쓰인 문자 수가 짝수인 노래 제목을 출력하세요.

c. 루프 끝에 "다시 재생" 문자열을 출력하세요.

09 피보나치 수열은 앞의 두 개 숫자를 더해 다음 숫자를 만드는 수열로 잘 알려져 있습니다.

```
fibonacci = [0, 1, 1, 2, 3, 5, 8, 13]
```

a. 피보나치 수열이 되도록 fibonacci 리스트에 13 다음으로 이어지는 두 값을 추가하세요.
b. fibonacci 리스트를 출력해서 값이 맞는지 확인하세요.

10 "태종" 다음에 "세종"을 삽입하고 리스트를 출력하는 코드를 어떻게 작성할까요?

```
roster = ["태조", "정종", "태종", "문종", "단종", "세조"]
```

[11~13] 질문에 대해 다음 리스트를 사용하세요. 코드의 다음 줄을 어떻게 작성해야 할까요?
답인지 확인하기 위해 파이썬에서 코드를 테스트하는 것을 잊지 마세요.

```
pets = ["dog", "cat", "bird", "turtle", "horse", "fish", "snake"]
```

11 pets 리스트에서 "horse"를 제거하는 코드를 작성하세요.

12 현재 4번째 요소를 리스트에서 제거하는 코드를 작성하세요.

13 리스트에서 "snake"를 삭제하는 코드를 작성하세요.

[14~15] 질문에 대해 다음 리스트를 사용하세요.

```
weights = [2, 4, 6, 7.5, 9.8, 42, 19]
```

14 weights 리스트에서 가장 큰 숫자를 찾아 출력하는 코드는 무엇인가요?

15 다음 코드에 대한 출력 결과는 어떠한가요?

a. `print(sum(weights))`

b. `print(sum(weights) * 2)`

c. `print(sum(weights) / 2)`

d. `print(sum(weights) - 2)`

16 다음과 같은 코드의 출력 결과는 어떠한가요?

```
nums = [42, 256, 1023]
print(nums * 3)
```

17장

반복문: while 루프

핵심 개념

- 반복문을 흔히 루프(loop)라고도 합니다.

- 루프가 반복될 때마다 코드도 반복해서 실행됩니다.

- while 루프는 조건이 만족될 때까지 반복됩니다.

세 번째 유형의 프로그래밍 명령문은 반복문입니다.
세 번째 유형의 프로그래밍 명령문은 반복문입니다.
세 번째 유형의 프로그래밍 명령문은 반복문입니다.

(알겠나요? 괴롭지만 확인 차원이라고 생각합시다!)

반복문은 **루프**(loop)라고도 합니다. 관련된 코드를 지정한 횟수만큼 반복하기 때문입니다. 루프를 사용하면 코드 줄이 중복되는 것을 피할 수 있으므로 코드가 짧아지는 등, 몇 가지 이점이 있습니다. 또한 코드를 더 읽기 쉽고 이해하기 쉽게 해 주기도 합니다. 오류를 수정하거나 업데이트를 해야 할 경우에도 코드 내 특정 위치에서만 작업하면 됩니다. 우리가 배울 반복문에는 while 루프와 for 루프, 두 가지 유형이 있습니다.

while 루프

이 루프는 **while** 예약어로 시작하며 루프와 관련된 조건을 가지고 있습니다. 루프는 조건이 True일 때 반복됩니다. 조건 형식은 if 문과 같게 작성합니다.
파이썬은 조건 다음에 구두점으로 :(콜론)을 사용합니다.

```
while (count < 10):
```

변수 count가 10 미만인 경우 while 루프와 관련된 코드가 반복해서 실행됩니다. count를 반복 변수라고 부릅니다. 이 변수는 루프를 통과하는 첫 번째 실행이나 반복적인 실행에서 조건을 확인하는 데 유용합니다.

콜론 뒤에 [Enter] 키를 치면 파이썬이 자동으로 다음 줄을 한 수준 들여쓰기해 줍니다. if 문에서처럼, while 루프와 관련된 아래 코드도 들여쓰기를 해야 합니다. 들여쓰기가 while 예약어 수준으로 복귀하면 루프가 종료됩니다.

```
while (count < 10):

    print("count is: ", count)

    count = count + 2

print("이 루프는 끝났습니다.")          # 들여쓰기가 복귀해서 while 예약어 수준에 맞춰졌습니다.
```

while 루프의 구조를 한눈에 보기 쉽도록 순서도로 나타내 보면 다음과 같습니다.

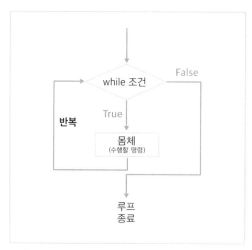

그림 17-1 while 루프 구조 순서도

사용자나 게임 플레이어에게 입력을 요청하는 경우에 일반적으로 while 루프를 사용합니다. **input( )** 함수(12장 참조)를 사용해서 사용자에게 데이터를 요청하고 작업이 완료되면 다른 내용을 입력하도록 요청할 수 있습니다. while 루프는 사용자가 작업이 끝났다고 알릴 때까지 실행됩니다.

```
1    counter = 0
2    sumTemp = 0
3    temp = input("온도를 입력하세요. 완료되면 'stop'을 입력합니다: ")
4    while(temp != "stop"):
5            temp = int(temp)
6            sumTemp = sumTemp + temp
7            counter = counter + 1
8            temp = input("다른 온도를 입력하세요. or 완료되면 'stop'을 입력합니다: ")
9    print("평균 온도 값", (sumTemp / counter))
```

while 루프를 사용한 코드의 예입니다. 한 줄씩 설명하겠습니다.

- 1, 2번 줄에서는 변수 counter와 sumTemp를 선언하고 0으로 초기화합니다.

- 3번 줄은 사용자가 온도 값을 입력하거나 작업 완료 시 "stop"이라는 메시지를 입력하도록 요청합니다.

- 4번 줄은 사용자가 "stop"을 입력할 때까지 계속 진행하도록 while 루프를 설정합니다.

- 5번 줄은 사용자가 입력한 온도 값을 정수로 변환합니다. 키보드에서 들어오는 모든 데이터는 파이썬에서 str 자료형임을 기억합시다.

- 6번 줄에서 기존 총합에 새로운 온도 값을 더하고 변수 **sumTemp**에 다시 저장합니다.

- counter 변수는 사용자가 입력한 값의 횟수를 추적하고 있어서 반복마다 1이 더해집니다.

- 그런 다음 사용자에게 다른 온도 값이나 "stop"이라는 메시지를 입력할 것을 요청합니다.

- 4~8번 줄은 사용자가 "stop"을 입력할 때까지 계속 반복됩니다.

- 9번 줄이 입력한 값들의 평균을 출력하면, 프로그램은 종료됩니다.

while 루프의 조건이 지켜야 할 중요한 사항은 False가 될 수 있어야 한다는 것입니다. 조건이 True일 때 실행되는 코드 블록의 어딘가에서는, 판별 대상 값이 바뀌어야만 조건이 False가 될 수 있습니다.

```
while (x < 10):

    print("x is: ", x)

    x = x + 2
```

이 루프의 몸체(body)에서 x 값은 반복할 때마다 2씩 증가합니다. 변수 x는 결국 10과 같거나 커질 것이며, 이것이 루프를 멈춥니다.

변수 x가 없다면, 결국 **무한 루프**(infinite loop)가 될 것입니다. 무한 루프에서는 조건이 False로 바뀔 기회가 결코 없기에 코드가 계속해서 반복됩니다. 결국 컴퓨터의 자원이 다 소모되고 다운됩니다. 컴퓨터를 다시 시작하면 자원이 확보되지만, 프로그램을 다시 실행하기 전에 루프를 수정해야만 합니다.

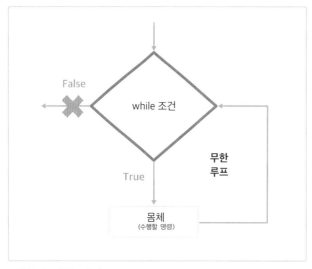

그림 17-2 무한 루프 순서도

다음 무한 루프를 바로잡기 위해서는 어떻게 해야 할까요?

```
while (inning > 0):

    print("플레이 볼!")
```

야구 경기에서 아무리 회(이닝)를 거듭해도 변수가 바뀌지 않는 상태입니다.

이때 반복할 때마다 변수 inning에서 1을 빼는 줄을 코드에 추가하면 결국 루프 조건이 0이 되고 루프가 종료됩니다(그리고 게임은 끝납니다!).

```
while (inning > 0):

    print("플레이 볼!")

    inning = inning - 1        # 루프 종료를 보장하는 새 코드 줄
```

그런데 다행히도 컴퓨터의 자원이 모두 소모되기 전에 무한 루프를 멈출 수 있는 키보드 키가 있습니다. Windows와 Mac 모두 [ctrl + c] 키를 누르면 실행 중인 프로그램을 강제로 종료합니다.

while 루프에서 틀리기 쉬운 것 2

조건을 지정하는 과정에서 주의하지 않으면, 루프는 한 번도 실행되지 않을 가능성이 있습니다. 이런 경우를 **제로 트립 루프**(zero-trip loops)라고 부릅니다. 다음이 그 예입니다.

```
x = 10

while ( x < 10):

    print("x = ", x)
```

이 루프가 실행된 후 출력되는 것은 무엇일까요? 루프 조건을 최초로 확인할 때 False였기 때문에 아무것도 출력되지 않습니다. x가 10보다 작아야만 루프 안으로 들어갈 텐데, x가 10이기 때문입니다. 이런! 제로 트립 루프입니다!

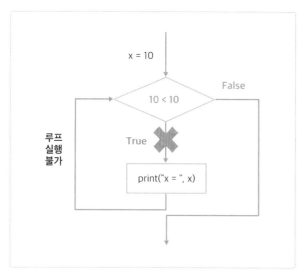

그림 17-3 제로 트립 루프

조건을 10보다 작거나 같게 바꾸면 어떻게 될까요?

```
x = 10

while (x <= 10):

        print("x = ", x)
```

이제 무한 루프가 된 것이 보이나요? 루프를 통과할 때마다 반복 변수 x가 바뀌도록 수정해야 합니다. 그렇다면 다음 예는 제대로 실행이 될까요?

```
x = 0

while (x <= 10):

        print("x = ", x)

        x = x + 5
```

좋습니다! 이제 제대로 작동할 겁니다. 이 루프는 세 번 실행됩니다.

- 처음, x = 0

- 두 번째, $x = 5$

- 세 번째, $x = 10$

- 네 번째, $x = 15$, 조건이 False이므로 루프가 종료됩니다.

반복 도중에 빠져나가기: break

특정 사건이 일어나면 while 루프의 반복을 중단해야 하는 경우가 있습니다. 그런 경우에도 루프가 반복될 때마다 시작점에서 판별해야 하는 조건은 그대로입니다. 그러나 루프를 계속할 필요가 없는 사건이 일어난다면, **break** 예약어를 사용해 루프 블록을 빠져나갈 수 있습니다. 이 예약어를 사용하면 루프 내 다음 줄은 실행되지 않습니다. 루프는 종료되고, 프로그램은 루프 블록 밖 다음 줄을 실행하거나, 더 이상 코드 줄이 없는 경우 프로그램을 종료합니다.

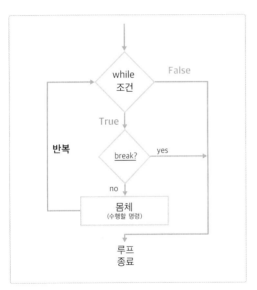

그림 17-4 break를 포함한 while 루프

다음 루프에서 나머지 연산을 사용해 홀수를 찾는 경우(10장 참조), x가 10보다 작더라도 루프 블록을 빠져나가게 됩니다.

```
while (x < 10):

    if (x % 2 == 1):              # % 연산은 나머지를 제공합니다.

            break

    print("x = ", x)

    x = x + 2
```

break 문은 루프를 빠져나갑니다. 조건이 True이면 즉시 break가 실행되고, **while (x < 10):** 루프의 다른 줄은 실행되지 않습니다. 이 프로그램은 while 루프 블록 다음에 다른 코드 줄이 없기 때문에 종료됩니다.

가끔 프로그래머는 의도적으로 무한 루프를 설정하기도 합니다. 그런 다음 break 문을 사용해 루프를 종료합니다. 다음 예에서는 변수 gpa가 어느 시점에 문자열 "stop" 값을 갖는지 확인하게 됩니다.

```
while(True):

    gpa = input("성적을 입력하세요. 종료하려면 'stop'을 입력하세요: ")

    if (gpa == "stop"):

            break
    #  gpa 처리 코드
```

반복 도중에 계속하기: continue

가끔, 특정 사건이 일어나면 while 루프의 반복을 중단해야 하는 경우가 있습니다. 루프가 반복될 때마다 시작점에서 판별해야 하는 조건은 있는 경우입니다. 그런데 데이터 값을 처리할 필요가 없는 사건이 일어난다면, 이 반복문의 나머지 부분은 건너뛰고 다음 루프의 반복을 시작합니다. **continue** 예약어는 이런 기능을 제공합니다.

다음 예를 한번 봅시다. 여기서는 나머지 연산을 사용해서 홀수를 찾으면 이 값을 처리하는 것을 건너뛰되, x가 10보다 크거나 같을 때까지 루프를 유지하려고 합니다. 나머지 연산 **%**는 숫자가 홀수인지 여부를 판단하는 데 사용됩니다. 2로 나눈 뒤 나머지가 1이면 숫자는 홀수입니다. 홀수일 경우 변수 x에 1을 더한 다음 continue 문이 실행됩니다. 그러면 프로그램은 다시 while 루프의 조건문으로 이동해서 다음 반복을 시작합니다.

```
while (x < 10):
    if (x % 2 == 1):
        x = x + 1
        continue
    print("x = ", x)
    x = x + 2
```

continue 문은 루프를 유지하고, 현재 반복되는 코드의 나머지 부분을 건너뛰게 합니다. 그러면 파이썬은 while 루프의 맨 위로 돌아가 조건을 다시 확인합니다. 조건(x < 10)이 False가 되면 루프를 빠져나갑니다.

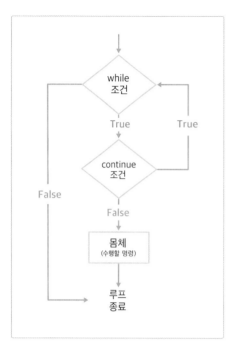

그림 17-5 continue를 포함한 while 루프

상식이 쑥쑥, 하이퍼링크

몇몇 프로그래머는 break와 continue 문을 사용하지 않습니다. 과거 goto 문 때문에 '스파게티 코드(너무 엉켜서 처음과 끝을 구분하기 어려운)'가 만들어지곤 했는데, 그것이 연상된다는 이유입니다.

01 무한 루프는 언제 발생하나요?

02 무한 루프는 언제 종료되나요?

03 while 루프 끝에 붙이는 구두점은 무엇인가요?

04 파이썬은 코드의 각 줄이 while 루프와 관련되어 있는지 어떻게 아나요?

05 다음 코드가 무한 반복되지 않도록 하려면 어떻게 바꿔야 할까요?

```
while (score < 25):
        print("Serve the ball!")
```

06 다음 반복문을 실행한 뒤에 출력되는 것은 무엇일까요?

```
lives = 11
while (lives <= 10):
        lives = lives - 1
        print("남은 생명: ", lives)
print("게임 종료!")
```

07 6번 반복문이 정상적으로 작동하게 하려면 코드를 어떻게 바꿔야 할까요?

08 while 루프가 4회 반복되도록 설정해 보세요.

a. 사용자에게 개, 고양이, 금붕어 등 반려동물로 키우는 동물을 입력하도록 요청하세요.

b. 만약 반려동물로 '햄스터'가 입력되면, 루프에서 벗어나세요.

09 5회 반복하도록 while 루프를 변경해 보세요.

a. 5부터 시작해서 각 반복 횟수를 출력하세요.

b. 반복할 때마다 1씩 출력할 숫자를 줄이세요.

c. 루프가 끝난 후 "발사!"라는 단어를 출력하세요.

10 숫자가 0보다 작은 동안 실행하는 while 루프를 작성해 보세요.

a. 짝수를 출력하세요.

b. 반복 변수에 1을 더하세요.

c. 루프가 끝난 후 "종료"를 출력하세요.

11 TV 채널 수만큼 반복하도록 while 루프를 작성해 보세요.

a. 프로그램이 "음악채널"이면 루프의 처음으로 가서 다시 반복하세요.

b. 그렇지 않으면 채널 번호를 출력하세요.

12 사용자가 "done"을 입력할 때까지 입력 요청을 하는 while 루프를 작성해 보세요.

a. 입력한 항목 수를 세어 루프를 종료한 후 출력하세요.

18장

반복문: for 루프

- for 루프는 정해진 횟수만큼 코드를 반복하는 방법입니다.

- 파이썬은 for 루프 처리를 종료할 시점을 다루기에 무한 루프에 빠질 가능성은 없습니다.

- for와 in의 순서: for 변수 in 데이터셋.
  for와 in은 예약어이므로 반드시 해당 위치에 있어야 합니다.

- 변수는 루프 반복마다 데이터셋에서 다음 값을 가져옵니다.

세 번째 유형의 프로그래밍 명령문은 반복문입니다.

세 번째 유형의 프로그래밍 명령문은 반복문입니다.

세 번째 유형의 프로그래밍 명령문은 반복문입니다.

(알겠나요? 이번에도 확실히 괴로울 겁니다!)

for 루프

이번에는 다른 종류의 반복문, for 루프를 다룹니다. 두 번째로 다루는 루프 유형입니다. for 루프와 관련된 모든 코드는 지정된 횟수만큼 반복됩니다. 파이썬은 특정 횟수만큼 루프를 반복하고, 정해진 횟수가 끝나면 루프를 종료합니다. 이것을 **순회**(traversing)라고 합니다. 데이터셋의 각 요소를 순회하며, 마지막 요소에 도달하면 멈춥니다.

for 루프에 사용하는 형식은 다음과 같습니다.

for 변수이름 in 데이터셋:

- for와 in은 파이썬에서 예약어로서 for 루프의 일부분입니다.

- 변수는 반복 변수라고 합니다.

- 반복 변수로 사용할 것은 프로그래머가 결정합니다.

- 보통 다음과 같이 작성합니다. `for name in roster`.

- 데이터셋은 문자열, 리스트, 파일 등이 가능합니다. 루프는 문자열의 각 문자, 리스트의 항목, 파일의 각 줄에 대해 반복됩니다.

- for 루프는 콜론으로 끝납니다.

while 루프와는 달리, for 루프는 각 반복마다 평가할 조건이 없습니다. 데이터셋의 각 항목에 대해 실행되고 자동으로 루프가 종료됩니다. 프로그램은 루프 블록의 다음 줄에서 계속 진행하거나 더 이상 줄이 없을 경우 프로그램을 종료합니다.

for 루프는 데이터셋에 기반하여 특정 횟수를 실행하기 때문에 유한 루프로 간주됩니다. 반면 while 루프는 무한 루프로 사용될 수도 있는데, 그 이유는 조건이 얼마나 오랫동안 True로 유지되면서 루프가 실행될지를 알 수 없기 때문입니다.

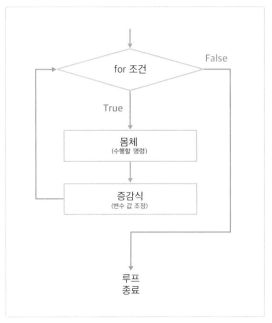

그림 18-1 for 루프 순서도

while 루프처럼, 루프 반복마다 실행해야 하는 코드 블록은 모두 for 문 아래에서 들여쓰기를 해야 합니다. 마찬가지로 파이썬은 for 루프 끝에도 :(콜론)을 요구합니다.

for 루프에서는 무한 루프를 걱정하지 않아도 됩니다. 일어날 수가 없습니다.

문자열과 for 루프

for 루프를 문자열과 함께 사용할 수 있습니다. for 루프는 문자열의 각 문자를 사용하며 반복됩니다. 다음 예에서는 문자열에 소문자 o가 몇 개 있는지 탐색합니다.

```
vowelo = 0
message = "Hello, World!"
for letter in message:
        if (letter == "o"):
                vowelo = vowelo + 1
        print(letter)
print("문자 'o' 가 나온 횟수는", vowelo , "번 입니다.")
```

문자열을 다루는 for 루프입니다. 코드 설명은 다음과 같습니다.

- letter가 반복 변수입니다. 먼저 문자열에서 H 값을 가져옵니다.

- if 문에서 소문자 o가 맞는지 확인합니다. 그렇다면 개수가 1만큼 증가합니다. 변수 letter의 값이 출력됩니다.

- 프로그램은 for 루프 시작 부분으로 돌아가고, 반복 변수는 다음 문자 e를 가져옵니다.

- if 문에서 소문자 o가 맞는지 확인합니다. 그렇지 않으면, 코드는 변수 letter의 값을 출력하려고 합니다.

- 프로그램은 for 루프 시작 부분으로 돌아가고, 변수 letter는 문자열의 다음 문자인 소문자 l을 가져옵니다.

느낌표까지 문자열의 각 문자를 사용해 처리가 계속됩니다. 문자열에 더 이상 문자가 없으면, for 루프는 종료되고 for 루프 블록 이후의 코드가 처리됩니다. 이 예에서는, 문자가 문자열에서 얼마나 자주 나타나는지를 출력합니다. 코드의 줄이 다음 줄로 이어지는 경우 \(백슬래시)를 사용하는 것을 잊지 마세요.

리스트와 for 루프

먼저 다양한 종류의 과일 리스트를 만듭시다. (리스트에 대한 자세한 내용은 16장을 참조하세요.) 이 예에서는 내장 메소드 **startswith( )**을 사용합니다. 이미 11장에서 배운 바 있습니다. 짐작처럼, 데이터 값의 첫 번째 문자가 괄호 안에 있는 문자와 동일한지 확인하는 메소드입니다. 이 예에서는 **startswith("b")**을 사용하겠습니다. 형식은 다음과 같습니다.

> 변수이름.startswith( )

이 메소드는 변수와 연관되어 있습니다. 따라서 형식은 다음 요소들을 포함합니다.

> 변수이름(또는 리스트이름) + 점 + 메소드이름 + ( )

괄호 안에는 특정 값을 지정합니다. 메소드는 변수나 리스트와 같은 객체에 묶여 있는 특수한 유형의 함수입니다.

다음 예에서 객체는 fruit이라는 리스트입니다. 만약 여러 종류의 과일 리스트를 가지고 있다면, 리스트를 for 루프로 반복할 수 있습니다.

```
fruit = ["strawberry", "blueberry", "banana", "grapes", "apple", "orange"]
for food in fruit:
        if (food.startswith("b")):
                print(food)
```

for 문법에 의해, 변수 food는 fruit 리스트에 있는 다음 과일을 가져옵니다. 반복문의 첫 번째 시행 때 food는 "strawberry"라는 단어를 가지고 있습니다. 이것이 b로 시작하지 않기 때문에 **food.startwith("b")**는 False가 되어 출력되지 않습니다.

"strawberry" 요소에 대한 처리가 끝난 다음,"blueberry"라는 값을 가져와 변수 food에 저장합니다. b로 시작하므로 조건이 True이고 변수 food의 내용이 출력됩니다. "blueberry" 요소에 대한 처리를 끝냅니다.

그런 다음 food는 "banana" 값을 가져옵니다. b로 시작하므로 조건이 True이고 변수 food의 내용이 출력됩니다. "banana"입니다.

이 루프는 "grape", "apple, "orange"라는 값으로 하나씩 계속됩니다. "orange"가 처리된 후, 우리가 멈추라고 하지 않아도 루프는 종료됩니다.

while 루프를 사용해도 for 루프와 동일한 처리를 수행할 수 있습니다. 그러나 처리할 데이터 값의 개수가 지정된 경우, for 루프를 사용하는 것이 좋습니다. while 루프의 경우에는, 무한 루프를 피하기 위해 추가 코드 줄이 필요할 수 있습니다.

여기 fruit 리스트를 처리했던 for 루프와 같은 while 루프의 예가 있습니다.

```python
fruit = ["strawberry", "blueberry", "banana", "grapes", "apple", "orange"]
count = 0                    # 처리한 항목의 수를 세는 변수
while (count < len(fruit)):
        if (fruit[count].startswith("b")):
                    print(fruit[count])
        count = count + 1
```

while 루프의 조건에 주목해 보세요. 내장 함수 **len( )**을 사용하고 있으므로 리스트에 몇 개의 요소가 있는지 계산할 필요가 없습니다. 그러나 조건은 리스트의 길이보다 작아야 합니다. 만일 조건에 '보다 작거나 같다(<=)'를 쓴다면, 리스트의 범위를 벗어났다는 **IndexError: list index out of range error** 오류가 발생할 겁니다. for 루프에서는 이런 오류를 걱정할 필요가 없습니다.

for 루프와 while 루프 모두 프로그램에서 자주 사용되며 상당히 유용합니다. 각각의 장점을 파악하고 상황에 맞게 하나를 골라 사용하면 됩니다.

알아두면 쓸모 있는 **팝업노트**

루프 내에 루프가 있는 것은 자주볼 수 있는 모습입니다. 이것을 **중첩 루프**(nesting loop)라고 합니다. 이 것은 for 루프와 while 루프 둘 다에서 가능합니다. 표나 행렬을 다룰 때는 이와 같은 구조가 필요합니다.

```python
for i in range(5):
        for j in range(5):
                print(i + j)
        print( )
```

01 파이썬은 코드에서 각 줄이 for 루프와 관련되어 있는지 어떻게 아나요?

02 for 루프 끝에 붙이는 구두점은 무엇인가요?

03 아래 코드의 반복문에서 가장 나중에 출력되는 두 줄은 무엇인가요?

```python
roster = ["BTS", "BLACKPINK", "TWICE", "IU"]
locker = 101
for name in roster:
        print("Locker# : ", locker, name)
        locker = locker + 1
```

04 "Mississippi" 문자열을 처리하는 for 루프를 작성해 보세요.

　　a. 이 문자열에서 s 문자가 몇 번 나오는지 세어 보세요.
　　b. 루프가 끝난 후 s 문자가 나온 총수를 출력하세요.

19장

함수

- 프로그래밍 언어에는 내장 함수가 있습니다. 사전 작성되어 검증된 코드 블록으로, 언제든 사용할 수 있습니다.

- 사용자 정의 함수를 파이썬에서 만들 수 있습니다.

- 인수는 함수에 데이터를 전달하는 데 사용되며, 매개변수는 함수 내 지역 변수로 인수로부터 받은 데이터를 사용합니다.

- 반환문은 함수를 즉각 종료하면서 호출 프로그램으로 다시 보낼 데이터를 포함할 수 있습니다.

함수(function)는 독립적인 코드 블록입니다. 일부 프로그래밍 언어에서는 프로시저(procedure)로도 불립니다. 이 코드 블록은 자동으로 실행되지 않습니다. 프로그램이 호출해야 실행됩니다. 여러분은 프로그램에서 필요한 횟수만큼 얼마든지 이 코드 블록을 호출할 수 있습니다.

프로그램을 설계하는 과정에서 프로그램 내 여러 위치에서 동일한 코드가 두 번 이상 필요할 때면, 그것은 함수를 만들어야 한다는 신호입니다. 다시 말해서 여러분이 프로그램을 짜고 있는데 똑같은 코드 블록을 복제하고 있다면, 그 코드 블록은 함수로 대체하라는 것입니다.

이렇게 하면 코드는 더 짧아지고 읽기도 쉬워집니다. 게다가 여러분이 함수 내에서 실수를 했거나 코드를 갱신해야 한다면, 함수 한 곳에서만 바꾸면 됩니다. 이것은 엄청난 이점입니다(루프도 같은 이점이 있습니다)!

내장 함수

책 초반부터 계속해서 **print( )** 함수를 비롯해 내장 함수들을 사용해 왔습니다. 내장 함수는 변경할 수 없으며, 프로그래밍 언어의 일부로 만들어져 자동으로 사용할 수 있습니다. 이들 내장 함수는 많은 프로그래머가 필요로 하는 알고리즘에 사용할 수 있습니다. 많은 개발자에게 필요한 이런 실행 블록을 프로그래밍 언어 개발자가 작성해 프로그래밍 언어에 포함시키는 것은 어떻게 보면 당연합니다. 개별 프로그래머가 동일한 필요성을 해결하기 위해 자신만의 코드를 개발하지 않아도 되기 때문에 시간을 절약할 수 있습니다.

예를 들어 **print( )** 함수를 생각해 봅시다. 이것은 파이썬에서 예약된 단어, 즉 예약어로 프로그램에서 사용할 때 시각적으로 색이 다릅니다. 예약되었다는 표시입니다. 함수는 항상 괄호가 있어야 합니다. 우리는 **print( )** 함수에 대한 코드를 볼 수는 없지만, 프로그램에 필요한 횟수만큼 사용할 수 있습니다. 이것 외에도 앞의 장에서 **int( )**, **float( )**, **str( )**, **input( )** 내장 함수를 사용했습니다.

파이썬은 자신이 알고 있는 함수 이름을 보면 프로그램을 일시 중지하고, 그 함수에 대한 코드를 찾아 실행한 다음, 처리를 재개하기 위해 일시 중지했던 프로그램의 위치로 되돌아옵니다. 이런 과정은 너무 빨리 일어나기 때문에 우리로선 알아차릴 수 없습니다.

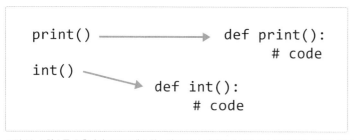

그림 19-1 함수를 호출하면 프로그램은 함수의 코드를 실행하기 위해 함수가 정의된 위치를 찾기 시작합니다.

프로그래밍 언어에는 함께 제공되는 많은 내장 함수가 있습니다. 사용 중인 프로그래밍 언어에 대한 공식 문서를 확인해 보면 어떤 내장 함수를 사용할 수 있는지와 사용 방법을 알 수 있습니다. 공식 파이썬 문서 사이트(docs.python.org/3/library/functions.html)로 가서 내장 함수 목록을 확인해 보세요.

Built-in Functions

The Python interpreter has a number of functions and types built into it that are always available. They are listed here in alphabetical order.

Built-in Functions

abs()	delattr()	hash()	memoryview()	set()
all()	dict()	help()	min()	setattr()
any()	dir()	hex()	next()	slice()
ascii()	divmod()	id()	object()	sorted()
bin()	enumerate()	input()	oct()	staticmethod()
bool()	eval()	int()	open()	str()
breakpoint()	exec()	isinstance()	ord()	sum()
bytearray()	filter()	issubclass()	pow()	super()
bytes()	float()	iter()	print()	tuple()
callable()	format()	len()	property()	type()
chr()	frozenset()	list()	range()	vars()
classmethod()	getattr()	locals()	repr()	zip()
compile()	globals()	map()	reversed()	__import__()
complex()	hasattr()	max()	round()	

그림 19-2 파이썬 공식 문서의 내장 함수 일람

사용자 정의 함수

프로그래머는 내장 함수를 사용할 수 있을 뿐만 아니라 자신만의 맞춤형 함수도 작성해 사용할 수 있습니다. 앞서 설명했듯이 같은 코드가 반복되고 있다면, 그 대신 함수를 사용해야 합니다. 우리가 만든 함수는 프로그램에서 사용하기 전에 먼저 정의되어야 합니다. 이런 이유로 프로그램 맨 위에서 헤더 주석 다음에 함수를 정의하는 것이 일반적입니다.

개발자

개발일자

프로그램에 대한 간략한 설명

함수 정의

파이썬에서는 **def** 예약어를 사용해서 함수를 정의한 다음 함수 이름과 괄호, 콜론을 사용합니다. 그런 다음 그 아래 부분에 함수에 딸린 코드를 들여쓰기로 작성합니다.

```
def functionName( ):
```

변수에서와 마찬가지로, 함수가 어떤 기능이 있는지 설명하는 이름을 짓는 것이 좋은 코딩 습관입니다. 이럼으로써 여러분의 코드는 더 쉽게 이해할 수 있게 됩니다. 단어를 조합해 함수 이름을 만들 경우 앞 단어는 소문자로 시작하고 다음 단어는 대문자로 시작합시다(camelCase). 내장 함수나 우리가 만든 함수 모두 괄호가 필수입니다.

파이썬은 :(콜론)을 사용해서 def 문의 끝을 표시합니다. [Enter] 키를 치면 파이썬이 다음 줄을 자동으로 들여쓰기해 줍니다.

함수의 들여쓰기는 파이썬에서 매우 중요합니다. 함수에 딸린 모든 코드는 함수 아래에서 한 수준씩 들여쓰기 됩니다. 함수가 종료되면 다음 코드 줄의 줄의 들여쓰기가 왼쪽으로 복귀합니다. 함수에 평균을 계산하는 코드를 추가해 봅시다.

```
def calcAvg( ):          # 함수 정의 규칙대로 괄호 사용

    avg = (12345 + 6789 + 54321) / 3

    print("The average is: ", avg)
```

함수는 호출하지 않으면 실행되지 않습니다. 프로그램에 투입되기만을 기다리며 정의된 곳에 그대로 있는 함수를 우리는 이름과 괄호를 써서 호출합니다. 그러면 프로그램이 일시 중지되고, 함수의 코드 블록을 찾아서 실행한 다음, 실행 결과를 호출했던 함수 위치로 되돌려 보내고, 이후 처리를 계속합니다.

```
calcAvg( )                # calcAvg( ) 함수 호출
```

함수를 호출할 때 콜론을 사용하지 않는 것에 유의합시다. 그렇지만 괄호는 있어야 합니다.

코드를 작성하고 검증까지 마친 함수를 가지고 있기만 하면, 여러분은 그것이 제대로 실행된다고 믿고 그냥 내버려 둘 수 있습니다! 이것은 내장 함수가 실행되는 것과 같은 방식입니다. 우리

는 코드 블록을 보거나 이해할 필요가 없습니다. 우리는 단지 함수가 공식 문서에서 '설명한 대로' 실행된다고 알고 있을 뿐입니다. 내장이나 사용자 정의 함수 모두 프로그램에서 필요한 횟수만큼 호출할 수 있습니다. 프로그램에서 정의할 수 있는 함수 수에도 제한이 없습니다.

함수를 만든 후에는 함수의 이름을 변수 이름으로 사용하지 말아야 합니다.

인수와 매개변수

함수에 데이터를 전달해야 하는 경우가 있습니다. **print( )** 함수를 사용하면서 괄호 안에 출력하려는 데이터를 넣을 때가 그렇습니다. 이렇게 함으로써 우리는 문자열, 변수, 출력 전에 계산해야 하는 식을 출력할 수 있습니다.

```
temp = 28                              # 현재 온도를 저장하는 변수
print("Hello, world!")                 # 문자열 출력
print("현재의 온도 :", temp)            # 변수 출력
print("화씨 온도로 변환 :", temp * 9/5 + 32)   # 식 계산 후 결괏값 출력
```

우리가 함수에 전달하는 데이터를 **인수**(argument)라고 합니다. 이 값은 함수가 호출될 때마다 바뀔 수 있는데, 그 덕에 함수는 대단히 강력해지고 유용해집니다. 앞의 예에서 인수를 찾아봅시다.

"Hello, world!" 가 인수입니다.

"현재의 온도 :" 와 **temp** 는 둘 다 쉼표로 구분된 인수들입니다.

"화씨 온도로 변환 :" 과 **temp * 9/5 + 32** 는 둘 다 쉼표로 구분된 인수들입니다.

매개변수(parameter)는 함수가 인수에게서 전달받은 값을 저장하는 장소로 사용됩니다.

그림 19-3 함수의 매개변수와 인수

모든 함수가 매개변수를 가지는 것은 아니지만 모든 함수에는 괄호가 필요합니다. 함수에 매개변수가 없더라도 함수를 정의하고 호출할 때는 반드시 괄호를 사용해야 합니다. 함수를 정의할 때 매개변수를 지정합니다. 예를 들어, "score"라는 함수에는 두 개의 매개변수가 있습니다.

```
def score(win, lose):          # 혼란스럽지 않게 하려고 아래 코드는 생략되었습니다.
```

이런 경우 score 함수를 호출할 때는 반드시 두 개의 인수를 사용해야 합니다. 다음 예는 두 개의 변수를 인수로 해서 함수를 호출하고 있습니다.

```
score(gameWin, gameLose)
```

아니면 두 개의 값을 인수로 해서 함수를 호출할 수도 있습니다.

```
score(42, 20)
```

아마 추측하겠지만, 값과 변수를 조합해 함수를 호출할 수도 있습니다.

```
score(22, visitorScore)
score(homeScore, 24)
```

인수를 올바른 순서로 두도록 해야 합니다. 다음과 같이 인수를 둔다면 함수의 코드는 부정확한 결과를 내놓을 것입니다.

```
score(gameLose, gameWin)
```

앞의 예에서 인수와 매개변수의 이름이 같지 않다는 점에 유의하세요. 이름을 동일하게 지정할 수도 있지만, 오류가 발생했을 때 해결이 훨씬 더 어려워집니다. 매개변수와 인수에 대해 창의적으로 다른 이름을 사용합시다!

많은 프로그래밍 언어는 인수와 매개변수의 자료형이 서로 일치하는 것에 대해 매우 예민합니다. 하지만 파이썬은 이런 면에서도 융통성이 있습니다.

```
team1 = 11

team2 = 7

score(team1, team2)


score(55, 44)


score("win", 42)
```

이것들은 모두 score 함수에 대한 호출로서 유효합니다. 파이썬은 자료형을 자동으로 변환하기에 함수에 전달된 문자열의 인수를 받아들입니다. 그렇지만 대부분의 프로그래밍 언어는 이 경우에 오류를 일으킵니다. 따라서 매개변수와 동일한 자료형의 인수를 사용하는 습관을 들이는 것이 좋습니다.

함수에 매개변수가 없는 경우 함수를 호출할 때 인수를 제공하지 않습니다. 마찬가지로 함수에 매개변수가 있는 경우, 함수를 호출할 때 인수를 제공해야 합니다. 두 개의 인수가 필요한 score 함수를 호출하면서 인수 하나 혹은 인수 없이 score 함수를 호출하면 파이썬은 다음과 같은 오류 메시지를 표시할 겁니다.

```
score(5)
Traceback (most recent call last):
        File "<pyshell# 29>", line 1, in <module>
                score(5)
TypeError: score() missing 1 required positional argument: 'lose'


score( )
Traceback (most recent call last):
        File "<pyshell# 30>", line 1, in <module>
                score( )
TypeError: score() missing 2 required positional arguments: 'win' and 'lose'
```

또한 다른 함수에 대한 호출을 인수 중 하나로 사용할 수도 있습니다. 다음은 highScore라는 함수입니다. 인수 중 하나가 score 함수를 호출하고 있으며 score 함수가 필요로 하는 두 개의 인수를 가지고 있습니다. 프로그램에서 score(Win, Loss) 코드를 실행하는 동안 highScore 함수에 대한 호출은 잠시 중지됩니다. score 함수를 호출한 결과는 하나의 인수로 사용될 것입니다. highScore( )의 다른 인수는 currentTopScore라는 변수입니다.

```
highScore(score(Win, Loss), currentTopScore)
```

이렇게 필요한 인수가 있다면 함수에서 인수로 다른 함수를 호출할 수도 있습니다.

전역 변수와 지역 변수

변수(variable)에는 프로그램에서 존재가 인식되거나 알려지는 범위(scope)나 영역(area)이 있습니다. 우리가 프로그램의 맨 위에 변수를 정의하면, 이 변수는 **전역**(global)이 됩니다. 전역 변수는 프로그램 전체에 존재가 알려져 사용할 수 있습니다.
변수를 함수에서 정의하면 해당 함수에서만 사용할 수 있으며 **지역**(local) 변수가 됩니다. 함수 외부에서 지역 변수를 참조하려고 하면 다음과 같은 오류 메시지가 뜹니다. 이 오류 메시지는 변수 이름에 해당하는 message가 정의된 함수 외부에서 사용되었다고 지적합니다.

```
NameError: name 'message' is not defined
```

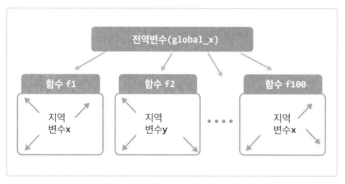

그림 19-4 전역 변수와 지역 변수의 관계

함수에서 전역 변수를 참조하려면 파이썬에 알려야 합니다. 이런 경우 global 예약어를 사용하고, 전역으로 사전에 정의된 변수 이름을 사용하면 됩니다. 함수 정의에 이어서 다음과 같은 코드를 배치하면 전역 변수를 참조할 수 있습니다.

```
def myFunction( ):    # 이 함수는 counter라는 전역 변수를 사용합니다.

    global counter

    counter = counter + 1
```

함수에서 전역으로 사용하려는 변수는 이미 정의되어 있어야 합니다. 함수에 global 문을 포함시키는 것을 잊은 채로 함수에서 사용하면 파이썬은 대신 동일한 이름의 지역 변수를 만듭니다. 이것은 좋지 않습니다. 왜냐하면 프로그램이 같은 이름의 두 개의 변수를 가지게 되기 때문입니다. 하나는 전역 변수고 하나는 지역 변수입니다. 그러면 서로 다른 두 변수가 있다는 것을 인식

하지 못하기 때문에 디버깅이 어려워집니다. 아마도 여러분은 전역 변수만을 사용하고 있다고
생각할 것이고, 프로그램 실행 결과는 몇몇 테스트 중에 정확하게 나오지 않을 것입니다.

```
def myFunction( ):          # 이 함수는 counter라는 지역 변수를 만듭니다.

        counter = counter + 1
```

어떤 일이 벌어지는지 다음 예에서 보다 자세히 살펴봅시다. 먼저 "myself"라는 값을 가진 전역
변수 name이 있습니다. 함수 **func1( )**은 "me" 값을 가진 지역 변수 name을 가지고 있습니다.
함수 **func2( )**는 **global** 예약어를 통해 전역 변수 name을 사용합니다.

```
def func1( ):
        name = "me"
        name = "I"                    # 지역 변수를 갱신합니다.
def func2( ):
        global name
        name = "me myself and I"      # 전역 변수를 갱신합니다.
# 메인 프로그램
name = "myself"                       # 전역 변수를 초기화합니다.
func1( )
func2( )
print(name)
me myself and I                       # 결과는 전역 변수 값이 출력됩니다.
```

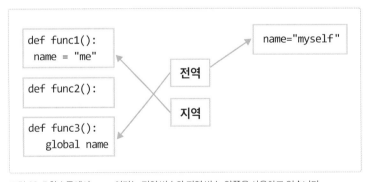

그림 19-5 함수들에서 name이라는 전역 변수와 지역 변수, 양쪽을 사용하고 있습니다.

함수에서 전역 변수 값만 사용하고 변경하지 않는 경우 전역으로 선언하지 않으면 지역 변수가 만들어지지 않는다는 점에 유의하세요. 대입문이 실행될 때 왼쪽 변수에 대해서만 지역 변수가 만들어집니다. 다음 예에서는 새로운 지역 변수인 timer가 만들어졌습니다. 전역 변수 time과 delay는 값만 사용되고 변경되지 않으므로(즉, 쓰지 않고 읽기만 했으므로) 함수에서 전역으로 정의할 필요가 없습니다.

```
def howLong( ):
        timer = time + delay
        print("Total time : ", timer)
time = 55
delay = 4
howLong( )
Total time: 59
```

함수의 return 문

함수 중 일부는 return 문을 사용합니다. return 문은 두 가지 용도가 있습니다. 하나는 코드 종료 전에 함수를 종료하는 것인데, 이것은 break 문이 루프에서 작동하는 방식과 유사합니다. 다른 용도는 호출한 프로그램에 값을 반환하는 것입니다.

그림 19-6 return 문의 두 가지 용도

예를 들어, 리스트의 모든 요소가 짝수인지 알아보는 함수를 정의할 수 있습니다. 홀수를 찾으면 함수를 종료하게 됩니다. 숫자가 짝수인지 알아보기 위해 나머지 연산을 사용하려고 합니다. 홀수라면, 즉시 호출한 프로그램으로 되돌아갈 것입니다.

```
01    #  함수 정의
02    def onlyEven(numbers):
03            total = 0
04            for num in numbers:
05                    if (num % 2 != 0):
06                            #  "홀수 발견" 메시지를 호출한 프로그램에 반환
07                            return("홀수 발견")
08                    else:
09                            total = total + num
10            print("모두 짝수입니다.")
11            #  짝수로만 이루어진 수의 총합을 반환
12            return total
13
14    #  리스트 정의
15    nums = [2, 4, 6, 8, 11 , 12, 14, 16, 18, 20]
16
17    #  메인 프로그램
18    #  onlyEven 함수 호출
19    print(onlyEven(nums))
```

프로그램은 **onlyEven( )** 함수를 호출하면서 인수로 nums라는 이름의 리스트를 전달합니다. 이 리스트에 홀수가 섞여 있으면, 프로그램은 "홀수 발견"이라는 메시지를 반환하고, 즉시 호출한 프로그램으로 돌아가 메시지를 출력합니다. 그런 다음 프로그램을 종료합니다.

리스트의 숫자가 모두 짝수라면, 전체 리스트를 처리한 후 "모두 짝수입니다."라는 메시지를 출력하고 리스트에 있는 숫자의 합을 호출한 프로그램으로 반환하며, 그런 다음 총합을 출력합니다.

식의 일부로서 함수를 사용해 값을 계산하고 반환하는 것이 가능합니다. 그런데 그렇게 하면, 함수들이 같은 곳에 과도하게 쌓일 수 있습니다. 이것은 급격하게 혼란을 부추깁니다. 각 단계를 끊어 중간 단계를 변수에 저장하는 것이 혼란을 줄여 줍니다.

```
01      def circumference(radius):    #  원의 둘레(2*π*r)를 구하는 함수
02              circ = 2 * 3.14 * radius
03              return circ
04
05      def areaCircle(radius):    #  원의 면적(π*r*r)을 구하는 함수
06              area= 3.14 * radius * radius
07              return area
08
09      #  텍스트와 변수 rad를 출력합니다.
10      #  그런 다음 함수 circumference를 호출합니다.
11      #  함수를 처리하는 동안 출력문은 멈춰 있습니다.
12      #  함수가 계산한 값을 반환하고 출력합니다.
13      rad = 5
14      print("반지름 ", rad, " 인 원의 둘레 : ", circumference(rad))
15
16      #  중간 단계를 거쳐 원의 면적을 계산하는 예
17      area = areaCircle(rad)
18      print("반지름 ", rad, " 인 원의 면적 : ", area)
```

프로그램에서 함수는 아주 큰 힘을 가지고 있습니다. 문제를 풀기 위해서는 내장 함수와 함께 사용자 정의 함수를 만들어서, 코드에서 필요한 만큼 두 유형을 적절히 사용하면 됩니다. 파이썬에서 기본적으로 제공하고 있는 내장 함수 중 중요한 것은 알아 두어야 하고, 그 외에 필요한 함수는 직접 만들어서 사용할 수 있어야 합니다.

인수는 함수에 데이터를 전달하며, 기존의 전역 변수는 global 명령과 함께 사용할 수 있습니다. 또한, 함수는 필요한 경우 호출한 프로그램으로 데이터를 다시 보낼 수 있습니다. 함수는 호출될 때까지 실행되지 않는다는 것을 기억해 둡시다. 이것은 종종 새내기 프로그래머에게 혼란을 주는 부분입니다.

01 프로그래머는 단어가 예약어인지 여부를 어떻게 알 수 있나요?

02 프로그래머가 내장 함수를 변경할 수 있나요?

03 변수가 내장 함수와 같은 이름을 사용할 수 있나요?

04 함수를 새로 만들면서 제일 먼저 사용하는 예약어는 무엇인가요?

05 함수를 작성할 때 구두점을 사용하나요?

06 함수 정의가 끝났는지를 파이썬은 어떻게 아나요?

07 함수를 호출하는 방법에는 어떤 것이 있나요?

08 평균 온도를 계산하는 함수를 정의해 보세요.

　　a. 계산할 때 최소 4개의 숫자를 사용하세요.
　　b. 다음과 같이 출력하세요. "평균 온도는 xx도입니다." xx에 계산한 온도 값이 들어가게 합니다.
　　c. 그런 다음 함수를 호출해 올바르게 작동하는지 테스트하세요.

09 매개변수와 인수는 어떻게 다른가요?

10 함수에 괄호가 필요한가요?

11 인수나 매개변수를 구분할 때 사용하는 구두점은 무엇인가요?

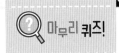
12　**두 값의 평균을 계산하는 함수를 정의해 보세요.**

　　a. 두 개의 매개변수를 사용하세요.

　　b. 두 매개변수가 전달한 값을 사용해서 평균을 계산하세요.

　　c. 결괏값을 출력하세요.

13　**함수에 정의된 변수는 전역인가요, 지역인가요?**

14　**전역 변수의 참조 범위는 어떻게 되나요?**

15　**함수에서 전역 변수를 참조하려면 어떻게 해야 하나요?**

16　**myPets라는 함수를 만들고 currentPet이라는 전역 변수를 추가해 보세요.**

17　**매개변수가 두 개인 함수를 정의해 보세요.**

　　a. if 문을 사용해 어느 숫자가 더 큰지 확인하세요.

　　b. 더 큰 수를 반환하세요.

20장

라이브러리와 API

핵심 개념

- 파이썬에는 프로그램에서 사용할 수 있는 사전에 작성된
  모듈이 있습니다.

- 라이브러리는 사전에 작성된 코드입니다. 라이브러리는
  작성하고 있는 프로그램 코드에 넣을 수 있습니다.

- **API**(Application Programming Interface)는 다른 프로그램과
  상호작용할 수 있는 코드, 프로세스, 도구를 제공합니다.

파이썬에는 사전 작성된 모듈이 있으며, 누구나 사용 가능한 공유 코드 형태의 외부 라이브러리가 있습니다. 그뿐만 아니라 우리 프로그램이 외부 프로그램과 상호작용하려고 할 때 이를 지원하는 API도 있습니다. 이들은 사전에 작성해서 검증된 코드라 우리가 다시 작성할 필요가 없습니다. 이미 작성된 코드를 사용한 라이브러리와 API가 있는지 항상 확인합시다.

사용 가능한 모듈, 키워드, 기호, 주제

첫째, 파이썬이 제공하는 모듈이 있습니다. 이미 사용할 수 있어서 우리가 다시 작성하지 않아도 됩니다. 컴퓨터에 내려 받은 파이썬 IDLE 도구를 사용합니다. 셀의 프롬프트에서 다음을 입력합시다.

```
>>> help( )
```

help( )를 사용하면 궁금한 것에 대한 정보를 알 수 있습니다. help> 프롬프트에서 다음을 입력합시다.

```
help> modules
```

파이썬3에서 사용할 수 있는 모든 모듈이 목록으로 표시됩니다. 모듈에 대한 자세한 정보를 보려면 해당 이름을 입력하면 됩니다.

셀 프롬프트에 입력할 모듈의 이름을 이미 알고 있는 경우, 다음과 같이 입력합시다.

```
>>> help(module_name)
```

키워드(예약어), 기호, 주제에 대한 자세한 내용을 알아볼 때도 동일한 과정을 거칩니다.

```
>>> help()
help> keywords
help> symbols
help> topics
```

키워드, 기호, 주제의 이름을 이미 알고 있는 경우 help( ) 함수의 괄호(인수)에 해당 이름을 입력합니다. 이름은 따옴표로 묶어야 합니다.

```
>>>help("keyword_name")
>>>help("symbol")
>>>help("topic")
```

모듈에서 사용 가능한 파일을 확인할 때 함수 **dir( )**을 사용하는 방법도 있습니다. 먼저 모듈을 가져옵시다. 그런 다음 **dir( )**로 모듈의 이름을 전달하면 모듈 내 모든 파일의 이름을 볼 수 있습니다.

```
>>> import random

>>> dir(random)
```

출력 결과는 random 블록을 가져왔을 때 사용할 수 있는 모든 파일의 이름일 것입니다. **dir( )** 또한 인수 없이 사용할 수 있습니다. 이 경우 현재 프로그램에서 사용할 수 있는 모든 이름이 나열됩니다. 내장 함수와 변수 목록을 보려면 다음처럼 하면 됩니다.

```
>>> import builtins

>>> dir(builtins)
```

온라인 편집기를 사용하든 컴퓨터에 내려 받은 버전을 사용하든 항상 파이썬 공식 문서 (https://docs.pythno.org/ko/3/)를 검색해 각 모듈에 대한 설명과 함께 사용할 수 있는 키워드, 기호, 주제를 확인하도록 합니다.

그림 20-1 파이썬 3.9.1의 공식 문서 화면 캡처

항상 최신 소프트웨어 버전이 공개되어 있습니다. 필요하면 페이지 왼쪽에서 이전 버전의 문서를 볼 수 있습니다.

파이썬에서 사용 가능한 모듈

파이썬에는 리스트와 문자열에서 설명했던 내장 함수처럼 사용 가능한 모듈이 많이 있습니다. 다른 프로그래머가 작성해 놓은 모듈도 사용할 수 있습니다. 우리가 작성한 함수도 파일로 저장해 다른 프로그래머와 공유할 수 있습니다.

모듈은 여러분의 프로그램으로 가져와 코드에 포함시킬 수 있는 파일입니다. 이 파일에는 여러분의 프로그램에서 사용할 수 있는 여러 가지 함수가 포함되어 있습니다. 프로그램에서 함수를 호출하기 전에 모듈을 가져와야 합니다. 일반적으로 허용되는 사용 방법은 프로그램 맨 위에서 헤더 주석 다음에 import 문을 작성하는 것입니다. 다음 예는 난수 발생기로, 프로그램에서 자주 사용합니다.

> # 개발자

> # 처음 개발일자/최근 수정일자

> # 프로그램에 대한 간략한 설명

주석을 작성한 뒤, random 모듈을 가져옵니다.

```
import random
```

가져온 모듈의 함수를 사용하려면 다음과 같은 형식을 따릅니다.

블록이름.파일이름

다음은 random 모듈의 **randint( )** 함수를 사용해 1과 100 사이의 임의의 정수를 생성하는 예입니다.

```
random.randint (1, 100)
```

공유할 모듈을 찾거나 만드는 방법

파이썬 패키지 인덱스(PyPI)는 모든 프로그래머가 언제든 사용할 수 있도록 개발한 패키지를 공유하는 사이트입니다. 여기에는 패키지 인덱스를 사용하면서 도움이 되는 자주 묻는 질문(FAQ)과 온라인 사용자 가이드가 있습니다. 두 가지 모두 유용합니다.

또한 다른 프로그래머와 공유하기 위해 코드를 패키징하는 과정에서 따라야 하는 지침과 안내서도 있습니다.

최신 정보와 사용 가능한 패키지 목록은 PyPI 웹사이트(**https://pypi.org/**)에서 확인할 수 있습니다.

그림 20-2 파이썬 패키지 인덱스 웹사이트 메인 화면

라이브러리와 API

내장 함수와 마찬가지로 검색 엔진이나 비디오 사이트와 같은 웹 기반 프로그램과 연결하고 싶을 때가 있습니다. 이러한 사이트의 대부분은 여러분의 사이트와 통합하는 데 사용할 수 있는 코드를 제공합니다.

프로그래머는 여기에 무엇이 들어 있고 각각을 어떻게 사용하는지 알아야 합니다. API(Application Programming Interface)는 프로그래머에게 이들 정보를 제공합니다. 자주 사용하는 파이썬 API 목록과, 이들 API와 성공적으로 연결하기 위해 여러분의 프로그램에 추가해야 하는 코드 링크를 알려 주는 사이트가 많이 있습니다. 파이썬 API에 대한 온라인 검색을 통해 정보를 찾을 수 있을 겁니다.

> 이 장에는 마무리 퀴즈가 없습니다. 바로 다음 장으로 가서 몇 가지 프로젝트를 시작합시다!

영재반 :
파이썬 프로젝트

핵심 개념

- 이번 장에서는 지금까지 배운 핵심 개념을 5가지 새로운 프로젝트에 적용하고자 합니다.

책 전반에 걸쳐, 우리는 새로운 개념과 이를 파이썬에서 어떻게 구현하는지를 배우기 위해 코드 섹션들을 작성했습니다. 이제 여러분은 프로그램을 작성할 수 있는 기본적인 기술을 가지고 있으니, 함께 만들어 봅시다! 이 책의 여백이 프로그램에 사용할 수 있는 여백보다 작다는 것을 명심하세요. 여기서 코드를 여러 줄에 분산시켰다고 해서 Python IDLE에서 똑같이 할 필요는 없습니다. print() 문 안쪽에 텍스트를 분할해야 할 경우 \(백슬래시)를 사용해서 다음 줄에서 텍스트가 계속됨을 파이썬에 알려야 합니다. 그러지 않으면 오류가 발생합니다. 마찬가지로 한 줄의 긴 코드가 여러 줄의 코드로 분할될 경우, 쉼표나 괄호 등으로 자연스러운 중단점에서 분할해야 합니다.

크레이지 토크 2.2절의 코드

'크레이지 토크'는 매드립스(Mad Libs, 선택한 단어로 문장을 만드는 게임) 게임의 연장선상에 있습니다. 특정 유형의 단어를 플레이어에게 요청하고 해당 단어를 사용해서 재미있는 문장을 출력하려고 합니다. 영어로 된 단어를 입력하면 자동으로 문장을 만들어 주는 프로그램입니다.

소프트웨어 개발 수명주기를 사용해서 프로젝트를 계획할 것입니다. 코딩을 시작하기 전에 게임이 어떻게 작동할지 확실히 알아야 합니다. 먼저 얼마나 많은 단어를 플레이어에게 요청할 것인지, 그 단어는 어떤 유형의 단어들인지(명사, 형용사 등) 알아야 합니다. 이 게임을 의뢰하는 고객으로서 선생님은 플레이어가 명사 2개, 형용사 2개, 동사 1개를 제공했으면 합니다. 이것들은 문장의 특정 위치에 채워질 것입니다. 게임의 각 라운드마다 플레이어에게 이러한 정보를 요청해야 합니다. 그럼 알고리즘을 도식화하기 위해 설계 과정을 거치면서 순서도를 만들어 보겠습니다.

Step1 출발점과 입력란을 추가합시다.

Step2 다음으로, 우리는 몇 가지 표준 단어와 플레이어의 단어로 채울 수 있는 공란들로 문장을 구성해야 합니다. 리스트는 우리 문장에서 사용할 여러 구문을 담을 수 있는 좋은 방법이 될 것입니다. 플레이어가 모든 것을 제공할 필요가 없도록 이것들을 미리 준비해야 합니다. 프로세스 상자를 순서도에 추가해서 초기 단어와 목록을 설정해 봅시다. 입력을 요청하기 전에 이 작업을 할 것이므로, 시작 직후에 바로 이 상자를 놓고 초기화 후 입력 단어를 이동시키도록 합니다.

Step3 필요한 모든 단어가 갖춰졌다면, 이제 문장을 형성해야 합니다. 우리는 문장들이 각자 다르길 바라며, 재미있을수록 좋습니다. 이렇게 할 수 있는 좋은 방법은 필요할 때마다 문장 구문 목록에서 임의로 요소를 선택해서 출력하는 것입니다. 단어 목록에서 문장을 생성하기 위해 순서도에 프로세스 상자를 추가해야 할 것입니다. 또한 결과를 출력하기 위해 하나를 더 추가할 수 있습니다.

여기 우리 알고리즘을 설명하는 완성된 순서도가 있습니다.

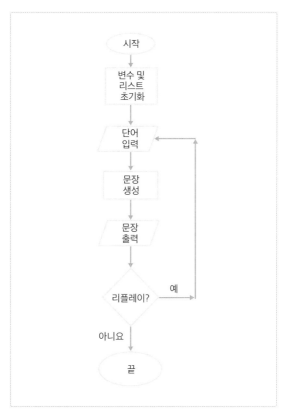

그림 21-1 크레이지 토크 게임의 예시 순서도

이제 계획을 실행하기 위한 코드를 작성합시다. 먼저 코드 섹션을 설정해서 게임을 시작하고 플레이어에게 단어를 요청할 수 있습니다.

서로 다른 단어들을 보유하기 위해 다섯 개의 변수가 필요할 것입니다. 각각의 변수들을 잘 설명할 수 있는 이름들이 필요합니다. 단어 유형을 혼동하지 않도록 변수들을 noun1, noun2, adj1, adj2, verb라고 부르려고 합니다. 프로그램을 시작하기 앞서 맨 위에 이름, 날짜와 함께 프로그램에 대한 간단한 설명을 포함한 주석을 올린 다음 변수를 정의하고 초기화합니다.

```
# 작성자

# 작성일

# 단어를 사용해 장난 문장을 만드는 프로그램

# 변수 선언 및 초기화

noun1 = ""
noun2 = ""
adj1 = ""
adj2 = ""
verb = ""
```

문장 조각 중에서 무작위로 값을 가져오고 싶기 때문에, 코드를 작성할 때 random 라이브러리를 가져와야 합니다. 코드에 다음과 같이 추가합니다.

```
import random
```

게임 방법에 대한 지침을 제공해야 합니다. 새로운 게임이 시작될 때마다 이것을 화면에 표시하려고 합니다. 원할 때 호출해서 표시할 수 있도록 지침을 함수로 만들어 둡니다. 코드의 이 부분은 import 문 다음 프로그램의 맨 위쪽으로 가야 합니다. 새로운 줄을 만드는 이스케이프 문자는 \n입니다. 다음에서는 \n을 사용해서 화면에 게임 방법을 보기 좋게 출력하는 데 사용했습니다. 그리고 \는 코드가 여러 줄에 걸쳐 있을 때 필요한 연속 문자이기도 합니다.

```
def instructions():
        print("크레이지 토크에 오신 것을 환영합니다. \
               여러분의 이야기를 쓰는 것을 돕는 게임입니다. \
               \n저는 당신에게 명사나 동사와 같은 단어들을 물어볼 것입니다.")
        print("당신의 단어들을 사용해서 문장을 만들 것입니다. \
               얼마나 재미있어질지 확인해 봅시다. \
               \n만들어지는 문장은 영어입니다. \
               영어로 된 쉬운 단어를 넣어 주세요!! \n")
```

이제, 우리는 리스트로 사용자가 입력한 단어와 단어를 연결하기 위해 다음과 같이 설정하겠습니다.

```
startSent = ["The", "A", "One", "How", "Be", "If", "What", "Who", "When", "Where"]
midSent = ["away from the", "out of the", "in the Lake with the", "ran to", "swam from"]
```

사용자에게 게임을 하고 싶은지 물어볼 준비가 되었습니다.

```
print("게임을 시작하시겠습니까?")
play = input("'y' 또는 'n'을 입력하세요.: ")
```

대답이 "y"라면 지침을 화면에 출력해야 하니, 그 기능을 하는 함수를 추가합시다. 그 함수는 플레이어가 "y"를 입력했는지 확인하기 위한 if 문과 함께 단독으로 쓰일 수도 있지만, 여기서는 루프 안에 넣겠습니다. 사용자가 플레이를 원할 경우 실행되도록 **while** 루프를 설정할 수 있습니다.

```
while ( play == "y" ) :
    instructions( )
    noun1 = input("명사를 입력하세요: ")
    adj1 = input("이제 형용사를 입력하세요: ")
    verb = input("이제 동사가 필요해요: ")
    noun2 = input("다른 명사를 입력해 주세요: ")
    adj2 = input("형용사가 하나 더 필요해요: ")
```

이제 문장 목록에서 임의의 부분을 선택하고 사용자의 단어로 문장을 구성함으로써 문장을 설정해야 합니다. 이것은 여전히 **while** 루프 아래에 있습니다. 이 출력문에서는 많은 일이 벌어졌습니다! 분해해서 살펴봅시다.

먼저, startSent 목록에서 무작위로 항목을 고르고 있습니다. 항목 수를 세고 길이를 하드코딩하는 대신, **len( )** 함수를 사용해서 목록의 길이를 결정한 다음, 마지막 인덱스 위치를 얻기 위해 하나를 뺐습니다. 그러면 목록에 항목을 더 추가하더라도 **radom.randint( )** 문의 항목 수를 업데이트할 필요가 없습니다. 중심구의 무작위 선정에도 같은 구조를 사용했습니다. 약간 겁이 날지도 모르지만, 여러분은 이미 그것들을 사용하는 데 필요한 모든 지식을 가지고 있습니다. 출력문에 있는 나머지 항목은 사용자가 입력한 단어를 담고 있는 변수들입니다.

```python
print(startSent[random.randint(0, len(startSent) - 1)], adj2, noun1, verb,
    midSent[random.randint(0, len(midSent) - 1)], adj1, noun2, "!")
```

재미있는 문장을 출력한 후에 플레이어에게 한 판 더 하고 싶은지 물어봅시다.

```python
print("게임을 다시 하시겠습니까?")
play = input("'y' 또는 'n'을 입력하세요.: ")
```

마지막으로, 게임을 해 준 플레이어에게 감사해야 합니다. 이 문장은 **while** 루프 외부에 있으므로, 들여쓰기되지 않고 왼쪽 여백과 대등하게 놓입니다.

```python
print("즐겨 주셔서 고마워요!")
```

다음은 완료된 코드입니다.

```python
#   작성자
#   작성일
#   단어를 사용해 장난 문장을 만드는 프로그램

import random
```

```python
# 프로그램의 기능을 출력합니다.
def instructions():
        print("크레이지 토크에 오신 것을 환영합니다. \
여러분의 이야기를 쓰는 것을 돕는 게임입니다.\
\n저는 당신에게 명사나 동사와 같은 단어들을 물어볼 것입니다.")
        print("당신의 단어들을 사용해서 문장을 만들 것입니다.\
얼마나 재미있어질지 확인해 봅시다. \
\n만들어지는 문장은 영어입니다. \
영어로 된 쉬운 단어를 넣어 주세요!! \n")

# 변수 선언 및 초기화
noun1 = ""
noun2 = ""
adj1 = ""
adj2 = ""
verb = ""

startSent = ["The", "A", "One", "How", "Be", "If", "What", "Who", "When", "Where"]
midSent = ["away from the", "out of the", "in the Lake with the", "ran to", "swam from"]

print("게임을 시작하시겠습니까?")
        play = input("'y' 또는 'n'을 입력하세요.: ")

while ( play == "y" ) :
        instructions()
        noun1 = input("명사를 입력하세요: ")
        adj1 = input("이제 형용사를 입력하세요: ")
        verb = input("이제 동사가 필요해요: ")
        noun2 = input("다른 명사를 입력해 주세요: ")
        adj2 = input("형용사가 하나 더 필요해요: ")

        print(startSent[random.randint(0, len(startSent) - 1)], adj2, noun1, verb,
            midSent[random.randint(0, len(midSent) - 1)], adj1, noun2, "!")
            print("게임을 다시 하시겠습니까?")
        play = input("'y' 또는 'n'을 입력하세요.: ")

print("즐겨 주셔서 고마워요!")
```

영어로 된 단어를 사용해서 문법은 맞지만 사용되지 않는 이상한 문장을 만들어 봤습니다. "하늘을 나는 금붕어가 마우스와 밥을 먹는다!" 같은 이상한 문장이 영어로 만들어질 겁니다. 어떤 문장이 어떻게 만들어질지 아무도 모릅니다. 실제 이런 문장도 만들어졌습니다. "Where high dog run in the Lake with the blue bus!"

코드를 철저히 테스트하세요. 선생님은 항상 오타를 찾아내고, 고칠 때까지 코드는 실행되지 않습니다. 올바른 프로그램을 쓰는 방법은 여러 가지가 있습니다. 비록 여러분의 프로그램이 이것과 똑같지 않다고 해도, 여전히 올바른 프로그램일 수 있습니다! 프로그램을 향상시키거나 개선할 수 있는 방법을 찾으세요. 플레이어를 위해 더 재미있게 만드세요. 여러분은 계속해서 재미있는 문장을 만들기 위해 startSent와 midSent 목록을 추가해 나갈 수 있습니다.

프로젝트 2: 가위바위보

대부분의 사람들은 가위바위보 게임을 할 줄 압니다. 그저 시간을 때우기 위해서든, 누가 쓰레기를 버리거나 잔심부름을 할지 결정하기 위해서든 가위바위보를 해 본 적이 있을 겁니다. 가위바위보 게임은 재미있고 프로그래밍하기도 쉬운 게임입니다! 한번 파이썬으로 프로그래밍해 봅시다!

설계 단계에서는, 게임의 규칙을 확실히 이해하도록 합니다. 카운트다운 후, 두 플레이어는 가위(검지와 중지를 세워서 가위 모양을 만듦), 바위(주먹을 쥠), 보(손바닥이 보이게 펼침)의 상징을 만들어 냅니다. 라운드의 승자는 다음에 의해 결정됩니다.

- 바위가 가위를 부숩니다.

- 보가 바위를 덮습니다.

- 가위가 보를 자릅니다.

게임을 하는 두 플레이어가 모두 같은 것을 낸다면 비깁니다.

이 솔루션을 설계하기 위해 의사코드를 사용합시다. 도표를 선호한다면 순서도를 만들 수도 있습니다.

각 선택 항목에 대한 사용자 지침을 제공합니다.

컴퓨터에 대한 임의 옵션을 선택합니다.

사용자의 선택 항목을 컴퓨터의 선택 항목과 비교합니다.

동일하다면, "무승부!"를 출력합니다.

한 가지 선택이 가위고 다른 한 가지가 바위라면 "바위 승리"를 출력합니다.

한 가지 선택이 바위고 다른 한 가지가 보라면 "보 승리"를 출력합니다.

한 가지 선택이 보이고 다른 한 가지가 가위라면 "가위 승리"를 출력합니다.

플레이어에게 다시 하고 싶은지 물어봅니다.

여기 예시 순서도도 있습니다.

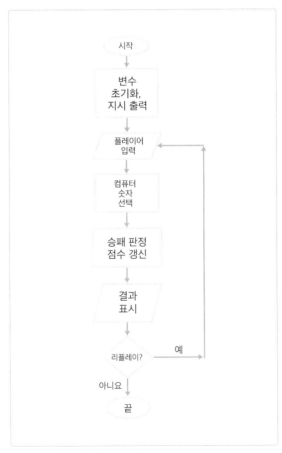

그림 21-2 가위바위보 게임의 예시 순서도

이제 코딩을 시작합시다. 항상 그렇듯이, 맨 위의 주석부터 출발합니다.

```
# 이름
# 날짜
# 가위바위보 게임: 플레이어 vs 컴퓨터
```

이 프로그램을 위해서는 random 모듈을 사용해야 합니다.

```
import random
```

이제 플레이어를 위해 게임 지침을 출력해야 합니다. 프로젝트1 '크레이지 토크'에서는 이를 위한 함수를 만들었지만, 이번에는 그냥 게임의 시작 부분에 간단히 출력하기만 하겠습니다. 1 = '가위', 2 = '바위', 3 = '보'처럼 숫자를 입력해 선택할 수도 있습니다. 하지만 각 단어의 첫 글자를 사용하는 것이 더 이해하기 쉬우므로, 영어 단어의 첫 글자를 사용하는 것으로 진행하겠습니다.

가위는 scissors이므로 's', 바위는 rock이므로 'r', 보는 paper이므로 'p'로 합니다. 한글을 사용할 경우 코드 문제 때문에 종종 인식하는 데 문제가 생길 수 있답니다. 그래서 아쉽지만 가위, 바위, 보를 나타내는 신호로 알파벳 s, r, p를 사용하겠습니다. 앞으로의 예제는 인쇄물의 좌우폭 제한 때문에 실제로는 한 줄에 써도 될 명령을 여러 줄에 걸쳐 쓴 것들입니다. 실제 프로그램에서는 전체 출력문을 한 줄에 표시해도 되고, 혹은 \ (백슬래시)를 사용해서 내용이 계속된다는 것을 표시하면서 새 줄로 이어가도 됩니다. 이 내용은 print()를 사용하는 경우에 자주 보게 될 것입니다. 긴 줄을 여러 줄로 만들 때 다음처럼 할 수 있습니다.

```
print("가위바위보 게임에 오신 것을 환영합니다!")
print("컴퓨터와 게임을 하려면 다음 규칙에 따라야 합니다.:")
print("'r' 을 입력하면 주먹\n 'p' 를 입력하면 보\n 's' 를 입력하면 가위: ")
user = input( )
```

print( ) 문을 사용할 때 이스케이프 문자를 사용해서 형식을 지정할 수 있었습니다. 다음으로는 컴퓨터의 선택을 나타내기 위해 무작위 숫자를 생성해야 합니다.

```
computer = random.randint(1,3)
```

컴퓨터가 선택한 숫자를 플레이어가 게임에서 사용하기 위해 타이핑한 문자(s, r, p)와 같은 종류가 되도록 변환하겠습니다. 그러지 않으면, 숫자를 문자와 비교하게 될 것이고, 절대 맞아떨어지지 않을 겁니다! 프로그램을 흐트러트리지 않기 위해 함수를 하나 만들어 봅시다. 함수는 사용하기 전에 정의되어야 하므로, 그것은 import 문 다음, 프로그램 가장 위로 올라가야 합니다. 컴퓨터가 만들어낸 임의의 숫자 1, 2, 3을 s, r, p로 변환하는 이 함수를 **convert( )**라고 이름 짓겠습니다.

```
def convert():
    global computer
    if (computer == 1):
        computer = 'r'
    elif (computer == 2):
        computer = 'p'
    else:
        computer = 's'
```

이 함수에서는 컴퓨터가 만든 숫자를 문자로 변환합니다. 이때 함수 외부에서 만들어진 변수에 변환된 값을 저장해야 하기 때문에 전역 변수(global)를 사용해야 합니다. 전역 변수를 포함하지 않으면 지역 변수가 만들어진다는 것을 기억하나요? 지역 변수는 만들어진 그 지역에서만 사용되고 만들어진 범위를 벗어나면 사라집니다. 즉, 함수 안에서 만들어진 지역 변수는 함수 바깥에서는 사용할 수 없습니다. 따라서 computer 변수를 전역 변수로 선언하지 않으면 매우 다양하고 감당할 수 없는 오류들이 쏟아질 겁니다. 그때 프로그램은 부정확하고 혼란스러운 결과를 낳게 됩니다!

플레이어의 응답은 숫자로 쉽게 변환할 수 있습니다. 프로그램을 올바르게 코딩하는 데는 다양한 방법이 있다는 것을 기억하세요. 프로그램에 만들어 둔 **convert( )** 함수를 호출하는 것을 잊어서는 안 됩니다. 함수는 호출하지 않으면 실행되지 않습니다.

이제 if - elif/else 구조를 사용해서 모든 경우를 비교하고 결과를 출력해야 합니다. 출력물을 읽기 쉽게 하기 위해 각각의 출력되는 문장에 줄바꿈 문자 \n을 추가할 겁니다.

```
if (computer == user):
  print("\n무승부입니다!")
elif (computer == "r" and user == "s"):
  computerWins = computerWins + 1
  print("\n바위가 가위를 이겼습니다... 컴퓨터가 이겼습니다!")
elif (computer == "r" and user == "p"):
  userWins = userWins + 1
  print("\n보가 바위를 이겼습니다... 당신이 이겼습니다!")
elif (computer == "p" and user == "s"):
  userWins = userWins + 1
  print("\n가위가 보를 이겼습니다... 당신이 이겼습니다!")
elif (computer == "s" and user == "r"):
  userWins = userWins + 1
  print("\n바위가 가위를 이겼습니다... 당신이 이겼습니다!")
elif (computer == "p" and user == "r" ):
  computerWins = computerWins + 1
  print("\n보가 바위를 이겼습니다... 컴퓨터가 이겼습니다!")
elif (computer == "s" and user == "p"):
  computerWins = computerWins + 1
  print("\n가위가 보를 이겼습니다... 컴퓨터가 이겼습니다!")
else:
  print("\n잘못된 입력입니다. 'r', 'p', 's' 중 하나로 선택해 주세요.")
```

여러 번 플레이한 다음 언제든지 중단 시점을 결정할 수 있도록 조건을 포함한 반복문을 만들어 사용합니다. 이것은 가위, 바위, 보를 잘못 입력한 플레이어들의 오류 때문에 게임이 중지되지 않게 합니다. 이번에는 다른 방식으로 루프를 설정합시다. 만약 **while** 루프가 True라고 조건을 못박아두면, 무한 루프가 됩니다. 이때 특정한 이벤트가 발생하면 루프를 끝내는 break 문을 사용할 수 있습니다. 게임을 끝내기 위해 'e'를 입력하도록 사용자에게 추가 지침을 제공하세요. 'e'는 end의 첫 글자로 '종료'를 의미합니다.

사용자가 'e'를 입력했는지 여부를 확인하기 위해 새로운 조건문을 추가해야 합니다. break 명령은 루프를 즉시 종료시킨다는 점을 기억합시다. 다음 반복문은 if 조건이 False인 경우 계속 조건을 반복해서 검사하지만, 조건이 True가 되면 반복문을 종료합니다.

```
while (True):
        if (user == "e"):
                break
```

또한 플레이어에게 선택을 다시 입력하거나 게임을 끝낼 수 있는 또 다른 기회를 주어야 합니다. **while** 루프의 마지막 부분에 또 다른 **input( )** 문이 필요합니다. 만약 플레이어가 계속 게임을 즐기고 싶어 한다면, 컴퓨터를 위한 새로운 움직임도 실행해야 합니다.

플레이어와 컴퓨터가 게임을 여러 판에 걸쳐 진행할 경우, 점수를 계산할 수 있는 방법을 추가합시다. 이 게임에 소요되는 시간은 매우 짧기 때문에, 플레이어가 단지 시간을 보내기 원한다면 게임을 여러 차례 할 가능성이 큽니다.

플레이어와 컴퓨터의 승수를 추적하기 위한 변수가 필요합니다. 변수들은 프로그램 시작 시에 초기화되어야 합니다.

```
computerWins = 0
userWins = 0
```

그 후, if - elif 조건에서 누가 게임 라운드에서 이기는지에 따라 기존 점수에 1점을 추가하는 코드를 다음과 같이 만들어 점수 변수를 업데이트합니다. 컴퓨터가 이기면 다음을 실행합니다.

```
computerWins = computerWins + 1
```

플레이어가 이긴다면 다음을 실행합니다.

```
userWins = userWins + 1
```

혹은 다음과 같이 축약된 형태의 명령구문으로 쓸 수도 있습니다.

```
computerWins += 1
userWins += 1
```

우리는 또한 각 라운드의 마지막에 점수를 출력해야 합니다.

```
print("\nScore: 플레이어 - ", userWins, "컴퓨터 - ", computerWins)
```

각 승리 횟수뿐만 아니라 누가 이기고 있는지까지 포함시켜 계속 플레이할 수 있도록 약간의 격려를 더해 봅시다. **while** 루프에 넣어도 되지만, 선생님은 반복문 내부가 너무 복잡하게 되지 않기 원합니다. 그래서 이 내용을 score( ) 함수에 넣을 것이고, 반복문 안에서는 score( ) 함수만 호출하는 것으로 처리했습니다. 즉, 다음 내용은 함수 score( )를 호출하면 실행됩니다.

```
if (computerWins == userWins and computerWins > 0):
    print("\n동점입니다! 한 번 더 해서 컴퓨터를 이겨 주세요!")
elif (computerWins > userWins):
    print("\n컴퓨터가 이기고 있어요. 컴퓨터를 이길 때까지 도전!")
elif (computerWins < userWins):
    print("\n당신이 이기고 있어요! 더 큰 점수차로 이겨 볼까요!")
```

게임의 전체 라운드 수를 21로 제한해서 플레이 횟수를 제한하든지, 아니면 사용자가 'e'를 눌러 종료할 때까지 계속 진행하기를 원하는지를 고민해서 코드에 반영해도 좋습니다.
프로그램을 더 쉽게 읽고 이해할 수 있도록 주석을 추가하는 것을 잊지 마세요. 여기 가위바위보 게임을 위한 한 가지 솔루션이 있습니다. 다음 예제는 책의 여백 문제로 출력문이 여러 줄로 나뉘어 쓰였습니다. 프로그램에서는 한 줄에 모두 맞추어야 합니다. 그렇지 않으면 \ (백슬래시)를 사용해서 코드가 다음 줄에서 계속된다는 것을 파이썬에 알려야 합니다.

```python
# 작성자
# 작성일
# 가위바위보 게임: 플레이어 vs 컴퓨터

import random

# 컴퓨터가 랜덤으로 선택하도록 함수로 변환합니다.
# 문자를 숫자로

def convert():
        global computer
        if (computer == 1):
                computer = 'r'
        elif (computer == 2):
                computer = 'p'
        else:
                computer = 's'

# 승리 횟수와 점수를 추적합니다.
def score():
        print("\nScore: 플레이어 - ", userWins, "컴퓨터 - ", computerWins)
        if (computerWins == userWins and computerWins > 0):
                print("\n동점입니다! 한 번 더 해서 컴퓨터를 이겨 주세요!")
        elif (computerWins > userWins):
                print("\n컴퓨터가 이기고 있어요. 컴퓨터를 이길 때까지 도전!")
        elif (computerWins < userWins):
                print("\n당신이 이기고 있어요! 더 큰 점수차로 이겨 볼까요!")

computerWins = 0
userWins = 0

# 게임 방법을 출력합니다.
print("가위바위보 게임에 오신 것을 환영합니다!")
print("컴퓨터와 게임을 하려면 다음 규칙에 따라야 합니다.:")
print("'r'을 입력하면 바위\n 'p'를 입력하면 보\n 's'를 입력하면 가위 \
\n게임 종료를 원하시면 'e'를 선택해 주세요: ")
user = input()
```

```python
#   컴퓨터의 선택 항목 생성
computer = random.randint(1,3)

while (True):
        #   플레이어가 게임을 종료할 것인지 확인
        if (user == "e") :
                print("\n게임이 종료되었습니다. 나중에 다시 게임해 주세요!")
                break

#   컴퓨터의 랜덤 숫자를 문자로 변환하는 함수 호출

convert()

#   승자 결정
if (computer == user):
        print("\n동점입니다!")
elif (computer == "r" and user == "s"):
        computerWins = computerWins + 1
        print("\n바위가 가위를 이겼습니다... 컴퓨터가 이겼습니다!")
elif (computer == "r" and user == "p"):
        userWins = userWins + 1
        print("\n보가 바위를 이겼습니다... 당신이 이겼습니다!")
elif (computer == "p" and user == "s"):
        userWins = userWins + 1
        print("\n가위가 보를 이겼습니다... 당신이 이겼습니다!")
elif (computer == "s" and user == "r"):
        userWins = userWins + 1
        print("\n바위가 가위를 이겼습니다... 당신이 이겼습니다!")
elif (computer == "p" and user == "r" ) :
        computerWins = computerWins + 1
        print("\n보가 바위를 이겼습니다... 컴퓨터가 이겼습니다!"
elif (computer == "s" and user == "p"):
        computerWins = computerWins + 1
        print("\n가위가 보를 이겼습니다... 컴퓨터가 이겼습니다!")
else:
        print("\n잘못된 입력입니다. 'r', 'p', 's', 'e' 중 하나로 선택해 주세요.")

#   점수 출력
score()

#   한 판 더 할지 묻기
```

```
print("'r'을 입력하면 바위\n  'p'를 입력하면 보\n  's'를 입력하면 가위:"\
\n게임 종료를 원하시면 'e'를 선택해 주세요: ")
user = input()
computer = random.randint(1,3)
```

코드를 철저히 테스트해야 합니다. 발생된 오류를 모두 고친 후에 친구나 가족에게 가위바위보 게임을 테스트하도록 해 보세요. 게임을 플레이해 본 다른 사람들의 피드백으로 코드를 개선하면 더 좋은 프로그램이 만들어질 수 있습니다!

프로젝트3 숫자 추측 게임

우리의 다음 프로젝트는 추측 게임이 될 것입니다. 1에서 100 사이의 숫자를 7번 이하의 추측으로 찾아낼 수 있다는 것을 아나요? 여러분이 추측을 위해 따라야 할 알고리즘이나 단계의 집합이 있고, 알고리즘이 작동하기 위한 두 가지 조건이 있습니다. 먼저 숫자를 정한 플레이어는 자신이 정한 숫자가 상대방이 추측한 숫자보다 높거나 낮은지를 알려 주는 피드백을 제공해야 합니다. 다른 조건은 프로그램이 데이터 집합에서 특정 값을 검색할 때 적용됩니다. 이 알고리즘이 작동하려면 데이터 집합을 정렬해야 합니다.

이 알고리즘을 **이진 검색**이라고 합니다. 이진 검색은 매우 효율적이기에 잘 알려져 있으며 실제로 자주 사용되는 검색 기술입니다! 작동 방식은 항상 범위 중간에서 숫자를 추측하는 것입니다. 만약 우리의 숫자 범위가 1에서 100 사이라면, 첫 번째 추측하는 숫자는 50이 될 것입니다. 숫자를 아는 사람은 실제 숫자가 우리의 추측보다 높은지 낮은지 알려 줍니다. 만약 실제 숫자가 우리의 추측보다 큰 수라면, 우리는 그것이 51에서 100 사이라는 것을 알게 됩니다. 우리는 1에서 50까지의 모든 숫자를 버릴 수 있습니다. 왜냐하면 정답이 그 수 중 어느 것도 될 수 없다는 것을 알고 있기 때문입니다. 한 번의 추측만으로 범위 내 숫자의 반을 없앴습니다!

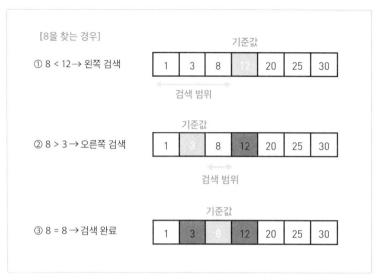

그림 21-3 이진 검색의 예

이제 왜 이것을 이진 검색이라고 부르는지 알 수 있을 겁니다. 가능한 숫자들을 추측으로 이등분하고, 숫자를 맞힐 때까지 각 라운드에서 그 범위의 숫자 절반을 버립니다. 100개의 숫자로 이루어진 집합이라면, 이진 검색 알고리즘을 따를 때 최대 7번 추측으로 정확한 숫자를 찾아낼 수 있습니다. 1,000개의 숫자로 된 집합이라면, 최대 10번 추측으로 숫자를 찾아낼 수 있습니다! 이 것은 여러분이 숫자를 추측하기 위해 사용하는 패턴을 상대방이 알아차리기 전까지 여러분의 친구들을 놀라게 할 좋은 방법입니다.

이진 검색 알고리즘을 사용해서 이 추측 게임을 코드화합시다. 시작하려면, 먼저 플레이어들에게 추측 게임을 하는 방법, 즉 게임 지침을 제공해야 할 것입니다. 플레이어들은 매번 지시에 따라 새로운 숫자를 추측해야 합니다. 프로그램은 각각의 추측값을 받은 후에 숨겨진 숫자가 더 크다거나 더 작다는 정보를 제공합니다. 이 정보를 함수에 넣고 필요할 때 호출합시다.

```
def instructions():
        print("추측 게임에 오신 것을 환영합니다!")
        print("저는 1에서 100 사이의 숫자를 정했습니다.")
        print("이제 당신이 7번 이내에 맞힐 수 있는지 확인해 봅시다.")
        print("시작합니다!")
```

프로그램을 제대로 만들기 위해서 몇 가지 변수가 필요합니다. 우선 몇 번이나 추측했는지를 저장하는 변수가 필요합니다. 또한 플레이어의 추측값을 저장할 변수도 필요합니다. 마지막으로 숨겨진 비밀번호를 저장할 변수가 필요합니다. 숨겨진 비밀번호를 만들기 위해 random 라이브러리를 사용합니다.

```
import random
numGuesses = 0
guess = 0
secretNum = random.randint(1,100)
```

이제 플레이어의 추측을 유도한 뒤 저장된 비밀번호와 비교해 보아야 합니다. 모든 입력은 키보드에서 문자열로 입력되므로 정수로 변환시켜야 함을 기억하세요. 이것을 **while** 루프의 윗 부분에 넣겠습니다.

```
guess = input("\n당신이 추측한 숫자는?")
```

다음으로, 플레이어가 추측 횟수를 다 사용하거나 숫자를 맞힐 때까지 계속 추측할 수 있도록 해 줄 반복문이 필요합니다. **while** 루프를 이용하면 원하는 결과를 얻어낼 수 있을 겁니다. **numGuesses** 변수는 0부터 시작되기 때문에, 반복문은 추측한 횟수가 7보다 작은 동안 계속 반복되게 만들어 둡니다. 혹은 **numGuesses**를 1로 초기화해서 1부터 시작하게 하고, 반복 조건을 numGuesses <= 7 또는 numGuesses < 8로 설정해도 됩니다. 일반적으로 프로그래머들은 앞선 방법을 좋아하지만 처음 프로그래밍을 시작하는 사람이라면 1부터 시작하는 것이 쉬울 수 있습니다. 이런 다양한 방법들은 개인적인 호불호가 있을 뿐 모두 정상적인 방법입니다.

```python
while (numGuesses < 7):
```

이제 플레이어의 추측과 비밀번호를 비교해서 피드백을 제공해야 합니다. 비밀번호가 플레이어의 추측보다 큰 수라면 크다는 정보를, 비밀번호가 플레이어의 추측보다 작은 수라면 작다는 정보를 제공합니다. 또한 플레이어가 몇 번 추측을 했는지도 알려 줍니다. 그리고 물론, 7번 이하의 추측으로 숫자를 정확하게 찾아냈는지 여부도 알려 줄 겁니다.

```python
if (guess == secretNum):
    print("\n추측 횟수는", numGuesses, "번입니다! 축하합니다! 정답",  secretNum, "입니다.")
    win = True
elif (guess < secretNum):
    print("\n제가 생각한 숫자는 당신의 추측보다 큰 숫자입니다.")
    print("추측 기회가", (7 - numGuesses), "번 남았습니다.")
else:
    print("\n제가 생각한 숫자는 당신의 추측보다 작은 숫자입니다.")
    print("추측 기회가", (7 - numGuesses), "번 남았습니다.")
```

만약 플레이어가 숫자를 정확히 찾아내지 못했다면, 플레이어에게 다시 추측해 보라고 재촉할 필요가 있습니다. 이 코드 줄은 **while** 루프에 있어야 하므로 한 수준만큼 들여쓰기됩니다. **while** 루프의 첫 번째 단계는 input으로, 들어온 숫자는 실제로는 문자열이므로 숫자 모양의 문자열을 정수로 변환해야 합니다.

```python
guess = input("숫자를 다시 추측해 보세요.: ")
```

일단 **while** 루프가 끝났다면, 우리는 플레이어가 7번의 추측 횟수를 다 써서 끝났는지, 아니면 정확한 숫자를 맞히는 데 성공해서 끝났는지 여부를 판단해야 합니다. 루프를 끝내기 위해서는 여러 방법이 가능합니다. 가장 쉽게 생각할 수 있는 것으로, 정확한 숫자를 찾아내면 **numGuesses** 변수를 7로 설정해서 루프를 멈추게 할 수 있습니다. 하지만 이 경우 정말 숫자를 잘 맞혀서 게임이 끝난 것인지 아니면 7번 기회를 모두 사용해서 게임이 끝난 것인지 알 수 없게 됩니다.

그러므로, **numGuesses** 변수를 게임 종료 조건으로 쓰는 것은 좋은 방법으로 보이지 않습니다. 7번보다 적은 추측으로 정확한 숫자를 맞힐 수도 있고, 7번만에 맞힐 수도 있지만, 7번의 기회를 모두 사용하고도 맞히지 못하는 경우도 있기 때문입니다.

그래서 **플래그 변수**라는 것을 만들어 사용하게 됩니다. 플래그 변수는 정수 변수나 지역 변수처럼 문법적인 다른 용도를 가진 변수가 아니라 상태를 기록하기 위한 변수를 의미합니다. 여기서는 추측값이 비밀번호와 동일한지의 여부를 판단해서 저장하는 변수가 되는 것입니다.

win이라는 변수를 만들어 추측값과 비밀번호가 다르면 False를, 같으면 True를 저장하게 합시다. 이제 암호를 추측할 때 정확하게 맞으면 win 변수는 True라는 값을 가지게 됩니다. 루프를 끝내기 위해서 **numGuesses** 변수만이 아니라 win 변수도 함께 살펴야 합니다. win 변수는 처음에 False로 설정하고, 나중에 **if (guess == secretNum)** 블록에서 조건에 맞을 때 True로 변경되게끔 할 것입니다.

```
win = True
```

또한 **while** 루프에 **win == true**에 대한 비교를 추가해서 플레이어가 비밀번호를 정확하게 맞혔다면 이후 더 이상 추측을 시도하지 않도록 하겠습니다.

```
while (numGuesses < 7 and win == False):
```

그리고 나서 **while** 루프에서 벗어날 때, 플레이어가 비밀번호를 제대로 추측했는지 아닌지에 근거해서 최종 결과를 결정하기 위해 if 문을 사용합니다.

아직 논의하지 않은 매우 중요한 측면이 하나 있습니다. 만약 플레이어가 정수 10이 아닌 "십"을 입력하면 어떻게 될까요? 그렇습니다. 문제가 발생합니다. 프로그램은 숫자와 문자를 비교할 수 없다는 오류를 내게 됩니다. 그래서 이런 사용자의 잘못된 입력으로 발생할 수 있는 오류를 미리 예상하고 그로 인해 프로그램이 중단되지 않도록 코드를 보완할 방법이 필요합니다.

다행히도, 파이썬은 완벽한 해결책인 **try**와 **except** 구조를 가지고 있습니다. 이것으로 사용자

가 입력한 추측값을 문자열에서 정수로 변환하는 시도를 마무리합니다. 제대로 입력이 들어온
다면 **numGuesses** 변수가 1 증가합니다.

사용자가 입력한 추측값을 정수로 변환하려는 시도가 실패되면 **except** 블록에 있는 문장들이
실행됩니다. 즉, 그 경우에 대비한 오류 메시지가 except 블록에 담겨 있어야 합니다. try/except
구조 때문에 프로그램은 오류가 있거나 없거나 상관없이 if - elif 문을 실행합니다. 이런 구조 속
에서 오류가 발생하면 플래그 변수를 두어 오류 처리를 할 수 있습니다. 또 다른 방법은 간단한
오류 메시지만 보인 후 반복문의 첫 부분으로 다시 돌아가는 것입니다. 이러면 **while** 루프가
계속 반복되게 되지만 플레이어는 어떻게 입력해야 하는지를 안 상태에서 처음부터 시작할 수
있습니다. 다음 코드는 후자의 방법을 사용했습니다.

```python
try:
    guess = int(guess)
    numGuesses += 1
except:
    print("정수로 입력해 주세요.")
    continue
```

이제, 추측 게임을 실행할 수 있도록 전체 코드를 작성해 보겠습니다.

```python
#   작성자
#   작성일
#   이진 검색 알고리즘을 이용한 숫자 추측 게임

import random

def instructions():
    print("추측 게임에 오신 것을 환영합니다!")
    print("저는 1에서 100 사이의 숫자를 정했습니다.")
    print("이제 당신이 7번 이내에 맞힐 수 있는지 확인해 봅시다.")
    print("시작합니다!")

numGuesses = 0
```

```python
guess = 0
win = False

#   비밀번호 지정
secretNum = random.randint(1,100)

#   화면에 게임 지침 표시
instructions()

while (numGuesses < 7 and win == False):
        guess = input("\n당신이 추측한 숫자는?")
        try:
                guess = int(guess)
                numGuesses += 1
        except:
                print("정수로 입력해 주세요.")
                continue

        #   플레이어의 추측과 비밀번호 비교
        if (guess == secretNum):
                print("\n추측 횟수는", numGuesses,
                "번입니다! 축하합니다! 정답",  secretNum, "입니다.")
                win = True
         elif (guess < secretNum):
                print("\n제가 생각한 숫자는 당신의 추측보다 큰 숫자입니다.")
                print("추측 기회가", (7 - numGuesses), "번 남았습니다.")
         else:
                print("\n제가 생각한 숫자는 당신의 추측보다 작은 숫자입니다.")
                print("추측 기회가", (7 - numGuesses), "번 남았습니다.")

#   오답 메시지 출력
if (win == False):
        print("\n7번의 기회가 끝났습니다!  제가 생각한 숫자는",
        secretNum, "입니다.")
```

프로젝트4: 추측 게임 리부트!

정반대의 관점에서 추측 게임을 코드화할 수 있는지 생각해 봅시다. 이번에는 컴퓨터가 숫자를 생각하고 플레이어가 추측하는 것이 아니라, 플레이어가 숫자를 생각하고 컴퓨터가 숫자를 추측하도록 하겠습니다. 플레이어는 컴퓨터에 비밀번호가 컴퓨터가 추측한 숫자보다 큰지 작은지에 대한 피드백을 제공해서 컴퓨터가 숫자를 추측해 가도록 합니다. 이번 게임에서는 난이도를 높이고자 합니다. 1에서 100 사이의 숫자 대신에 1에서 1,000 사이의 숫자를 추측하되, 10번의 추측 기회를 줄 것입니다.

첫 번째 단계는 지침을 다시 작성하는 것입니다. 숫자 범위를 100에서 1,000까지 업데이트하고, 플레이어에게 더 크다 혹은 작다라는 피드백을 주어야 한다고 알려야 합니다. 여기 업데이트된 지침이 있습니다. 필요할 때 호출할 수 있도록 instructions( )라는 이름의 함수에 담아 두었습니다. 단일 코딩 문이 여러 줄에 걸쳐 있을 때 \ 문자가 사용됨을 기억하세요. 코드가 한 줄에 다 들어가게 하면 굳이 사용할 필요는 없습니다.

```python
def instructions():
        print("새로운 추측 게임에 오신 것을 환영합니다!")
        print("1에서 1,000 사이의 숫자 하나를 생각하세요!")
        print("제가 10번 안에 그 숫자를 추측해 보겠습니다.")
        print("\n그래요, 정확하게 10번 안에 1에서 1,000 사이의 숫자를 찾을 수 있습니다!")
        print("숫자가 큰지 작은지만 알려 주시면 됩니다.")
        print("\n정말 가능한지 한번 알아 봅시다!")
```

이제 변수를 업데이트해야 합니다. 이전과 마찬가지로 **numGuesses**와 **win**이 필요합니다. 또한 변수 범위의 중간점을 기준으로 추측할 수 있도록 범위를 조정해야 합니다. 숫자는 가장 작은 값일 때 1로, 가장 큰 값일 때 1,000으로 초기화합니다.

플레이어가 숫자를 생각할 수 있도록 **print( )** 문을 추가해서 지침을 알려 주겠습니다. 종종 자신이 생각한 숫자를 게임 중에 잊어버릴 수 있습니다. 그런 불상사가 발생하지 않도록 생각한 숫자를 종이에 기록해 두라고 권하는 것입니다. 그다음 이전과 유사한 반복문을 설정하되, **numGuesses**를 10 미만으로 업데이트합니다.

```
print("\n1과 1,000 사이에 있는 숫자를 생각해서 종이에 써 주세요.")
while (numGuesses < 10 and win == False):
```

다음으로 컴퓨터가 비밀번호를 추측하는 코드를 추가합니다. 매번 번호를 추측할 때마다 현재 숫자들의 중간점이 되어야 하기 때문에 최저값과 최고값을 더한 다음 2로 나눈 중간값을 출력할 것입니다. 이때 정수의 나눗셈은 실수가 되기 때문에 실수를 다시 정수로 변환해야 합니다. **int( )** 함수를 사용하면 됩니다. 이 값을 출력한 뒤, 변수 numGuesses에 1을 추가해서 지금까지 한 추측횟수도 갱신합니다.

```
compGuess = int((low + high) / 2)
print("\t제가 추측한 숫자:", compGuess)
numGuesses += 1
```

이제 플레이어에게 피드백을 요청합시다. 컴퓨터가 추측한 값이 맞는지, 아니면 컴퓨터의 추측값보다 더 큰지 혹은 작은지를 알아볼 것입니다. 플레이어는 비밀번호가 컴퓨터의 추측값보다 크면 high의 첫자인 'h'를, 작으면 low의 첫자인 'l'을 입력합니다. 만약 비밀번호와 컴퓨터의 추측값이 동일하면 correct의 첫자인 'c'를 입력합니다.

플레이어의 반응에 따라, 컴퓨터는 범위를 갱신합니다. 플레이어의 비밀번호가 컴퓨터가 추측한 숫자보다 더 크다면 범위의 최소값을 컴퓨터는 추측한 숫자+1로 수정합니다. 이것은 컴퓨터의 추측값보다 비밀번호가 크다는 뜻이므로 컴퓨터가 보여준 추측값을 포함해 그 이하의 숫자는 모두 틀렸다는 것을 의미합니다. 반대로 컴퓨터의 추측값보다 비밀번호가 더 작다면 컴퓨터의 추측값을 포함해 그 이상의 모든 숫자는 틀렸다는 것을 의미하므로 범위의 최대값을 추측한 숫자-1로 수정합니다. 마지막으로 지금까지 몇 번 추측했는지를 화면에 나타냅니다.

```
if (highLow != "c" and highLow != "h" and highLow != "l"):
    print("잘못 입력하셨습니다. 'c','h','l' 중 하나를 입력해 주세요.")
```

```
                numGuesses -= 1
                continue

        #    사용자에 따라 높고 낮음 변수 조절
        response of 'h' or 'l'
        if (highLow == 'c') :
                print("\n저는", numGuesses, "번만에 숫자를 추측했습니다!")
                win = True
        elif (highLow == 'h') :
                low = compGuess + 1
                print("\n\t남은 추측 기회:", (10 - numGuesses))
        else:
                high = compGuess - 1
                print("\n\t남은 추측 기회:", (10 - numGuesses))
```

다음은 완성된 코드입니다. 아마 지금까지 잘 따라왔다면 거의 비슷하게 만들어졌을 겁니다. 컴퓨터가 숫자를 제대로 추측하거나 10번의 기회를 모두 쓸 때까지 반복됩니다. 단, 논리적으로 제대로 된 입력만 주어진다면 1에서 1,000 사이의 어떤 값을 비밀번호로 사용하더라도 컴퓨터는 10번 안에 그 값을 찾아낼 것입니다.

```
#   작성자
#   작성일
#   이진 탐색 알고리즘을 이용한 숫자 추측 게임 v2

import random
def instructions():
        print("새로운 추측 게임에 오신 것을 환영합니다!")
        print("1 에서 1,000 사이의 숫자 하나를 생각하세요!")
        print("제가 10번 안에 그 숫자를 추측해 보겠습니다.")
        print("\n그래요, 정확하게 10번 안에 1에서 1,000사이의 숫자를 찾을 수 있습니다!")
        print("숫자가 큰지 직은지만 알려 주시면 됩니다.")
        print("\n정말 가능한지 한번 알아 봅시다!")

numGuesses = 0
low = 1
high = 1000
win = False
```

```python
#    화면에 게임 지침을 표시
instructions()
print("\n1과 1,000 사이에 있는 숫자를 생각해서 종이에 써 주세요.")

while (numGuesses < 10 and win == False):
        #   컴퓨터의 추측을 현재의 높은 숫자와 낮은 숫자의 중간으로 설정
        compGuess = int((low + high) / 2)
        print("\t제가 추측한 숫자:", compGuess)
        numGuesses += 1
        print("추측한 숫자가 맞았나요?  아니면 당신이 생각한 숫자가 더 크거나 작나요?")
        highLow = input("맞았으면 'c',  큰 숫자라면 'h',  작은 숫자라면 'l':")

        #   잘못된 응답
        if (highLow != "c" and highLow != "h" and highLow != "l"):
                print("잘못 입력하셨습니다.  'c','h','l' 중 하나를 입력해 주세요.")
                numGuesses -= 1
                continue

        #   사용자에 따라 높고 낮음 변수 조정
        #   'h' 또는 'l' 중에서 응답
        if (highLow == 'c') :
                print("\n저는", numGuesses, "번만에 숫자를 추측했습니다!")
                win = True
        elif (highLow == 'h') :
                low = compGuess + 1
                print("\n\t남은 추측 기회:", (10 - numGuesses))

        else:
                high = compGuess - 1
                print("\n\t남은 추측 기회:", (10 - numGuesses))

#    패배 메시지 출력
if (win == False):
        print("\n추측 기회를 다 사용했습니다.  제가 졌어요!")
```

이제 친구나 가족과 함께 코드를 시험해 보세요!

프로젝트5: 챌린지 게임

도전을 싫어하는 사람 있나요? 여러분은 도전을 좋아할 거라고 생각합니다. 그렇지 않다면, 아마도 이 책을 읽으면서 프로그램을 배우지 못할 수도 있습니다! 다른 캐릭터와 상호작용할 때 플레이어가 완료해야 할 과제가 있는 게임을 만들어 보겠습니다. 여기서는 아주 간단한 기본적인 구조를 만들겠지만, 이번 게임은 여러분이 계속해서 기능을 추가할 수 있는 게임입니다. 특히 여러 번 반복해서 게임하는 플레이어들을 위해 더 도전적이고 재미있게 만들 수 있습니다.

우선 게임의 기본을 디자인합시다. 플레이어는 게임 안에서 다른 NPC(Non Player Character)들을 만날 것입니다. NPC 각자의 아이템과 스킬은 다릅니다. 플레이어는 질문 프롬프트에 제공하는 입력에 따라 다른 결과를 경험하게 됩니다. 이벤트의 결과는 무작위로 결정되어 게임에 긴장감과 놀라움을 더해 줄 것입니다. 플레이어에게는 주어진 라이프가 있어서, 일단 라이프를 다 쓰면 게임은 끝납니다. 게임 안에서 NPC들과 잘 협력하거나 다양한 환경에 잘 적응한 플레이어만이 살아남아 승리하게 됩니다!

플레이어들이 게임을 어떻게 진행해야 하는지 그리고 플레이어들이 무엇을 해야 하는지 알 수 있도록 기본적인 내용을 알려 주어야 합니다. 이 글을 써서 플레이어가 장면을 정하고 게임을 하고 싶어 하도록 유도해 보세요. 이 지침을 함수에 넣고 게임의 시작 부분에서 함수를 호출하려고 합니다. 이렇게 하면 코드가 읽기 편해집니다. 다음은 **howToPlay( )**라는 이름의 함수에 담긴 지침입니다. 약간의 시간 지연을 넣어서 지침을 더욱 긴장감 있게 만들었습니다. 이때 시간 지연을 위해 **time.sleep( )** 함수를 사용했습니다. time.sleep( ) 메소드는 시간 라이브러리를 가져온 다음 사용할 수 있습니다.

```
import time

def howToPlay():
    print("마법의 숲에 오신 것을 환영합니다!")
    print("당신은 위트와 작은 운으로 미스터리한")
    print("마법의 숲을 벗어날 수 있습니다.")
    time.sleep(2)
    print("이 숲에 들어간 많은 이들이 \n다시 돌아오지 못했습니다...")
```

플레이어들은 세 개의 라이프를 가지고 시작합니다. 앞으로 플레이어가 내리는 결정과 우연한 NPC나 몬스터와의 만남을 통해 라이프는 늘어나거나 줄어들게 됩니다. 라이프 개수를 담기 위해 **lives**라는 이름의 변수를 선언하고 초기값으로 3을 할당했습니다.

```
lives = 3
```

라이프의 남은 갯수가 0이 되면 게임이 끝나야 하기 때문에, 그 조건을 while 루프에 적용해야 합니다.

```
while (lives > 0):
```

코드를 더 세부적으로 만들기 전에 먼저, 전체 시나리오를 생각해 보는 것이 좋겠습니다. 플레이어는 여러 캐릭터와 상호작용이 가능하기 때문에 플레이어가 만나는 NPC나 몬스터들의 목록을 만들어야 합니다. 그런 다음 거기에서 상호작용할 캐릭터를 무작위로 고를 수 있습니다.

```
character = ["힐러", "기병", "궁수", "정찰병", "몬스터"]
```

각각의 NPC는 플레이어를 돕거나 공격하기 위한 다양한 무기나 아이템을 가지고 있습니다. 이것 역시 리스트로 설정해 봅시다. 예를 들어 힐러(healer)는 다음과 같은 아이템을 가지고 있습니다.

```
healer ["허브", "향신료", "크리스털", "물약", "음식", "물"]
```

아이템은 리스트에 계속 추가될 수 있습니다. 수정된 리스트 때문에 다른 부분이 다시 수정이 필요해지지 않도록 코드를 만들어 보겠습니다. 리스트에 포함된 요소의 개수를 프로그래머가 세어서 입력하는 것이 아니라 자동으로 리스트의 길이를 계산해서 난수를 만들 때 사용하도록 **len( )** 함수를 이용합니다. len( ) 함수를 사용해서 목록의 현재 길이를 찾은 뒤, 마지막 인덱스 위치를 전체 길이에서 1을 뺀 값으로 처리하면 됩니다. 리스트의 인덱스 위치는 0부터 시작하기 때문에 마지막 요소는 전체 리스트 길이에서 1을 뺀 값입니다. 이렇게 하면 healer 리스트에서 '0' 부터 '전체길이-1'까지의 수 중 하나를 임의로 선택하게 프로그래밍할 수 있습니다. 이렇게 코드를 만들어 두면 리스트에서 어떤 요소를 추가하거나 삭제해도 상관없어집니다. randint(0,end)에 들어갈 end 부분에 리스트의 길이를 계산한 후 1을 뺀 값을 사용하면 randint(0, len(healer)-1))이 됩니다. healer 리스트의 길이를 스스로 계산한 뒤 그 값을 가지고 랜덤한 수를 만들기 때문에 별도의 코드 수정이나 업데이트가 필요 없습니다.

```
healer[random.randint(0,(len(healer) - 1))]
```

프로그램의 다음 부분은 각 캐릭터와의 상호작용입니다. 플레이어는 다른 NPC들과 여러 차례 만나고 헤어지면서 협력하거나 싸우는 등의 상호작용을 할 수 있기 때문에, 각 캐릭터에 대한 함수를 만들어야 합니다. 이 프로그램을 계속 작업하면서 더 많은 옵션을 추가할 경우, 각 프로그램에 대해 별도의 함수를 부여하고 싶을 겁니다. 그렇지만 일단은 하나의 함수에 모든 NPC를 다 포함하도록 만들어 보겠습니다. **act( )** 함수를 만들어 NPC 이름과 숫자를 인자로 받으면 그로써 NPC와 NPC의 행동이 결정되도록 할 것입니다.

```
def act(actor, position):
```

그다음, 어떤 문자를 선택하느냐에 따라 추가 행동을 결정하는 데 if-elif 문을 사용할 것입니다. 다음은 두 캐릭터에 대한 if 문의 일부입니다. NPC가 기병(equestrian)인 경우, 나머지 연산(%)을 사용해서 플레이어가 친구로 여겨질지 적으로 공격당할지를 구분하고 있습니다.

```
if (actor[position] == "힐러"):
        provide = healer[random.randint(0,(len(healer)-1))]
        print("\n힐러가 당신을 환영하며 당신에게 선물합니다:", provide + ".")
        liveOrDie = 1
        time.sleep(2)
        react = input("\n힐러로부터 라이프를 받으시겠습니까? 'y' 또는 'n'")
```

```
        print(healerAct[random.randint(0, len(healerAct)-1)])

elif (actor[position] == "기병"):
        provide = equestrian[random.
        randint(0,(len(equestrian)-1))]
        if (position % 2 == 0):
                print("\n기병이 당신을 환영하며 선물을 줍니다: ", provide)
                liveOrDie = 1
                time.sleep(2)
                react = input("\n이것을 기병에게서 받으시겠습니까?: 'y' or 'n'")
        else:
                print("\n당신은 기병을 바라봅니다. 기병도 당신을 바라봅니다.", provide,
                "으로 당신을 공격합니다!")
                liveOrDie = -1
                print(equestrianAct[random.randint(0,len(equestrianAct)-1)])
```

게임에서 각 캐릭터에 대한 if-elif 조건을 완성해 보세요.

플레이어의 라이프 외에도 NPC들과의 접촉 횟수인 카운터를 변수로 만들어 추가해야 합니다.
플레이어가 캐릭터와의 여러 차례에 걸친 만남을 통해 라이프가 다 소모되지 않은 채로 신비로
운 숲을 헤쳐 나갈 수 있기를 바랍니다! 이를 위해 무작위로 발생하는 이벤트를 만들겠습니다.
만약 플레이어가 7개의 이벤트를 모두 통과한다면, 플레이어는 숲을 무사히 통과했다는 축하
메시지를 받게 될 것입니다!

while 문을 이용한 반복문이 실행되는 동안 events라는 변수를 추가해야 합니다. **events** 변수
는 lives 변수와는 다릅니다. lives 변수는 플레이어의 게임방식에 의해 기존 값에서 1이나 2만큼
추가되거나 감소될 수도 있고 혹은 원래 상태 그대로 유지될 수도 있습니다.

여기 프로그램 종료 시 이벤트 값을 기준으로 적절한 메시지를 출력하는 코드가 있습니다. 7번
NPC와 만났는데 여전히 라이프가 0보다 크면 게임을 성공적으로 클리어한 것입니다.

```
if (events == 7 and lives > 0):
        print("\n당신은 많은 다른 이가 실패했던 곳에서 살아남았습니다.",
        "\n당신은 무척 영리하고 운이 좋았습니다!")
else:
        print("\n신비로운 마법의 숲을 가로지르는 퀘스트에 실패했습니다. \n다음 기회에...!")
```

우리의 게임을 더 흥미롭게 만드는 한 가지 방법은 플레이어가 NPC의 아이템을 받아들이거나 거절할 수 있는 기회를 추가하고, NPC들의 공격을 받을 때 그들을 스카우트하거나, 싸우거나, 도망칠 수 있게 하는 것입니다. 이 예에서는 힐러의 옵션에 따라 사용자에게 제공되는 것을 선택하도록 프롬프트를 추가했습니다. 가능한 결과의 리스트를 하나 더 설정해서 무작위로 하나를 골랐습니다.

```
react = input("\n힐러의 물건을 뺏겠습니까?: \
'y' or 'n'")
print(healerAct[random.randint(0, len(healerAct)-1)])
```

지금까지 만들어 본 코드는 다음과 같습니다. 미완성입니다. 하지만 이 코드에 더 많은 NPC를 넣고, 플레이어와 NPC의 관계를 더 복잡하게 짜 보세요. 그러면 더 정교하고, 더 재미있고, 더 도전하고 싶은 게임을 만들 수 있습니다. 게임은 점점 더 흥미진진해집니다!

```
#  작성자
#  작성일
#  챌린지 게임: 길을 따라 다양한 도전을 하며 숲을 통과하는 게임

import time, random

def howToPlay():
        print("마법의 숲에 오신 것을 환영합니다!")
        print("당신은 위트와 작은 운으로 미스터리한")
        print("마법의 숲을 벗어날 수 있습니다.")
        time.sleep(2)
        print("이 숲에 들어간 많은 이들이 \n다시 돌아오지 못했습니다...")
        print("당신의 선택이 당신의 운명을 결정합니다.")
        time.sleep(2)
        print("\n행운이 있기를...!")
        time.sleep(2)

def act(actor, position):
```

```python
if (actor[position] == "healer"):
        provide = healer[random.randint(0,(len(healer)-1))]
        print("\n힐러가 당신을 환영하며 당신에게 선물합니다:", provide + ".")
        liveOrDie = 1
        time.sleep(2)
        react = input("\n힐러로부터 라이프를 받으시겠습니까? 'y' 또는 'n'")

        print(healerAct[random.randint(0, len(healerAct)-1)])

elif (actor[position] == "equestrian"):
        provide = equestrian[random.randint(0,(len(equestrian) -1))]
        if (position% 2 == 0):
                print("\n기병이 당신을 환영하며 선물을 줍니다: ", provide)
                liveOrDie = 1
                time.sleep(2)
                react = input("\n이것을 기병에게서 받으시겠습니까?: 'y' or 'n'")
        else:
                print("\n당신은 기병을 바라봅니다. 기병도 당신을 바라봅니다.", provide,
                "으로 당신을 공격합니다!")
                liveOrDie = -1
                print(equestrianAct[random.randint(0,len(equestrianAct)-1)])

elif (actor[position] == "archer"):
        provide = archer[random.randint(0,(len(archer)-1))]
        if (position% 3 == 0):
                print("\n궁수가 강이 나올 때까지 당신과 동행을 제안합니다.",
                "\n동행하겠습니까 아니면 혼자서 가겠습니까?")
                liveOrDie = 1
                time.sleep(2)
                react = input("동행한다, 혼자 간다 'accept' or 'alone'? :")
        else:
                print("\n궁수가 그녀의", provide,
                "을 장착하고 당신에게 떠나라고 위협합니다!")
                liveOrDie = 0
                time.sleep(2)
                react = input("\n싸우겠습니까 아니면 도망가겠습니까?: 'fight' or 'run'?")
                print(archerAct[random.randint(0,len(archerAct)-1)])
```

```python
        elif (actor[position] == "scout"):
                provide = scout[random.randint(0,(len(scout)-1))]
                print("\n정찰병이 당신의 안전한 여행을 위해", provide, "을 선물합니다.")
                liveOrDie = 1
                print(scoutAct[random.randint(0, len(scoutAct)-1)])

        elif (actor[position] == "monster"):
                provide = monster[random.randint(0,(len(monster)-1))]
                print("\n몬스터가 당신에게 심각한 피해를 입혔습니다. :", provide + "!")
                liveOrDie = -2
                print(monsterAct[random.randint(0,len(monsterAct)-1)])

        return liveOrDie

#   변수와 리스트 선언 및 초기화
lives = 3
events = 0
character = ["healer", "equestrian", "archer", "scout", "monster"]
healer = ["허브", "스파이스", "크리스털", "포션", "음식", "물"]
healerAct = ["\n\t당신은 힐러를 화나게 했습니다! 도망가세요!",
"\n\t힐러는 당신과 계곡까지 함께 동행합니다.",
"\n\t힐러는 당신이 이곳에 영원히 함께 머무르며 당신도 힐러가 되기를 바랍니다."]

#   나머지 캐릭터에 대한 행동 추가
equestrian = ["방패","대검","칼","배틀 액스"]
equestrianAct = ["\n\t기병은 당신을 보고 당신을 자신의 말에 태웁니다!",
"\n\t당신의 뒤에 거대한 몬스터가 있는 것을 보고 방향을 돌려 도망갑니다. \
그때 말을 탄 기병이 와서 당신을 구해 줍니다!",
"\n\t당신은 그의 무기를 잡아채서 그를 낙마시킵니다.  그다음 그의 말에 올라타 도망칩니다!"]

archer = ["방패","활과 화살","창","바람총"]
archerAct = ["\n\t당신의 셔츠가 창에 관통되어 옴짝달싹못하고 \
나무에 대롱대롱 매달렸습니다.  아주 창피하네요!",
"\n\t당신은 궁수에게 존경의 표시를 합니다. \
궁수는 인사를 받아들이고 당신을 캠프로 돌려보냅니다.",
"\n\t당신은 화살에 맞지 않도록 갈지자로 움직여 도망칩니다!"]

scout = ["휘슬", "나침반", "지도", "분장"]
scoutAct = ["\n\t당신은 선물을 받고 숲을 통과해서 전진합니다.",
```

```
        "\n\t당신은 스카우트에게 위험한 여행에서\
    살아남는 방법을 알려 달라고 조언을 구합니다.",
        "\n\t당신은 너무 시끄러운 소리를 내서 몬스터를 깨우고 말았습니다!"]

    monster = ["구취","바위","몽둥이","발톱"]
    monsterAct = ["\n\t몬스터는 당신을 땅에 쓰러뜨리고 털 많은 발로 당신을 붙잡았습니다!",
        "\n\t당신이 몬스터를 간지럽히자 몬스터는 참지 못하고 \
    웃음을 터트렸습니다.  당신은 땅에 떨어져 탈출을 시도합니다!",
        "\n\t당신은 몬스터의 발에 있는 파편을 뽑아 주었습니다.  몬스터는 \
    당신에게 영원한 충성을 맹세합니다.  \
    이제 이 몬스터 구역을 안전하게 통행할 수 있습니다."]

    #  게임 시작
    #  지침 표시
    howToPlay()

    while (lives > 0 and events < 7):
            events = events + 1
            #  상호작용할 캐릭터 호출
            health = act(character,random.randint(0,(len(character)-1)))

    #  라이프에 미치는 영향을 계산
    lives = lives + health

    time.sleep(2)

    if (events == 7 and lives > 0):
            print("\n당신은 많은 다른 이들이 실패했던 곳에서 살아남았습니다.",
                "\n당신은 무척 영리하고 운이 좋았습니다!")
    else:
            print("\n신비로운 마법의 숲을 가로지르는 퀘스트에 실패했습니다.  \n다음 기회에...!")
```

NPC의 다양한 행동뿐만 아니라, 새로운 캐릭터와 새로운 물체, 도구, 물약, 무기를 계속 추가할 수 있습니다. 또한 플레이어에게 더 많은 상호작용을 요구할 수도 있습니다. 이 게임은 계속 작업한다면 더 창의적이고 복잡해질 수 있습니다. 친구들에게 소개해 보세요. 친구들은 이 게임을 즐기고 새로운 제안이나 요청도 할 것입니다. 창조적으로 코딩을 즐깁시다!

다음 프로그램으로 무엇을 만들 것인가를 생각할 때, 모쪼록 많이 상상하세요. 대부분은 상상력이 빈곤해서 더 재미있는 무엇을 만들지 못합니다! 파이썬은 많은 가능성과 기회를 제공합니다. 필요하면 즉시 공식 Python3 문서를 확인해서 필요한 다른 기능을 찾을 수 있습니다. 탐험은 재미로 이어집니다!

방과 후
활동

천재반 :
마이크로비트와
마이크로파이썬

핵심 개념

파이썬이나 파이썬에서 파생된 보다 단순화된 마이크로파이썬을 실행할 수 있는 장치가 많이 있습니다.

마이크로비트(micro:bit)는 사용이 편리하며 용도가 매우 다양한 마이크로컨트롤러입니다.

마이크로비트에는 프로그래밍해서 점멸 가능한 도트 매트릭스 LED 가 내장되어 있습니다.

마이크로비트에는 제어에 사용할 수 있는 두 개의 버튼이 있습니다. 버튼을 이용해서 신호를 줄 수 있습니다.

마이크로비트에는 내장된 가속도계와 나침반이 있으며, 사용자가 원하면 프로그램을 이용하여 동작, 제스처, 방향 감지 등을 구현할 수 있습니다.

마이크로비트는 다른 장치와 연결할 수 있는 입출력 핀이 있어 다른 마이크로컨트롤러(마이크로비트 포함)와 연동해서 여러 유용한 방식으로 프로그래밍할 수 있습니다.

영국에서 만들어진 BBC 마이크로비트(micro:bit)는 **마이크로컨트롤러**로, 매우 작은 컴퓨터입니다. 마이크로비트는 프로그래머나 전자 공작이 취미인 사람에게 남녀노소를 불문하고 상당히 인기 있습니다. 마이크로비트는 교육에도 접목되었으며, 모든 연령대 학생들이 새로운 경험을 통해 컴퓨터 과학의 개념을 이해할 수 있도록 프로그래밍 교육에 도움을 주고 있습니다. 마이크로비트는 저렴하고, 사용하기 쉽고, 코딩이 쉬우며, 아주 많은 것을 할 수 있습니다! 파이썬의 축소버전인 마이크로파이썬을 사용해서 마이크로비트를 프로그래밍하며 학습을 이어 나가기로 하겠습니다. 마이크로파이썬은 PC와 달리 메모리가 비교적 작은 마이크로프로세서에서 사용할 수 있도록 만들어진 파이썬입니다. 이후 이 장에서 말하는 파이썬은 마이크로파이썬임을 미리 밝힙니다.

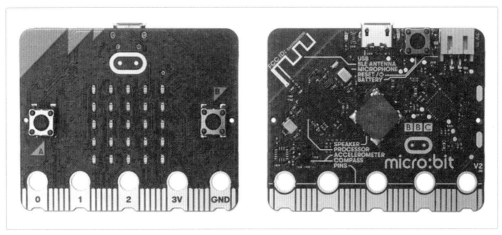

그림 22-1 마이크로비트. 왼쪽이 앞면, 오른쪽이 뒷면.

마이크로비트는 명함 크기보다 작으며, 다음과 같은 구성으로 이루어져 있습니다.

- LED 가로, 세로 5개씩 총 25개

- 코딩에서 사용할 수 있는 버튼 스위치 2개

- 코딩에서 사용할 수 있는 터치센서

- 재부팅 및 절전 모드용 리셋 버튼

- 움직임을 감지하는 가속도센서

- 방향을 측정하는 나침반센서

- 무선 연결을 위한 블루투스

- 노래를 재생할 수 있는 스피커

- 소리를 감지하는 마이크

- PC 와 연결을 위한 USB 커넥터

- 전원 커넥터

마이크로비트 알아보기

시작하기

마이크로비트를 시작하기 위해서는 마이크로비트와 USB 케이블(마이크로 5핀 타입)이 필요합니다. 이 케이블은 여러분이 마이크로비트를 구매할 때 함께 구입할 수도 있지만, 스마트폰에 주로 사용되는 타입이어서 가지고 있는 것이 있다면 바로 사용하면 됩니다. 단, **충전 전용으로 나온 USB 케이블은 사용할 수 없습니다.** 충전 전용 USB 케이블은 4개의 전선이 아닌 2개의 두꺼운 전선을 사용하므로 PC 와 마이크로비트 보드 사이의 신호를 전달할 수 없기 때문입니다. 만약 PC 와 마이크로비트를 연결했음에도 아무런 인식을 하지 못한다면 USB 케이블의 문제일 가능성이 있으니 다른 케이블로 다시 연결해 봅니다. 대부분의 마이크로 5핀 USB 케이블은 잘 작동합니다. 이 책의 출판일 현재, 마이크로비트의 가격은 약 20,000원 정도로 매우 저렴합니다. 현재 마이크로비트의 개선된 버전인 '뉴 마이크로비트'가 판매되고 있습니다. 이 책에 있는 코드는 기존의 마이크로비트와 새로 나온 뉴 마이크로비트 모두에 적용 가능합니다.

마이크로비트 없이도 코딩은 가능하지만, 코드를 테스트하고 실행하기 위해서 마이크로비트는 필수적으로 있어야 합니다. 마이크로파이썬이 아닌 블록 코딩에 사용할 수 있는 에뮬레이터는 웹상에서 사용할 수 있지만 아쉽게도 아직 파이썬을 이용한 에뮬레이터는 없습니다. 조만간 파이썬용 에뮬레이터가 나올 것으로 기대해 봅니다.

이 책의 가로 여백은 코드를 작성했던 마이크로비트 IDE보다 작습니다. 그 결과, 예시의 코드들은 IDE에서는 한 줄에 적었음에도 여러 줄에 걸쳐 적혀 있는 경우가 있습니다. 프로그램에서 잠재적 구문 오류를 방지하려면 한 줄에 코드를 다 적는 것이 좋습니다. 또한 가끔 조건문에 괄호를 사용하기도 하고, 사용하지 않기도 하는 것을 볼 수 있을 것입니다. 이것은 파이썬 언어가 기본적으로 괄호를 필요로 하지 않기 때문이지만, 괄호를 사용하더라도 오류가 발생하지 않는다는 것을 확인하기 위함입니다. 파이썬을 제외한 다른 많은 프로그래밍 언어에는 괄호가 필수적이므로 괄호를 사용하는 것은 좋은 습관입니다. 적절히 괄호를 사용하는 것은 가독성을 좋게 할 뿐 아니라, 다른 새로운 프로그래밍 언어를 배울 때 한결 쉽게 접근할 수 있게 해 줄 것입니다.

마이크로비트 상자를 열면 여러 언어로 작성된 내용의 안전 가이드가 포함되어 있습니다. 아마도 여러분은 잘 읽지 않을 겁니다. 하지만 이런 문서들은 꼭 살펴보는 습관을 가지는 것이 좋습니다. 부주의로 마이크로비트가 손상되지 않게 하기 위해서 종이에 기록된 안전 경고를 기억하세요. 다음은 그중 몇 가지 중요한 내용입니다.

- 마이크로비트를 사용하지 않을 때는 정전기 방지용 봉투에 보관합니다.

- 마이크로비트를 조심스럽게 다룹니다.

- 마이크로비트를 다룰 때 손이 너무 마르지 않도록 주의합니다(정전기 때문에 IC에 손상이 올 수 있습니다).

- 금속 물체를 마이크로비트에 가까이 두지 않습니다(부품과 선들이 많아서 합선의 가능성이 있습니다).

- 마이크로비트를 너무 뜨겁거나 너무 차가운 환경에 보관하지 않습니다.

- 5x5 LED 매트릭스는 개별적으로 코딩이 가능합니다. 단어나 이미지를 표시할 수 있습니다.

- 마이크로 USB 케이블을 사용해서 마이크로비트를 컴퓨터에 연결할 수 있습니다.

- 처음 마이크로비트를 PC에 연결하면 LED 매트릭스가 깜박이기 시작할 것입니다. 간단한 사용방법을 알기 위해 마이크로비트와 PC를 마이크로 5핀 USB 케이블을 사용해서 연결한 후 다음 몇 가지 단계를 밟아 보도록 합시다. 다음은 마이크로비트 제조사에서 제품을 판매할 때 미리 넣어 둔 프로그램입니다. 이 프로그램은 자주 바뀌니, 똑같지 않다고 당황하지 마세요. 다음 단계로 넘어가시면 됩니다.

> 첫 번째 단계에서는 왼쪽 버튼 A를 가리키는 화살표기 나옵니다. 누릅시다.
>
> ↓
>
> 그런 다음 오른쪽 버튼 B를 누릅시다.
>
> ↓
>
> LED가 그리는 디자인을 보려면 마이크로비트를 흔듭니다.
>
> ↓
>
> 마이크로비트를 기울여서 화면 주위를 움직이는 점을 쫓아 봅시다.

- 마이크로비트를 사용해서 이러한 모든 작업을 수행한 후에는 컴퓨터에서 [파일탐색기]를 열고, 파일 디렉토리로 이동해 마이크로비트가 사용 중인 드라이브를 확인합니다. 파일을 보려면 마이크로비트 드라이브를 클릭합니다. 일반적으로 PC에 있는 가장 마지막 드라이브 다음 알파벳으로 마이크로비트가 연결됩니다.

- 마이크로비트 웹사이트를 열려면 MICROBIT.HTML 파일을 더블 클릭합니다.

마이크로비트 코딩하기

우리는 온라인 IDE를 사용해 마이크로비트 코드를 작성하거나 내려 받을 수 있습니다. 유선 혹은 무선 인터넷을 사용할 수 없는 경우라면 오프라인 버전인 mu 편집기를 내려 받아 설치하세요. mu 편집기는 사용하기 쉽고, 무료이며, 모든 OS(윈도우, 맥, 리눅스, 라즈베리파이 등)와 연동됩니다. 인터넷 검색을 통해 mu 편집기를 검색한 후 사이트에 접속해서 파일을 내려 받아 설치합시다.

마이크로비트에서는 여러 가지 방법으로 프로그램을 작성할 수 있습니다. 우리는 그중 파이썬을 사용하려고 합니다. 마이크로비트 파이썬 편집기에는 우리가 쉽게 사용할 수 있도록 이미지와 사전에 모듈화된 작은 코드들이 다수 포함되어 있습니다. 마이크로파이썬은 이 책 전반부에서 공부한 파이썬에서 파생된 언어로, 함수와 메소드를 마이크로비트와 같은 마이크로컨트롤러에서 실행될 수 있도록 최적화하여 설계되었습니다.

microbit.org/code 웹 사이트에서 아래로 조금 스크롤하면 파이썬 편집기가 나옵니다. 여기서 [Go to Python editor] 버튼을 클릭하세요. 이 사이트는 여러 곳에 파이썬 편집기로의 링크가 있으므로, 사이트의 어느 페이지에 있든지 쉽게 찾을 수 있습니다. 아니면 https://python.microbit.org/v/2 링크를 이용해 직접 연결할 수도 있습니다.

이제 마이크로비트의 온라인 파이썬 편집기가 열릴 것입니다. 샘플 프로그램이 이미 로드되어 있습니다. 이제는 우리가 잘 아는 **"Hello, World!"** 프로그램입니다. 놀라지 않길 바랍니다. 많은 프로그래밍 언어에서 제대로 실행되는지 신속하게 확인하기 위해서 "Hello, World!"를 출력한다는 것을 기억하고 있을 것입니다.

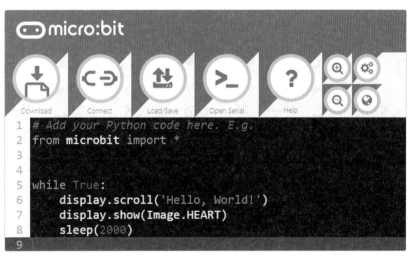

그림 22-2 마이크로비트 온라인 편집기 실행 화면

■ 파일을 컴퓨터에 저장하려면 마이크로비트 온라인 편집기 왼쪽 위에서 세 번째 [Load/
Save] 버튼을 클릭합니다.

새로운 창이 뜨면 중간에 위치한 Save에서 [Download Python Script]를 클릭해서 파이
썬 소스코드를 저장할 수 있고, [Download Project Hex]를 클릭하면 마이크로비트 실행
파일을 저장할 수 있습니다.

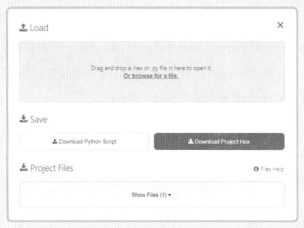

그림 22-3 [Load/Save] 버튼을 누르면 나오는 팝업창

소스파일을 내려 받았다면 내려 받은 파일이 컴퓨터의 어디에 저장되는지 확인하도록 합니
다. 이 과정에서 소스코드 혹은 Hex 파일의 이름과 저장되는 디렉토리의 위치를 변경할 수
있습니다. 선생님은 마이크로비트 프로그램 전용 폴더를 만들고 그곳에 파일을 내려 받습니
다. 나중에 만들어 두었던 소스코드를 찾거나 검색하기 쉽게 폴더를 만들고 이름도 연상하
기 좋게 짓는 것이 좋습니다.

■ 마이크로비트 온라인 편집기 왼쪽 위에서 첫 번째 [Download] 버튼을 클릭하면 .hex 파일
확장자를 가진 파일을 저장할 수 있습니다.

일단 저장된 .hex 파일은 마이크로비트의 메모리로 옮겨지고, 자동으로 마이크로비트가
.hex 파일을 실행합니다. 이를 위해서 .hex 파일을 컴퓨터의 마이크로비트 드라이브 위치로
가져다 놓아야 합니다. 마이크로비트가 .hex 파일을 로딩하는 동안 뒷면 리셋 버튼 옆에 있
는 LED가 깜박일 것입니다. 이때 화면에 진행표시줄이 나타날 수도 있습니다. 로딩이 끝나
면 마이크로비트가 프로그램을 실행합니다.

"Hello, World!"라는 메시지가 화면을 가로질러 반짝이는 것을 보았다면, **"World"**를 자기 이름으로 대체하도록 코드를 바꿔 봅시다. 마이크로비트 코딩 위치로 다시 전환해야 합니다. 다음 코드를 참고삼아 **"Hello, yourName!"**이라고 적힌 다섯 번째 줄을 변경해서 실제 이름을 영어로 넣어 보세요. 안타깝게도 마이크로비트는 영어 문자만 지원합니다. 한글, 가나, 한자 같은 2바이트를 사용하는 문자는 표시할 수 없습니다.

```
# Hello yourName program
from mocrobit import *

while True:
        display.scroll('Hello, yourName!')
        display.show(Image.HEART)
        sleep(2000)
```

컴퓨터에 저장하지 않고 프로그램을 마이크로비트에 내려 받을 수 있으므로, 먼저 테스트부터 하겠습니다. 하지만 테스트해서 원하는 방식으로 실행되는 것을 확인했다면, 반드시 컴퓨터에 저장하도록 합니다. 컴퓨터에 저장해 두지 않으면 코드는 사라지고, 나중에 필요할 때 처음부터 다시 만들어야 할 것입니다. 이제 .hex 파일을 컴퓨터에 연결된 마이크로비트로 옮깁니다. 잠시 LED가 깜박거리고 나면, 불빛 속에서 여러분의 이름을 보게 될 겁니다!

만약 **"Hello, yourName!"**을 보지 못했다면 코드 오류의 가능성이 큽니다. 마이크로비트는 오류에 대한 메시지를 스크롤하고 줄 번호를 제공합니다. 구문 오류라고 알려 줄 수는 있지만, 그보다 더 자세한 정보를 제공하지는 못합니다. 메시지는 읽기가 쉽지 않지만, 일부분을 놓쳤어도 반복될 것입니다. 디버깅과 테스트를 다룬 7장에서 제안한 단계에 따라 오류를 찾아 수정합시다. 그런 다음 새 버전을 저장하고 내려 받은 뒤, .hex 파일을 마이크로비트 드라이브 위치로 가져다 놓으세요. 이번에는 제대로 실행되기를 바라지만, 그러지 않는 경우 문제 해결 단계를 반복하여 코드를 디버깅합시다.

더 자세히 알아보기

우리가 방금 사용한 마이크로비트 코드를 더 자세히 살펴보는 것부터 시작합시다. 여기 코드가 있습니다.

```
01      #  Hello yourName program
02      from microbit import *
03
04      while True:
05              display.scroll('Hello, yourName!')
06              display.show(Image.HEART)
07              sleep(2000)
```

- 1번 줄은 프로그램을 설명하는 주석입니다. 컴퓨터는 주석을 만나면 읽지 않습니다. 주석은 온전히 사람을 위한 메모라는 것을 기억하세요.

- 2번 줄은 **import** 문입니다. 이 예약어는 프로그램에 사전에 작성되어 있는 파이썬 코드를 가져오는 데 사용합니다. 이 줄은 마이크로비트 라이브러리에 있는 모든 것을 가져옵니다.

- 3번 줄은 가독성 차원에서 코드 구간을 분리한 빈 줄입니다. 컴퓨터는 빈 줄을 무시합니다.

- 4번 줄은 반복문, **while** 루프입니다. **while True:** 형식에서 무한 루프를 의도적으로 만들고 있다는 점에 주목하세요. **while** 루프는 조건이 True인 경우 실행되는데, 여기서 조건으로 파이썬의 예약어인 참값 **True**를 사용해 명시적으로 항상 참이 되도록 설정하고 있습니다.

- 5번 줄은 마이크로비트의 LED 매트릭스를 사용해 **"Hello, yourName!"** 텍스트를 스크롤합니다. **display** 명령을 사용하는 데 주의하세요. 우리는 앞서 **print( )** 내장 함수를 사용했습니다. **display**는 텍스트를 화면에 출력하는 대신 마이크로비트의 5x5 그리드 형태의 LED를 켜서 표시합니다. 우리는 프로그램 명령문에서 **display** 모듈의 **.scroll( )** 함수를 사용했습니다.

- 6번 줄은 LED와 **display** 명령을 사용해 하트 모양 이미지를 보여줍니다. 이번에는 **display** 모듈의 **.show( )** 함수를 사용했습니다.

- 7번 줄은 프로그램을 2초 동안 잠시 정지시켜 그동안 하트를 볼 수 있게 해 줍니다. 2초의 시간 여유가 없으면, 하트를 보여주자마자 다음 명령으로 넘어가거나 프로그램을 종료할 것입니다. 그러면 우리는 하트 모양으로 불이 들어왔다는 것을 육안으로 인식하지 못하게 됩니다!

while 루프가 계속해서 True이기 때문에, 프로그램은 "Hello, World!" 혹은 수정한 "Hello, yourName!" 문장을 스크롤하며 하트 보여주기를 반복합니다. 컴퓨터에서 USB 케이블을 분리해서 멈출 수 있습니다.

마이크로비트의 이미지와 애니메이션

마이크로비트 이미지

앞서 설명했듯이 마이크로비트는 5x5 그리드 형태의 LED를 가지고 있습니다. 마이크로비트와 함께 제공되는 이미지가 꽤 많습니다. 몇 개를 표시해 봅시다.

다음은 마이크로비트에서 현재 사용할 수 있는 이미지 목록입니다.

동물	감정	객체	모양
Image.BUTTERFLY	Image.ANGRY	Image.CHESSBOARD	Image.DIAMOND
Image.COW	Image.ASLEEP (bored)	Image.GHOST	Image.DIAMOND_SMALL
Image.DUCK	Image.CONFUSED	Image.HOUSE	Image.HEART
Image.GIRAFFE	Image.FABULOUS	Image.PACMAN	Image.HEART_SMALL
Image.RABBIT	Image.HAPPY	Image.PITCHFORK	Image.MEH
Image.SNAKE	Image.SAD	Image.ROLLERSKATE	Image.MUSIC_CROTCHET
Image.TORTOISE	Image.SILLY	Image.SKULL	Image.MUSIC_QUAVER
	Image.SMILE	Image.STICKFIGURE	Image.MUSIC_QUAVERS
	Image.SURPRISED	Image.SWORD	Image.NO
		Image.TARGET	Image.SQUARE
		Image.TSHIRT	Image.SQUARE_SMALL
		Image.TRIANGLE	Image_XMAS
		Image.TRIANGLE_LEFT	Image.YES
		Image.UMBRELLA	

앞서 다룬 "Hello, World!"와 하트를 보여주는 프로그램에서 코드를 수정합시다. **display.scroll("Hello, World!")** 줄에서 인용부호 안의 내용인 "Hello, World"를 삭제해서 비워주세요. 그리고 4번 줄을 변경해서 선택한 이미지를 표시하세요. 나머지는 그대로이기 때문에, HEART란 단어만 바뀝니다.

```
01  from microbit import *
02  while True:
03      display.scroll('Hello, World!')
04      display.show(Image.HEART)
05      sleep(2000)
```

2초 간격으로 while 반복문이 실행되면서 그림이 깜박입니다. 이제 4번 줄을 다음처럼 바꾸면 하트 대신 토끼가 표시됩니다.

```
04  display.show(Image.RABBIT)
```

수정한 전체 코드는 다음과 같습니다.

```
from microbit import *
while True:
        display.scroll('')
        display.show(Image.RABBIT)
        sleep(2000)
```

수정한 코드를 컴퓨터에 내려 받은 다음, .hex 파일을 마이크로비트 드라이브 위치로 가져다 놓으면 끝입니다. 이미지 목록 중 몇 가지를 시도해서 여러분의 마이크로비트에서 어떻게 보이는지 알아보세요.

자신만의 이미지 만들기

마이크로비트에서 제공하는 이미지가 꽤 많지만, 여러분이 보여주고 싶은 이미지는 없을지도 모릅니다. 다행히도 우리만의 이미지를 만들 수 있습니다!

마이크로비트의 LED는 5x5 그리드 형태입니다. 각 LED에는 0에서 9 사이의 값을 할당할 수 있는데, 여기서 0은 LED가 꺼진 상태고 9는 LED가 가장 밝게 켜진 상태입니다. 5x5 형태의 이미지를 디자인할 때는 한 번에 한 줄씩 총 5줄로 만들어야 합니다. 각 줄의 끝에 :(콜론)을 붙이는 것을 잊지 마세요.

> **00000:** 첫번째 줄의 모든(5개) LED가 꺼집니다.
>
> **02468:** 두번째 줄의 LED는 오른쪽으로 갈수록 더 밝습니다.
>
> **00500:** 세번째 줄에서는 절반 밝기로 가운데 LED만 켜집니다.
>
> **03530:** 네번째 줄은 가운데가 밝고 옆으로 갈수록 어두워집니다.
>
> **98765:** 마지막 다섯째 줄은 왼쪽이 가장 밝고 오른쪽으로 갈수록 어두워집니다.

이제 변수에 그리드를 저장해야 하는데, 이 이미지는 단지 설정 방법을 보여주기 위한 것이기 때문에 변수 이름으로 **pic1**을 사용했습니다. 만약 특정한 형태를 가진 그림이었다면 그에 맞는 적당한 이름을 붙여 주었을 겁니다.

다음으로 예약어인 Image를 사용해서 그리드를 큰따옴표로 둘러싸 괄호에 넣어야 합니다.

```
pic1 = Image("00000:"
        "02468:"
        "00500:"
        "03530:"
        "98765:")
```

이로써 해당 이미지는 프로그램에 정의되었으며, 사용하고 싶을 때 언제든 **pic1**으로 참조할 수 있습니다. 그리드는 프로그램에서 각 이미지에 대해 한 번만 설정하면 됩니다. 우리가 만든 이미지를 표시하는 형식은 약간 다릅니다. 마이크로비트 라이브러리에서 제공하는 이미지가 아니기 때문에, show 함수의 괄호 안에 우리의 그리드 레이아웃을 저장하는 변수 이름을 넣어야 합니다.

```
display.show(pic1)
```

이미지를 한 줄로 정의할 수도 있습니다. 그리드 행을 수직으로 작성하면 행이나 열을 건너뛰지 않도록 하는 데 도움이 되긴 하지만, 둘 다 맞는 방법입니다.

```
pic2 = Image("00900:05550:77777:05550:11111:")
```

이 형식에서 큰따옴표는 전체 그리드 패턴의 시작과 끝에만 있고, 콜론은 그리드의 각 행을 구분하고 있습니다.

애니메이션 만들기

보너스입니다! 제공되는 이미지, 만든 이미지, 또는 둘의 조합을 사용해 애니메이션을 만들 수 있습니다. 애니메이션이라고 해도, 단순히 정지 이미지 하나씩을 빠르게 보여주는 것에 불과합니다. 하지만 우리의 눈은 움직임으로 감지합니다!

애니메이션을 만들기 위해 정지된 이미지들의 리스트를 사용하려고 합니다. 필요한 경우 16장에서 리스트를 참고하세요. 리스트는 하나에 두 개 이상의 값을 저장할 수 있다는 것을 기억하나요? 리스트에서 서로 다른 값은 쉼표로 구분되며, 대괄호로 값들을 감쌉니다.

```
list = [image1, image2, image3, image4]
```

display.show( ) 함수가 리스트에 있는 각각의 이미지를 차례로 보여줄 겁니다. **display.show( )**에 정보를 추가해서 리스트에 있는 각각의 이미지 사이에 일시 중지할 시간을 알려 줍시다. delay 변수가 이 문제를 처리합니다. 시간은 밀리초 단위로 주어야 합니다(1000밀리초 = 1초).

```
display.show(list, delay = 300)
```

이 **display.show( )** 문은 오직 한 번만 실행됩니다. 만약 애니메이션이 계속 반복되기를 원한다면, 이 **display.show( )** 문에 **loop = True** 옵션을 추가하면 됩니다.

```
display.show(list, loop = True, delay = 300)
```

마이크로비트 화면을 지우려면 다음 명령을 사용합니다.

```
display.clear( )
```

이미지의 리스트를 만들고 **display** 문을 설정해서 움직이는 것처럼 보이게 해 보세요. 마이크로비트 라이브러리는 애니메이션 코드를 테스트하는 데 사용할 수 있는 이미지를 리스트로 가지고 있습니다. 마이크로비트 라이브러리는 시계 화면을 위해 12개의 연속 이미지를 제공합니다. 또한 애니메이션에 유용한, 여러 방향을 가리키는 화살표도 있습니다. 다른 이미지나 여러분이 직접 만든 이미지로도 시도해 보세요. 상당히 재미있는 시간이 될 겁니다!
다음은 시계가 무한 회전하는 애니메이션입니다.

```
from microbit import *

clocks= [Image.CLOCK1, Image.CLOCK2, Image.CLOCK3,
         Image.CLOCK4, Image.CLOCK5, Image.CLOCK6,
         Image.CLOCK7, Image.CLOCK8, Image.CLOCK9,
         Image.CLOCK10, Image.CLOCK11, Image.CLOCK12]

display.show(clocks, loop = True, delay = 350)
```

이번에는 8방향 화살표를 무한 회전시키는 애니메이션입니다. 원하는 그림이나 심벌을 사용해서 애니메이션을 만들 수 있습니다. 앞에 만든 시계 애니메이션 후에 8방향 화살표를 회전시키는 애니메이션을 추가해 봅시다. 다음 코드를 참고해서 자신이 원하는 애니메이션을 만들어 보세요.

```
from microbit import *

clocks= [Image.CLOCK1, Image.CLOCK2, Image.CLOCK3,
        Image.CLOCK4, Image.CLOCK5, Image.CLOCK6,
        Image.CLOCK7, Image.CLOCK8, Image.CLOCK9,
        Image.CLOCK10, Image.CLOCK11, Image.CLOCK12]

arrows= [Image.ARROW_N, Image.ARROW_NE, Image.ARROW_E,
        Image.ARROW_SE, Image.ARROW_S, Image.ARROW_SW,
        Image.ARROW_W, Image.ARROW_NW]

while True:
        display.show(clocks, delay = 350)
        display.show(arrows, delay = 300)
```

마이크로비트의 구조와 응용

마이크로비트의 버튼들

마이크로비트의 앞면에는 두 개의 버튼이 있습니다. 왼쪽 버튼에는 "A"가, 오른쪽에는 "B"가 표시되어 있습니다.

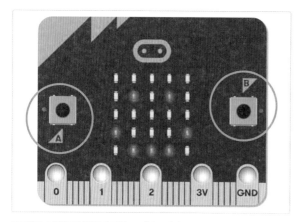

그림 22-4 마이크로비트의 버튼 A, 버튼 B 위치

다음과 같은 마이크로파이썬 코드를 사용해서 버튼이 몇 번 눌렸는지 알아내는 방법을 제공합니다.

```
button_a

button_b
```

짐작하듯 **button_a**는 누른 횟수를 저장하고, **button_b**도 마찬가지로 누른 횟수를 저장합니다. 숫자는 항상 정수일 것입니다. 반만 누르는 경우는 없으니까요!

이제, **button_a**나 **button_b**에 저장된 숫자를 공유할 방법이 필요합니다. 마이크로파이썬은 **get_presses**라는 메소드 혹은 함수 코드 블록을 제공합니다. 메소드는 객체에 포함되어 작업을 수행하는 코드 블록으로, 함수와 같은 형태로 사용됩니다. 이 경우에, get_presses는 버튼 누르는 횟수를 알 방법을 제공합니다. 형식은 다음과 같습니다.

```
객체이름 + . + 메소드이름
button_a.get_presses( )
button_b.get_presses( )
```

함수가 그렇듯이 메소드 이름 바로 뒤에 괄호가 있는 것에 유의하세요.

평소와 마찬가지로 누른 횟수를 변수에 저장해야 합니다. 변수의 이름은 자유롭게 만들 수 있지만, 파이썬에서 이미 사용하고 있는 예약어는 사용하지 않아야 합니다. 그리고 변수의 내용을 알 수 있는 이름을 사용하는 것이 좋습니다. 명명 규칙과 규약을 다시 보려면 8장을 참고하세요.

```
numAPresses = button_a.get_presses( )
```

파이썬의 변수는 객체이므로 일단 숫자를 변수에 저장하면, 버튼을 지금까지 몇 번 눌렀는지 알아내기 위해 별도의 함수를 사용해 프로그래밍할 필요가 없습니다. 누른 횟수가 변경된 경우에만 객체에 속한 메소드인 **get_presses( )**를 사용하면 됩니다.

버튼과 함께 편리하게 사용할 수 있는 메소드 중에는 부울 메소드도 있습니다. 가령, **is_**

pressed( )는 부울 값인 참 또는 거짓을 반환하며, 버튼을 눌렀을 경우 True가, 버튼을 누르지 않았을 경우 False가 됩니다. **if** 문이나 **while** 루프에 대한 조건을 설정할 때, 조건의 참과 거짓을 True 또는 False로 판단했던 것을 기억하고 있을 겁니다.

다음 문제는 버튼을 누르는 횟수로 무엇을, 언제, 어떻게 할 것이냐는 것입니다. 우리는 **이벤트 기반 프로그래밍**을 사용합니다. 이것은 이벤트가 발생하면 미리 구현된 코드 블록을 실행시키는 것을 의미합니다. 참고로 스마트폰도 이벤트 기반의 프로그래밍을 사용합니다. 스마트폰은 각각의 앱에 트리거(trigger)로 작용해 코드를 실행할 수 있도록 액정 터치, 탭, 문자 메시지, 오디오 등의 이벤트를 대기하는 준비 모드로 있습니다.

우리는 이미 무한 루프 **while**을 설정하는 방법을 배웠습니다. 이것을 이용해서 마이크로비트를 대기 모드로 만들 것입니다. 그러면 이벤트가 발생했을 때, 즉 어떤 버튼이든 눌렸을 때 그에 따라 명령들을 수행할 수 있습니다. 이벤트의 테스트 조건을 사용해서 선택문을 설정하는 것도 가능합니다. 선택문에 대해 복습하고 싶다면 14장을 다시 참고하세요.

```
01 #   항상 import 문이 필요합니다.
02 from microbit import *
03 #   이벤트를 기다리는 무한 루프를 설정합니다.
04 while True:
05      (button_a.is_pressed( )):
06              display.show(Image.STICKFIGURE)
07      elif (button_b.is_pressed( )):
08              display.scroll("Here I am!")
09              #   마이크로비트 화면을 지웁니다.
10              display.clear( )
```

다음 예에서는 **and**를 사용한 복합 조건을 사용했습니다. 마이크로파이썬에서는 논리 연산자 **and, or, not**을 사용해서 복합 조건을 처리할 수 있습니다. 다음 코드에서 두 버튼을 동시에 누르면 유령 이미지가 표시됩니다. 문법 내용이 잘 기억나지 않는다면 15장 논리 연산자를 참고하세요.

```
01 from microbit import *
02 #   이벤트를 기다리는 무한 루프를 설정합니다.
03 while True:
04     if (button_a.is_pressed( ) and button_b.is_pressed( )):
05             display.show(Image.GHOST)
06             #   마이크로비트 화면을 지웁니다.
07             display.clear( )
```

마이크로비트의 **button_a**와 **button_b**의 뒷면에는 **reset** 버튼이 있습니다. 실수든 의도적이든 프로그램을 실행하는 동안 이 버튼을 누르면, 꺼졌다 켜지면서 프로그램의 첫 번째 줄부터 다시 시작하게 됩니다.

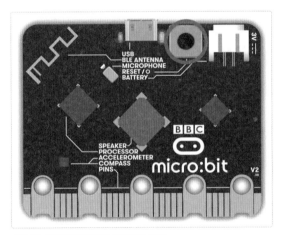

그림 22-5 마이크로비트의 리셋 버튼 위치

마이크로비트 핀

마이크로비트의 바닥을 따라 구멍과 핀이 있는 금속 스트립이 있습니다. 이를 I/O 핀(입력/출력이라는 뜻)이라고 하며, 총 25개입니다. 구멍이 있는 부분에는 0, 1, 2, 3V, GND가 쓰여 있습니다. 파이썬은 다른 프로그래밍 언어처럼 0부터 번호를 매기기 시작한다는 것을 기억하세요. 작은 핀에는 숫자가 표시되지 않았지만 각 핀은 관련된 핀 번호를 가지고 있습니다. 이 작은 핀들은 악어 클립을 사용해서 연결하기 어렵습니다. 이것들은 마이크로비트 전용 커넥터가 있는 별도의 확장보드를 활용해서 마이크로비트를 사용할 때에만 쓰입니다.

pinN 객체를 사용하면 프로그램에서 N번 핀을 참조할 수 있습니다.

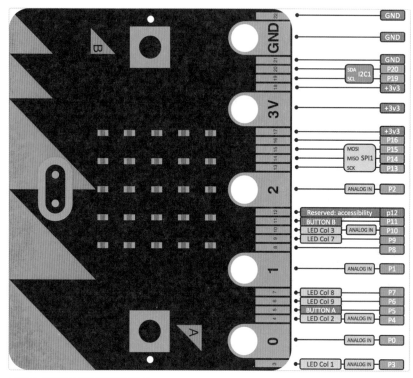

그림 22-6 마이크로비트 핀 위치 및 기능

- 마이크로비트의 pin0, pin1, pin2는 "범용 입출력"이라고 부르며, 약자로는 GPIO로 표시합니다. 이들은 또한 아날로그를 디지털로 변환하는 ADC 기능도 가지고 있습니다. 즉, pin0, pin1, pin2 는 아날로그-디지털 변환(ADC) 기능이 있는 범용 입출력(GPIO) 포트입니다.

- 3V는 3V의 전압을 의미합니다. 스피커 같은 주변기기에 연결하는 데 사용할 수도 있습니다.

- GND는 접지(ground)를 의미합니다. 카펫이 깔린 바닥에서 작업하는 경우 마이크로비트가 상하지 않도록 맨손으로 창틀이나 금속제 책상다리 같은 부분을 잠깐 동안 만져서 손에 쌓여 있는 정전기를 방출합시다. 또한 3V와 GND 핀을 직접 연결하면 절대 안 됩니다. 과도한 전류가 흘러서 마이크로비트가 망가질 수 있습니다.

인체는 전류가 흐르기 때문에 핀을 시험하는 커넥터가 될 수 있습니다. 가장 쉽게 손가락으로 잡을 수 있는 **pin0**를 테스트하기 위해 다음 코드를 마이크로비트에 넣어서 실행해 봅시다.

```
01 from microbit import *
02
03     while True:
04         if pin0.is_touched( ):
05             display.show(Image.YES)
06         else:
07             display.show(Image.NO)
```

코드를 테스트하려면 한 손으로 GND 핀을 잡고 다른 손으로 pin0를 잡습니다. 만질 때 체크 표시가, 연결이 끊어지면 X 표시가 나타나야 합니다. 만약 손가락이 너무 건조한 상태라면 체크 표시가 나타나지 않을 수도 있습니다. 이때는 손에 약간의 입김을 불어 보거나 물로 손을 씻고 수건으로 닦아서 손에 습기가 남게 한 뒤에 다시 시도해 보기 바랍니다. 인체를 통해 흐르는 미세한 전기를 감지하는 방식이기 때문에 약간의 습도가 손에 남아 있을 때 잘 작동합니다.

20개의 작은 핀은 각각 다른 기능을 가지고 있습니다. 이들 핀의 대부분은 LED 또는 버튼 중 하나와 기능을 공유합니다. 다른 용도로 작은 핀을 사용하는 경우 공유되는 LED나 버튼도 동시에 사용할 수 없습니다. 마이크로비트는 이들 핀에 접근할 때 엣지 커넥터를 사용할 것을 권장합니다. 엣지 커넥터로 작은 핀들을 어렵지 않게 사용할 수 있습니다. 엣지 커넥터는 마이크로비트와 함께 기본으로 제공되지 않지만 별도로 구입이 가능합니다. 물론 이외에도 다양한 확장보드와 커넥터가 시중에 나와 있습니다.

- LED 1번 세로줄과 공유된 **pin 3**

- LED 2번 세로줄과 공유된 **pin 4**

- 버튼 A와 공유된 **pin 5**

- LED 9번 세로줄과 공유된 **pin 6**

- LED 8번 세로줄과 공유된 **pin 7**

- LED 3번 세로줄과 공유된 **pin 10**

- 버튼 B와 공유된 **pin 11**

- 3V 핀에 연결된 **pin 17** / **pin 18**

- GND 핀에 연결된 **pin 21** / **pin 22**

확장보드와 커넥터를 구입한 후 작은 핀을 연결하고 코딩하는 방법에 대한 자세한 내용은 마이크로비트 문서나 프로젝트, 제품 홈페이지를 참고하세요. 다양한 제품이 있기 때문에 사용법도 제품마다 각각 다릅니다.

다양한 핀과 함께 사용할 수 있는 장치들이 많이 있습니다. 공식 마이크로비트 웹 사이트에는 장치와 액세서리의 리셀러가 목록으로 나와 있습니다. 악어 클립(alligator clip)은 큰 핀에 연결하는 데 유용합니다. 여러 리셀러의 사이트를 방문해서 구입할 수 있는 다양한 액세서리를 찾아보기 바랍니다(**https://microbit.org/resellers/**).

마이크로비트 가속도계

마이크로비트에는 가속도계가 내장되어 있어 방향을 측정할 수 있습니다. 다음 그림은 마이크로비트가 움직임을 감지할 수 있는 세 방향을 보여줍니다.

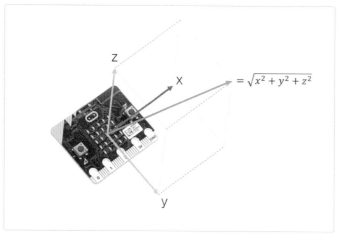

그림 22-7 마이크로비트 가속도계의 3개의 축

- x축은 좌우 움직임을 측정합니다.

- y축은 앞뒤 움직임을 측정합니다.

- z축은 상하 움직임을 측정합니다.

축이 수평일 때 측정값은 0입니다. 즉, 마이크로비트를 평평한 책상 위에 둔다면 x축과 y축의 가속도값은 0이 될 것입니다. 중력은 지구 중심을 향하고 그 방향에 직각이 되는 x축과 y축의 가속도값은 0입니다. 마이크로파이썬에서는 가속도 측정 표준인 millig로 각 축의 측정값에 접근하는 함수를 제공합니다. millig는 g의 1/1000로, 중력가속도에 0.001을 곱한 값이며 이를 사용하는 방법은 다음과 같습니다.

```
get_x( )
get_y( )
get_z( )
```

각 축이 놓인 위치를 알려 주는 값을 기반으로 다른 작업을 수행하도록 조건문과 반복문을 사용해서 코드를 작성하면 됩니다. 축이 수평인지를 판단할 때는 일정 범위 내에 있는지 여부를 판정하는 방식을 사용합니다. 즉, x축의 값이 0인지를 기준으로 수평 여부를 판정하는 것보다, -25보다 크고 25보다 작은 범위(-25millig < x < 25millig)에 들었을 때 수평으로 판정하는 것이 좋습니다. millig를 사용하는 가속도계는 상당히 민감하기 때문에 수평이 잡혀 있지 않으면 제대로 측정하기가 어려울 것입니다.

```
01 from microbit import *
02 #  무한 루프로 축을 측정합니다.
03 while (True):
04     directX = accelerometer.get_x( )
05     directY = accelerometer.get_y( )
06     directZ = accelerometer.get_z( )
07
08     if (directX >= 25):
```

```
09                    #  화살표를 사용해 방향을 보여줍니다.
10                    display.show(Image.ARROW_E)
11      elif (directX <= -25):
12                    display.show(Image.ARROW_W)
13      else:
14                    display.show("lvl")
```

마이크로비트가 놓인 위치에 따라 x축뿐만 아니라 y축과 z축을 고려해서 복합적인 조건으로 다양한 작업을 수행할 수 있습니다.

마이크로비트 제스처

이제 마이크로비트의 가속도계로 재미있는 코드를 만들어 볼 차례입니다. 다른 장치와 마찬가지로 마이크로비트는 가속도계 값에 기반해 제스처를 사용합니다. 이때 사용하는 **accelerometer.current_gesture( )** 메소드는 다음 제스처 중에 하나를 반환합니다.

up	face up
down	face down
left	3g
right	6g
freefall	8g
shake	

여기서 g가 붙은 3g, 6g, 8g는 중력가속도의 3배, 6배, 8배일 때 나오는 신호입니다.

up, down, left, right는 마이크로비트의 기울기에 따라 상, 하, 좌, 우에서 나오는 신호이며, shake는 흔들 때, freefall은 자유낙하할 때, face up, face down은 5x5 LED가 위에서 보일 때와 뒤집혀 있을 때를 의미합니다.

프로그램에서 이들을 사용해 감지된 제스처를 기반으로 작업을 수행하도록 프로그래밍할 수 있습니다. 또한 가속도계에 적용할 수 있는 두 개의 새로운 메소드도 있습니다.

```
accelerometer.current_gesture( )

accelerometer.was_gesture( )
```

current_gesture( )는 현재 상태를 반환해 준다면, was_gesture('name')는 마지막으로 호출했던 이후에 제스처 'name'이 작동했는지 여부를 True 혹은 False의 값으로 알려 줍니다.

```
01 from microbit import *
02 #  무한 루프로 축을 측정합니다.
03 while (True):
04      gesture= accelerometer.current_gesture( )
05
06      if (gesture == "shake"):
07                  #  화살표를 사용해 방향을 보여줍니다.
08                  display.show(Image.NO)
09      else:
10                  display.show(Image.YES)
```

accelerometer.current_gesture( )의 사용 예를 들자면 다음과 같습니다. 마법의 8번공에 결정 내리기 어려운 문제를 물어보세요. 시원하게 대답해 줍니다. 마이크로비트를 흔들었다면 if 구문이 실행되지만 흔들지 않다면 그냥 8이라는 숫자만 보여줍니다. 다음 코드에 포함된 영어 문구를 사전에서 찾아 해석해 보세요. 결정하기 어려운 문제에 현명하게 답하는 마이크로비트를 만날 수 있답니다.

```
from microbit import *
import random

answers = [
        "Yes",
        "Ask again your mom",
        "Think again",
        "Concentrate and ask again",
        "My reply is no",
        "No",
```

```
        "My sources say no",
        "Outlook not so good",
        "Very doubtful",
]

while True:
        display.show('8')
if accelerometer.was_gesture('shake'):
                sleep(1000)
        display.scroll(random.choice(answers))
                sleep(10)
```

마이크로비트 나침반

마이크로비트에는 나침반도 내장되어 있습니다. 나침반에서 정확한 값을 얻으려면 프로그램 시작 위치에서 보정을 해야 합니다. 그래서 보정을 위한 코드가 마이크로비트에 포함되어 있습니다. 나침반 보정을 위해 사용하는 메소드(함수)는 다음과 같습니다.

```
compass.calibrate( )
```

프로그램에 이 메소드가 포함되어 있으면 마이크로비트에 보정 방향이 표시됩니다. 마이크로비트를 이리저리 움직여야 하며, 그리드 불빛이 모두 켜져야 보정이 끝난 것입니다. 보정이 끝나면 웃는 얼굴을 표시해 알려 줍니다. 이제부터 여러분은 프로그램 코드를 만들어 실행할 수 있습니다.

compass.heading( ) 메소드는 마이크로비트가 마주하는 면에 대해 1~360도에 해당하는 정수를 반환합니다. 코드를 작성해서 마이크로비트가 향하는 방향을 알 수 있습니다.

각도를 나타내는 대신 동, 서, 남, 북을 의미하는 **East, West, South, North**를 사용하려고 합니다. 원한다면 언제든지 코드를 수정해 NE, SE, SW, NW 등을 추가할 수 있습니다. if 문을 사용할 때 위에서 조건이 만족되면 아래 부분을 확인할 필요가 없습니다. 그러므로 각도에 대해 if - elif 문을 사용하겠습니다.

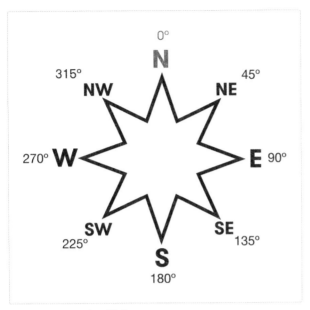

그림 22-8 마이크로비트 나침반

- **North** = 315도 이상 혹은 45도 이하

- **East** = (46도 초과) 135도 이하

- **South** = (135도 초과) 225도 이하

- **West** = (226도 초과) 314도 이하

이 정보를 이용해서 조건을 작성해야 합니다. 조건에 사용하는 각도는 시계 방향으로 정했습니다.

```
01 from microbit import *
02
03 compass.calibrate( )
04 while (True):
05     direction = compass.heading( )
06     if (direction <= 45 or direction >= 315):
07             display.show("N")
```

```
08       elif (direction <= 135):
09               display.show("E")
10       elif (direction <= 225):
11               display.show("S")
12       else:
13               display.show("W")
```

마이크로비트의 나침반 센서는 5x5 LED 그리드의 반대편에 있습니다. 눈에 보이는 5x5 LED의 그리드 화면과 센서는 반대편에 있으므로 방향을 정할 때 주의해야 합니다.

마이크로비트의 난수

난수는 컴퓨터 프로그램, 특히 게임에서 많이 사용됩니다. 다행히 마이크로파이썬은 사용하기 편리한 몇 가지 난수 함수를 제공합니다. 제공되는 함수들을 사용하려면 **import** 문이 필요합니다. import를 사용해 random 라이브러리를 가져옵니다.

```
import random
```

이 라이브러리의 코드 블록을 사용하려면 지금까지 사용했던 폴더이름.프로그램이름과 같은 형식을 사용하면 됩니다. 자주 사용하는 함수는 **randint(start, end)**입니다. **start**와 **end**는 각각 발생시킬 정수 난수의 시작 숫자와 끝 숫자를 나타냅니다. 둘 모두 난수 발생 범위에 포함됩니다.

```
num = random.randint(1, 6)        # 6면 주사위 굴리기 시뮬레이션
```

자주 사용하는 또 다른 함수는 **randrange(0, N)**입니다. 정수형 난수는 0과 N 사이의 값으로 만들어지며, 여기서 N은 정수입니다. 시작값인 0은 난수 범위에 포함되지만 N은 포함되지 않습니다. 따라서 0과 100 사이의 숫자를 원하는 경우 다음과 같이 입력합니다.

```
number = random.randrange(0, 101)  # 두 번째 숫자는 포함되지 않습니다.
```

이런 난수는 추측 게임, 경로를 선택하는 탐색 게임, 주사위 던지기 시뮬레이션 등에서 사용합

니다. 여러분과 친구가 동시에 자판기에 도착했다고 합시다. 마침 주머니에 마이크로비트가 있어서, 난수를 발생시키고 나온 값에 따라 구매 순서를 정하는 것에 합의했습니다. 이 시나리오나 다른 이벤트가 일어날 경우를 대비해서 코딩을 해 두려고 합니다.

마이크로비트 설정에 관해 생각해 봅시다. 마이크로비트에는 버튼이 두 개 있고, 난수를 발생시킬 때는 그중 하나만 있어도 됩니다. 프로그램에 사용할 버튼을 선택하세요. 선생님은 B 버튼을 사용하려고 합니다. 마이크로비트가 **button_b**가 눌렸음을 감지하면, 난수를 생성하게 할 것입니다.

random 라이브러리에 있는 모듈 중 하나를 사용하겠습니다. 이것은 우리에게 random 라이브러리를 가져오는 것을 잊지 말아야 한다는 것을 말해 줍니다. 따라서 import 문은 프로그램에서 **from microbit import *** 문 바로 아래, 다른 명령줄 보다는 위에 있어야 합니다.

```
import random
```

우리는 프로그램이 여러 개의 난수를 생성하기를 원하므로, 반복문이 필요할 것 같습니다. 우리는 **while (True):** 구조를 사용할 것입니다.

```
while (True):
```

while 루프 블록에서는 **button_b.is_presessed( )** 이벤트가 언제 발생하는지 확인해야 합니다. 이벤트가 발생하면 난수를 만듭니다. 선생님은 난수 범위를 0~9로 지정해 스크롤이 필요 없게 만들었는데, 여러분도 쉽게 그렇게 할 수 있습니다. 난수를 표시하고서 프로그램은 끝납니다. 여기까지는 좋습니다.

그러나 만약 두 사람 중 누가 먼저 구매할지를 이 마이크로비트 프로그램을 사용해 정한다면, 두 번째 플레이어의 난수가 언제 만들어지는지 보기는 어려울 것입니다. 같은 난수가 나오면 무승부가 되므로 그에 따른 고려도 필요합니다. 그러므로 화면을 지우고 **button_b**를 다시 눌러 다음 난수를 발생시켜 표시하게 하겠습니다.

```
display.clear( )
```

이것이 제대로 작동한다 해도, 발생한 난수는 화면에서 아주 잠간 깜빡거린 후 사라집니다. 마이크로비트는 명령을 너무 빨리 실행하기 때문에 다른 사람에게 난수를 보여줄 시간이 없습니다. 자, sleep 명령어에 지연을 포함시켜 1초(1,000밀리초) 동안 표시하도록 합시다. sleep 명령은 밀리초를 사용합니다. 필요하면 이 시간을 더 늘려도 좋습니다. 1500은 1.5초, 2000은 2초입니다.

```
sleep(1000)
```

이제 충분한 시간 동안 발생한 난수가 표시됩니다. 다음은 완성된 코드입니다. 이 코드를 실행하려면 컴퓨터에 내려 받은 다음 프로그램의 .hex 파일을 마이크로비트 드라이브로 넣어야 함을 기억하세요. 설치 후 **button_b** 이벤트가 코드 블록을 구동시켜 난수가 발생시킨 뒤 1초 동안 보여줍니다.

```python
#  난수 발생기
from microbit import *
import random

while (True):
        if (button_b.is_pressed()):
                num = random.randint(0, 9)
                display.show(num)
                sleep(1000)
                display.clear()
```

더 큰 수의 난수 풀이 필요하면 **random.randint(0, end)**에서 범위를 수정하세요. 두 자릿수 이상 숫자의 경우 **display.show( )**를 **display.scroll( )**로 변경해야 합니다. 더 큰 수를 읽고 이해하기가 쉬워집니다.

```
#  0 - 100까지의 난수 발생기
from microbit import *
import random

while (True):
        if (button_b.is_pressed( )):
                num = random.randint(0, 100)
                display.scroll(num)
                sleep(1000)
                display.clear()
```

마이크로비트 프로그래밍

위즈덤 게임

난수 구조를 바탕으로 조언 게임을 만들 수 있습니다. 생성된 난수에 따라, 지혜의 조언을 보여주는 것입니다. 어떻게 구현할까요? 먼저 보여줄 문구에 대한 리스트를 가지고 있어야 합니다. 난수를 리스트의 인덱스 위치로 두고 보여줄 메시지를 결정합니다. 우리는 또한 조언을 구하는 자, 즉 플레이어에게 지침을 내릴 필요가 있습니다.

random 라이브러리를 가져오는 import 문을 사용합니다. 그다음 플레이어에게 지침을 보여줍니다. 이번에는 버튼을 누르지 말고 가속도계를 사용합시다. 그런데 플레이어가 사용법을 모를 수 있으므로 알려 주는 것이 좋겠습니다.

```
display.scroll("Shake me to play!")
```

그다음 표시할 구분의 리스트를 작성합니다. 여러분의 의도대로 재미있게 만들어도 되고, 사실적으로 만들어도 좋습니다! 다만, 아쉽게도 한글을 쓸 수는 없기 때문에 영어로 작문해야 합니다. 다음 영어로 된 문구의 뜻을 사전을 통해 확인해 보세요. 더 좋은 문구가 생각나면 추가해도 좋습니다. 선생님은 모든 문구가 특별히 지혜롭다고 생각하지는 않지만, 리스트 변수 이름을

wisdom이라고 했습니다.

```
wisdom = ["Go for it!", "Make Lemonade!",
        "Think", "Choose better!", "Be silly!",
        "Have fun!", "Be kind"]
```

프로그램이 제대로 작동하기 위해서는 **while (True):**를 사용한 무한 루프가 필요합니다. 루프문 아래 **accelerometer.current_gesture( )** 메소드를 들여 써서 사용할 것입니다. 그리고 **gesture**라는 변수에 현재 동작을 저장하도록 설정한 후 조건문인 if 구문을 사용합니다. 이 내용은 다음과 같이 결합시켜 한 줄로도 만들 수 있습니다.

```
if (accelerometer.current_gesture( ) == "shake")
```

만약 동작이 **"shake"**라면, 난수를 발생시킨 후 그 난수를 인덱스로 하는 문구를 결정합니다. randint( ) 모듈은 난수 범위의 시작과 끝 숫자가 포함됩니다. 즉, 두 숫자 모두 난수 범위에 포함됩니다. 이미 만들어진 프로그램 코드에 조언을 추가하게 되면 전체 인덱스가 달라집니다. 인덱스 크기가 달라졌기 때문에 난수의 개수도 바뀌어야 하는데, 이럴 때 **len( )** 함수를 사용하면 됩니다.

len( ) 함수는 리스트나 문자열의 길이를 반환합니다. **wisdom**이라는 리스트를 len( ) 함수에 넣으면 리스트의 크기를 반환받을 수 있습니다. **randint( )**의 끝 숫자를 고려해야 하기 때문에 리스트의 길이에서 하나를 빼야 합니다. 리스트의 길이는 리스트에 포함되어 있는 요소들의 개수이기 때문입니다. 리스트인 **wisdom**에는 7개의 요소가 들어 있으며, 따라서 길이는 7입니다. 이때 첫 번째 요소의 인덱스 위치는 0이고, 두 번째 요소는 1입니다. 즉, 마지막 요소는 전체 길이에서 1을 뺀 값이므로 **len(wisdom) - 1**로 인덱스 위치를 사용하면 됩니다.

```
num = random.randint(0, len(wisdom) - 1)
```

또는 다음처럼 별도의 변수 end를 사용해 길이에서 1을 뺀 값을 계산해서 사용할 수 있습니다.

```
end = len(wisdom) - 1
```

end 변수를 숫자 범위의 끝에 사용합니다.

```
num = random.randint(0, end)
```

두 가지 모두 자주 사용되는 방법입니다. 아래로 코드가 길어지는 것을 싫어하는 사람은 한 줄에 가능한 많은 정보를 담으려 하고, 옆으로 코드가 길어지는 것을 싫어하는 사람은 개별 줄을 짧게 코딩하려고 합니다. 여러분은 어떤 코딩 스타일을 가지고 있나요?

마지막으로 무작위로 나온 난수를 인덱스로 하는 조언(리스트의 요소)을 표시합니다. 선생님은 플레이어가 마이크로비트를 흔들어서 조언을 구한 후 마지막까지 글자를 잘 볼 수 있도록 마지막 문자가 표시된 후 1초 동안 잠시 화면을 정지시킨 후에 글자를 지울 것입니다. 다음은 전체 프로그램입니다.

```python
#  위즈덤 게임
from microbit import *
import random
wisdom = ["Go for it!", "Make Lemonade!" ,
        "Think", "Choose better!", "Be silly!",
        "Have fun!", "Be kind"]
display.scroll("Shake me to play!")

while (True):
        gesture = accelerometer.current_gesture( )

        if (gesture == "shake"):
                num = random.randint(0,len(wisdom) - 1)
                display.scroll(wisdom[num])
                sleep(1000)
                display.clear( )
```

별빛 프로그램

마이크로비트로 힐링 프로그램을 만들어 봅시다. 5x5 LED 그리드를 사용해서 다양한 밝기의 빛을 무작위로 발광시킬 것입니다. LED 그리드는 낮에도 잘 보이지만, 특히 밤이나 어두운 환경에서 더 잘 보입니다.

그리드의 각 위치에는 (x, y) 좌표가 붙어 있습니다. 왼쪽 위의 위치가 (0, 0)이고 오른쪽 아래 위치는 (4, 4)입니다. 다음은 그리드 위치의 좌표값들입니다. 리스트와 문자열에 대한 인덱스 위치처럼 행과 열 모두에서 0으로 시작한다는 점에 주의하세요.

(0, 0)	(1, 0)	(2, 0)	(3, 0)	(4, 0)
(0, 1)	(1, 1)	(2, 1)	(3, 1)	(4, 1)
(0, 2)	(1, 2)	(2, 2)	(3, 2)	(4, 2)
(0, 3)	(1, 3)	(2, 3)	(3, 3)	(4, 3)

편리한 **random.randint( )** 모듈은 여기서 여러 가지로 활용됩니다. 이를 사용해서 각 디스플레이에 대한 x 및 y 좌표 값을 선택할 수 있습니다. 특히 인간의 눈이 일정한 주기를 가진 신호를 탐지하는 데 매우 능숙합니다. 만약 이런 주기성을 가진 패턴이 LED 불빛의 깜박임에 존재한다면 우리는 다음 신호에 대한 불안감으로 편안함을 느낄 수 없을 것입니다. 빗소리를 오래 들어도 귀가 불편하지 않은 이유는 빗소리가 불규칙하기 때문입니다. 정확히 0.5초 간격으로 드럼을 치듯이 비가 내린다면 우리의 귀는 금방 피곤해질 것입니다. 눈도 마찬가지입니다. 5x5 LED 그리드가 고정되어 있기 때문에, 난수 범위의 시작 숫자와 끝 숫자를 설정할 수 있습니다.

```
x = random.randint(0, 4)
y = random.randint(0, 4)
```

마이크로비트의 각 LED는 1부터 9까지의 밝기 범위를 가지고 있습니다. 값이 0이면 전기가 전혀 흐르지 않는다는 뜻입니다. **random.randint( )** 모듈을 사용하면 각 LED의 밝기 정도를 결정할 수 있습니다. 이것은 또한 별빛에 다채로움을 더해 줍니다. **bright** 변수를 사용해서 새로운 LED의 밝기 정도를 설정하겠습니다.

```
bright = random.randint(1, 9)
```

난수로 결정되는 x, y 좌표와 밝기로 LED를 빛나게 할 시간입니다! **while (True):** 루프를 사용해서 프로그램을 계속 작동시켜 다른 좌표의 LED를 지속적으로 빛나게 할 수 있습니다. 또한 **display( )** 모듈에서 **set_pixel( )**이라는 새로운 메소드를 가져올 것입니다. x, y 좌표와 밝기를 정할 때 사용합니다.

```
display.set_pixel(x, y, bright)
```

프로그램을 테스트하면, 모든 불빛이 너무 빠른 속도로 계속 깜박이는 것을 볼 수 있습니다! 이건 우리가 원했던 것이 아닙니다. 이렇게 빠른 깜박임은 힐링을 주지 못합니다! 이것을 어떻게 수정하면 해결할 수 있을까 생각해 봅시다. **sleep( )** 메소드가 해결책이 됩니다. 각 위치의 LED가 빛을 내며 **while** 루프를 반복하는 동안 다음 단계로 넘어가기 전에 프로그램을 일시 중지하는 시간을 설정할 수 있습니다. 프로그램을 일시 중지 모드로 전환하는 시간(밀리초)에 대해 몇몇 값을 시도해 보세요. 경험상 300에서 500 정도의 값이 적당했습니다. 여기서는 350을 사용하겠습니다.

```
sleep(350)
```

이 버전을 마이크로비트에 내려 받아 테스트해 봅시다. 훨씬 나아 보입니다. 1, 2분 정도 프로그램을 지켜보세요. 프로그램에 문제가 있는 것 같나요? 그리드의 모든 LED가 켜지는 시점에 도달할 겁니다. 어두운 밝기에서 더 강한 밝기로 바뀔 수도 있고 그 반대로 바뀔 수도 있기 때문에 약간 반짝이는 효과가 있지만, 모두 어느 정도의 밝기로 켜져 있습니다. 이것도 우리가 원했던 것과는 다릅니다.

자, 이제 수정해야 할 것이 하나 더 생겼습니다. 주기적으로 전체 화면을 지우거나 화면이 모두 켜지기 전에 개별 LED의 전원을 내려야 합니다. **sleep(350)** 다음에 LED를 꺼서 그리드를 지우는 명령을 추가합니다.

```
display.clear( )
```

우리가 기대했던 것과 더 비슷해지긴 했지만, 한 번에 하나의 빛만 보입니다. 350밀리초 동안 표시되었다가 다음 반복 전에 꺼집니다. 마이크로비트는 처리가 빠르므로 이대로도 괜찮지만 최선은 아닙니다. 조건이 True일 때만 화면을 지우도록 **if** 문을 추가해 봅시다. x가 특정 값과 같을 때 화면을 지우도록 조건을 설정할 수 있습니다. 이때 어느 정도 무작위성을 갖게 됩니다. 왜냐하면 주어진 반복에서 언제 x가 그 값이 될지 알 수 없기 때문입니다. 조건에 x 대신 y를 사용할 수 있습니다. 조건을 위한 값을 고르세요. x 또는 y에 대한 옵션은 0, 1, 2, 3, 4만 가능합니다. 선생님은 x와 0으로 할 것입니다.

```
if (x == 0):
        display.clear( )
```

이제 난수가 x에 대해 0이 나오면 언제든지 그리드 패널이 깨끗해질 겁니다. 새 그리드 값으로 채우는 작업이 바로 시작되지만, 지우기 전에 여러 개의 LED가 빛을 내는 경우가 많습니다. 다음은 완성된 코드입니다.

```
#   별빛 프로그램
from microbit import *
import random

while (True):
        bright = random.randint(1, 9)
        x = random.randint(0, 4)
        y = random.randint(0, 4)
        display.set_pixel(x, y, bright)
        sleep(350)
```

```
if x == 0:
        display.clear( )
```

선생님은 별빛 프로그램의 디스플레이가 마음에 듭니다. 만약 여전히 만족스럽지 않다면 일시 정지 시간과 화면을 지우는 경우에 대해서 수정, 보완을 하면 됩니다. 잔잔한 음악을 들으면서 별빛 프로그램의 디스플레이를 가만히 들여다보세요. 마음이 편해지지 않나요? 프로그램을 조금 더 낫게 만들고 싶다면 이제부터는 여러분의 창조적이고 다양한 시도가 필요합니다!

숫자 추측 게임

마이크로비트는 추측 게임에도 사용할 수 있습니다. 우리는 이미 앞서 다룬 숫자 추측 게임을 통해 기본적인 구조를 알고 있습니다. 마이크로비트에 응용해 봅시다. 키보드가 없기 때문에 플레이어에게 몇 가지 기본 지침을 전달해야 합니다. 글자가 마이크로비트 위에 스크롤되는 데 시간이 걸릴 수 있으며, 우리는 플레이어가 어떤 것도 놓치거나 지루해서 게임을 멈추기를 바라지 않습니다!

delay = milliseconds 명령을 사용해서 마이크로비트 화면에 글자가 표시되는 속도를 제어할 수 있습니다. 이것은 **display.scroll( )** 명령과 함께 사용할 수 있는 옵션으로, 표시될 정보 다음에 옵니다. 선생님은 75밀리초를 사용하겠습니다. 이보다 작은 값은 너무 빠르게 글자가 흘러가고, 큰 값은 너무 느리게 느껴집니다. 지시 사항을 표시하는 이 코드는 프로그램에서 사용하는 루프 바깥에 위치하도록 합니다.

```
display.scroll( "text", delay = milliseconds)
```

추측에 대한 피드백(특정 숫자보다 더 높거나 더 낮다)을 제공하는 데 두 개의 버튼을 사용할 수 있습니다. 바로 **button_a**와 **button_b**입니다. 이번 추측 게임에서는 플레이어가 숫자를 정하고, 마이크로비트가 그 숫자를 추측하도록 코드를 짜 보겠습니다. 숫자의 범위를 1에서 100 사이로

정하고, 마이크로비트에게 숫자를 맞힐 7번의 추측 기회를 줄 수 있습니다. 플레이어에게 다음과 같은 주의사항 혹은 사용법을 요청합니다.

- 플레이어가 생각한 숫자가 마이크로비트가 추측한 숫자보다 작으면 **button_a**를 누릅니다.

- 플레이어가 생각한 숫자가 마이크로비트가 추측한 숫자보다 크면 **button_b**를 누릅니다.

- 추측이 맞으면 양쪽 버튼을 모두 누릅니다.

버튼을 누를 때마다 추측에 사용하는 숫자의 범위를 업데이트해야 할 것입니다. **button_a**를 누르면 숫자가 작아지므로 하한 범위를 동일하게 유지하고, 범위의 상한값을 기존 추측보다 한 수 작게 수정합니다. 만약 추측한 수가 50인데 플레이어가 **button_a**를 누른다면, 이제 마이크로비트는 플레이어가 정한 숫자가 1부터 49 사이라는 것을 알게 됩니다.

마찬가지로, 추측한 수가 50인데 플레이어가 **button_b**를 누를 경우, 51 이상이라는 것을 알기 때문에 범위의 하한값을 기존 추측보다 하나 더 큰 수로 수정해야 합니다. 이제 마이크로비트는 플레이어가 정한 숫자가 51에서 100 사이라는 것을 압니다.

추측을 한 번 할 때마다, 추측 기회를 1회씩 줄여야 합니다. **while** 루프의 조건은 추측이 끝나지 않았는지와 게임에서 아직 이기지 못했는지를 확인하고, 두 결괏값을 and 연산자에 넣어 True 혹은 False를 찾습니다. 그리고 **while** 루프 안에 추측한 수를 표시한 다음 어떤 버튼을 눌러야 하는지 재빨리 알려 줍니다. 이런 지침들은 계속 보고 있으면 거추장스럽게 느낄 수 있기 때문에, 가능한 짧게 만들고 글자 사이의 지연 시간을 75밀리초로 해서 빨리 지나갈 수 있도록 설정합니다.

그런 다음 **sleep(1000)** 명령으로 프로그램을 1초 동안 일시 중지시킵니다. 플레이어가 버튼을 누를 여유 시간을 주기 위함입니다. 선생님의 경우 이것이 없으면, 코드가 너무 빨리 실행되어서 버튼을 누를 수 없었습니다. 너무 느렸기 때문입니다!

그리고 나서, 코드는 버튼 중 하나가 눌렸는지 혹은 두 버튼 모두 눌렸는지 확인합니다. 여기서는 조건의 순서가 매우 중요합니다. 먼저 두 개의 버튼이 모두 눌렸는지 확인합니다. 그렇다면 숫자가 맞게 추측되었다는 것입니다. **win = True**로 설정해서 루프를 멈추고, 웃는 얼굴을 보여줍시다. 이 조건이 가장 앞에 있어야 합니다. 그러지 않고 **button_a**가 눌렸는지에 대한 확인만 한다면 예상밖의 일이 벌어집니다. 두 버튼이 모두 눌렸음에도 **button_b**가 눌렸다는 사실이 무시되고 맙니다. 이런 일이 발생하지 않도록 논리적인 관계를 잘 따져가며 코드를 만들어야합니다.

if - elif 문에서는 True가 처음으로 나오는 조건에 속한 코드만 실행합니다. 즉, 일단 앞에 있는 조건이 True라면 그 부분의 코드만 실행한 후 이후의 다른 조건은 확인하지도 않고 건너뜁니다. 따라서 두 버튼이 모두 눌렸을 때 실행해야 할 조건이 뒷부분에 있으면, 이미 앞에서 하나의 버튼이 눌렸을 때의 조건이 True였기 때문에 두 버튼이 눌린 경우에 대한 코드는 결코 실행되지 않는 것입니다. 글로는 잘 설명하기 어려운 부분이므로 직접 코드를 만들어 실행시켜 보는 것도 좋습니다.

```python
if (button_a.is_pressed( ) and button_b.is_pressed( )):
        display.show(Image.HAPPY)
        win = True
elif (button_a.is_pressed( )):
        high = guess - 1
elif (button_b.is_pressed( )):
        low = guess + 1
```

마지막으로, 우리는 정해진 횟수 내에 추측이 이루어졌는지 확인해야 합니다. 추측 횟수를 넘기면 슬픈 얼굴이 나타납니다. 다음은 완성된 프로그램입니다.

```python
#   숫자 추측 게임
from microbit import *

display.scroll("Think of a number between 1-100.", delay = 75)
display.scroll("I can guess the number in 7 or fewer guesses.", delay = 75)
display.scroll("Press 'A' button if your number is lower.", delay = 75)
display.scroll("'B' button if number is higher.", delay = 75)
display.scroll("'A' and 'B' buttons if correct!", delay = 75)

low = 1
```

```
high = 100
numGuesses = 7
win = False
while (numGuesses > 0 and win == False):
        guess = int((low + high) / 2)
        display.scroll(guess)
        numGuesses -= 1
        display.scroll("High:A/Low:B or both", delay = 75)

        sleep(1000)
        if (button_a.is_pressed( ) and button_b.is_pressed( )):
                display.show(Image.HAPPY)
                win = True
        elif (button_a.is_pressed( )):
                high = guess - 1
        elif (button_b.is_pressed( )):
                low = guess + 1
        else :
                numGuesses += 1

        if (numGuesses == 0):
                display.show(Image.SAD)
```

유성우 잡기 게임

이 게임에는 약간의 기술이 필요합니다. 게임을 디자인하면서 그리드의 모든 세로줄에 "유성우"가 떨어지도록 할 것입니다. 각각의 별은 그리드 위쪽에서 시작하며, 바닥으로 "떨어집니다". 플레이어는 라운드 시작 시 맨 아래 가로줄의 중간에 위치합니다. 왼쪽으로 이동하려면 A 버튼을, 오른쪽으로 이동하려면 B 버튼을 누릅니다. 게임의 목표는 올바른 위치로 이동해 떨어지는 별을 잡는 것입니다. 만약 별이 잡히지 않고 바닥에 떨어진다면 플레이어는 라운드에서 패배합니다.

이 게임을 구현하기 위해 몇 가지 변수를 사용하겠습니다. 플레이어는 그리드의 맨 아래 가로줄에 위치합니다. 따라서 플레이어의 y 좌표는 항상 4의 값을 갖게 됩니다. 플레이어의 y 좌표를 변수로 만들어 사용하지 않고 4로 고정시킵니다. 플레이어의 y 좌표는 4이지만 좌우로 어느 곳이든 이동할 수 있으므로 x 좌표는 0에서 4까지의 범위가 됩니다. 그 범위를 벗어나지 않게 확실히 하려면 확인 과정을 포함시킬 필요가 있습니다.

별은 항상 그리드 위쪽에서 아래로 떨어지기 때문에 별의 y 좌표는 항상 0에서 시작됩니다. 별이 떨어지게 하려면, y 좌표에 1을 더해서 올바른 세로줄로 한 칸씩 이동하도록 해야 합니다. 또한, 별의 y 좌표가 최대 4를 넘지 않도록 합니다. 별의 x 좌표는 각 게임마다 무작위로 결정됩니다. 일단 x 좌표가 결정되면, 그것은 라운드 중에 그대로 유지될 것입니다. 별은 그 자리에서 아래로 떨어집니다.

게임에 관한 지침은 처음 한 번만 출력하고, 이후 새로운 라운드가 시작될 때는 하지 않습니다. 이를 위해 75밀리초 안에 display 문을 사용해서 스크롤하도록 할 것입니다. 빠르기는 하지만 놓칠 정도로 빠르지는 않습니다. 굳이 공들여 자세히 볼 정도로 중요한 지시문도 아닙니다.

게임을 지속적으로 할 수 있도록, **while(True)** 루프를 사용합니다. while 루프 첫 줄에서 플레이어를 맨 아래 가로줄의 중간에 내보낸 뒤, 별을 떨어뜨리기 시작할 겁니다. LED 그리드의 밝기 정도는 **set_pixel( )** 메소드의 마지막 인수에 해당합니다. 밝기는 9로 가장 밝게 유지합니다.

```
while(True):
        display.set_pixel(bucketx, 4, 9)
        if (stary < 5):
                display.set_pixel(starx, stary, 9)
                stary += 1
```

그다음은 어느 버튼이 눌렸는지 확인하고 플레이어의 위치를 옮겨야 합니다. 플레이어가 아직 범위 안에 있는지 확실히 하기 위해 확인 과정을 포함시켜야 한다는 것을 기억하세요. 맨 아래 줄에서 x 좌표가 범위 안에 있으면 이전 위치의 밝기를 0으로 설정한 다음, 오른쪽으로 이동하는 경우 x에 1을 더하고, 왼쪽으로 이동하는 경우 x에서 1을 빼 새로운 x 좌표를 갱신합니다. 새로 갱신된 x 좌표를 이용해 플레이어의 위치를 표시합니다. 여기 버튼 구현을 위한 코드가 있습니다.

```
if (button_a.is_pressed( )):
        if (bucketx-1 >= 0):
                display.set_pixel(bucketx, 4, 0)
                bucketx -= 1
                display.set_pixel(bucketx, 4, 9)
```

마지막 단계는 별의 y 좌표가 4인 맨 아래 가로줄에 도달했는지 확인하는 것으로, 별이 바닥에 떨어졌는지 여부를 알 수 있습니다. 만약 별의 y 좌표가 4이면서, 별과 플레이어의 x 좌표가 같다면 플레이어는 별을 받은 것입니다. 플레이어의 y 좌표는 언제나 4라는 것을 기억하세요. 플레이어가 별을 제대로 받았으면 하트 이미지를 보여줍니다. 별의 y 좌표가 4일 때 플레이어의 x 좌표가 별의 x 좌표와 같지 않으면 슬픈 얼굴이 나오게 합니다. 두 경우 모두 새로운 게임을 시작할 준비가 됐기 때문에 이후 전체 값을 재설정합니다. 이 코드는 반복되기 때문에, 함수로 정의해서 필요할 때 언제든지 호출할 수 있게 만들겠습니다. 선생님은 이 함수를 **reset( )**이라고 이름 지었습니다.

함수가 프로그램에서 호출되기 전에 정의되어야 함을 기억하고 있을 겁니다. 그러므로 함수 정의를 import 문 바로 다음에 위치시킵니다. 기억해야 할 중요한 사실은 플레이어와 별의 좌표값이 바뀌고 있다는 점입니다. 따라서 플레이어와 별의 좌표값을 저장하는 변수를 함수에서 전역변수로 선언해야 합니다. 그러지 않으면, 같은 이름을 가진 지역 변수가 만들어지고 함수의 안과 밖에서 각각 다른 변수가 적용되기 때문에 원하는 기능을 만들어 낼 수 없게 될 뿐 아니라 프로그램이 어떻게 실행되는지 매우 혼란스럽게 됩니다. 문법적 오류 없이 발생하는 이런 논리적인 오류가 더 고치기 힘드니 주의하세요. 다음은 이런 내용을 반영한 코드입니다.

```python
#   유성우 잡기 게임
from microbit import *
import random

def reset( ):
        global starx, stary, bucketx
        starx = random.randint(0, 4)
        stary = 0
        bucketx = 2
        sleep(500)
        display.clear( )

bucketx = 2
starx = random.randint(0, 4)
stary = 0

display.scroll("Move the bottom row bucket\
to catch the falling stars!",delay = 75)
display.scroll("Press Button A to move Left", delay = 75)
display.scroll("or Button B to move right", delay = 75)

while(True):
        display.set_pixel(bucketx, 4, 9)
        if (stary < 5):
                display.set_pixel(starx, stary, 9)
                stary += 1

        if (button_a.is_pressed( )):

                if (bucketx-1 >= 0):
                        display.set_pixel(bucketx, 4, 0)
                        bucketx -= 1
                        display.set_pixel(bucketx, 4, 9)

        if (button_b.is_pressed( )):

                if (bucketx+1 <= 4):
                        display.set_pixel(bucketx, 4, 0)
                        bucketx += 1
                        display.set_pixel(bucketx, 4, 9)
```

```
if (stary == 4 and starx == bucketx):
        display.show(Image.HEART)
        reset( )
elif (stary == 4 and starx != bucketx):
        display.show(Image.SAD)
        reset( )

sleep(300)
```

여러분의 반사신경은 아마 선생님보다 좋을 것이고, **sleep( )** 함수에 의해 제공되는 지연이 너무 길다고 판단할 수도 있습니다. 지연 시간(밀리초)을 변경해서 좀 더 여러분과 친구들에게 어렵도록 만들어 보세요. 또 별을 잡거나 놓쳤을 때 표시되는 이미지를 바꾸고 싶다면 직접 수정해 보기 바랍니다. 한동안 재미있게 놀 수 있을 겁니다!

노래 재생 프로그램

마이크로비트의 훌륭한 점 중 하나는 사람들이 새로운 모듈을 만들고 공유하고 있다는 것입니다. 이 중에는 음악 라이브러리도 있습니다. 이 라이브러리는 마이크로비트와 함께 제공되지 않기 때문에 외부에서 가져와야 합니다. 물론 문제없습니다! **import** 문을 사용해서 random 라이브러리를 가져왔던 것처럼, 음악 라이브러리 역시 우리 프로그램에 쉽게 가져올 수 있습니다. 라이브러리에 있는 모듈은 참조하기 전에 가져와야 하므로, **from microbit import *** 바로 다음 줄에 음악 라이브러리를 가져오는 import 문을 배치하도록 합니다.

음악 라이브러리에는 꽤 많은 노래와 함께 이들을 재생하는 명령이 포함되어 있습니다. **music. play( )** 명령을 사용하면 됩니다. 라이브러리 이름은 music이고 **play( )**는 이 라이브러리에 있는 메소드입니다. 괄호 안에 라이브러리 이름과 재생할 음악 이름을 넣습니다.

여기 music 라이브러리를 가져온 다음 music.DADADADUM 음악인 팡파르를 연주하는 코드가 있습니다.

```
from microbit import *
import music
music.play(music.DADADADUM)
```

그런데 마이크로비트로 시도하면 아무 소리도 들리지 않습니다! 혹시 소리가 들리나요? 그러면 뉴 마이크로비트를 사용하고 있는 것입니다. 새로 나온 뉴 마이크로비트는 작은 스피커와 마이크가 내장되어 있습니다. 가지고 있는 마이크로비트에서 아무 소리가 들리지 않으면 아마 프로그램에 오류가 있다고 생각할지도 모릅니다.

이전 버전의 마이크로비트를 가지고 있는 친구들은 노래를 들을 수 있는 방법을 찾아야 합니다. 선생님은 항상 프로그램에 **display** 문을 추가해 음악 노트를 보여줍니다. 그러면 스피커나 헤드폰이 없어도 노래가 재생되고 있다는 것을 알 수 있습니다. 프로그램에서 노래를 재생하는 줄 앞에 다음 코드를 추가합시다.

```
display.show(Image.MUSIC_QUAVER)
```

마이크로비트로 노래를 들을 수 있으려면 스피커나 헤드폰을 두 개의 악어 클립으로 마이크로비트에 연결해야 합니다. 악어 클립이 없으면 알루미늄 포일과 셀로판 테이프를 사용해도 됩니다. 악어 클립의 한쪽 끝을 마이크로비트 오른쪽 아래 GND 또는 접지 원에 연결합니다. 다른 악어 클립의 한쪽 끝은 마이크로비트 왼쪽 아래 pin0에 연결합니다. 만약 포일을 사용하고 있다면, 작게 찢어서 철사처럼 돌돌 접으세요. 준비한 포일을 GND에 테이프로 고정합니다. 잘 연결되어 있는지 확인합니다. 이 과정을 다른 포일로도 반복한 후 pin0에 테이프로 고정합니다.

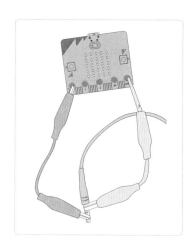

그런 다음 GND에 연결된 악어 클립(또는 호일)의 다른 쪽을 헤드폰이나 스피커 잭에 연결합니다. pin0 악어 클립(또는 호일)의 다른 쪽도 마찬가지로 헤드폰이나 스피커 잭에 연결합니다. 이제 마이크로비트로 프로그램을 실행하면, 노래가 들릴 겁니다. 다른 노래들도 한번 들어 보세요. 다음은 라이브러리에 있는 노래 목록입니다.

- music.DADADADUM
- music.ENTERTAINER
- music.PRELUDE
- music.ODE
- music.NYAN
- music.RINGTONE
- music.FUNK
- music.BLUES
- music.BIRTHDAY
- music.WEDDING

- music.FUNERAL
- music.PUNCHLINE
- music.PYTHON
- music.BADDY
- music.CHASE
- music.BA_DING
- music.WAWAWAWAA
- music.JUMP_UP
- music.JUMP_DOWN
- music.POWER_UP
- music.POWER_DOWN

라이브러리에서 여러 노래를 재생할 수도 있습니다. 노래 한 곡을 재생한 다음, 버튼 A와 B를 사용해서 추가 노래 두 곡을 교환하는 방법으로 구현해 보겠습니다. 이 코드에서 선생님은 코드가 버튼 상태를 확인하기 전에 플레이어에게 버튼을 누를 시간을 주기 위해 **sleep( )** 함수를 추가했습니다. 또한 버튼을 누르면 다른 여러 이미지들도 표시되게 했습니다. 이상을 구현한 코드는 다음과 같습니다.

```python
#  노래 재생 프로그램
from microbit import *

import music
display.show(Image.MUSIC_QUAVER)
music.play(music.ENTERTAINER)
sleep(1000)
if (button_a.is_pressed( )):
        display.show(Image.YES)
        music.play(music.DADADADUM)
elif (button_b.is_pressed()):
        display.show(Image.NO)
        music.play(music.WAWAWAWAA)
```

앞의 코드에서는 제일 먼저 ENTERTAINER라는 곡이 나옵니다. 들어 보면 꽤 익숙한 멜로디일 것입니다. 곡이 끝나면 코드는 1초를 기다린 다음 A 버튼 혹은 B 버튼이 눌러 있는지 확인합니다. A 버튼이 눌러 있다면 DADADADUM을, B 버튼이 눌러 있다면 WAWAWAWAA를 연주합니다. 들어보면 왜 이름을 이렇게 지었는지 웃으면서 알 수 있을 겁니다. 그 후 코드는 종료됩니다. 즉, 1초 후에 A 나 B 버튼이 눌러 있어야만 DADADADUM 또는 WAWAWAWAA가 연주되는 것입니다. 아무 버튼도 눌리지 않았다면 아무 음악도 연주하지 않고 종료됩니다.

이 코드를 응용해서 여러 노래를 번갈아 재생하거나 리스트를 사용해 노래를 무작위로 재생하는 등의 시나리오를 설정할 수 있습니다. 리스트와 함께라면 **while** 또는 **for** 루프를 사용해서 재생 목록에서 여러 노래를 재생할 수도 있습니다. 한번 해 보길 바랍니다.

리더 따라 하기 게임

이 게임은 마이크로비트가 보여주는 패턴을 따라 하는 도전입니다. 우리는 이 게임을 통해 단계를 모두 기억할 수 있는지 알아보게 됩니다. 이미지 라이브러리에 있는 좌우 방향 화살표를 사용해서 플레이어가 해야 할 동작을 알려 줄 것입니다. 그러면 플레이어는 버튼 A를 사용해서 왼쪽 화살표를, 버튼 B를 사용해서 오른쪽 화살표를 표시하면 됩니다.

라운드마다 정수 난수를 발생시켜 새로운 임의의 패턴을 만듭니다. 이때 random 라이브러리를 사용합니다.

```
from microbit import *
import random
```

다음은 변수 차례입니다. 리스트를 세 개 사용합니다. 첫 번째인 **pattern**은 라운드마다 만들어진 새로운 패턴을 저장하고, 두 번째 리스트 **response**는 플레이어가 따라 하는 동작을 저장합니다. (선생님처럼) 느린 플레이어가 버튼을 쉽게 누를 수 있도록 count 변수를 추가했습니다. 세 번째 리스트인 **directions**는 게임에서 사용하는 화살표 이미지를 가지고 있어, 여기서 패턴이 만들어집니다.

```
count = 0
pattern = [ ]
response = [ ]
directions = [Image.ARROW_E, Image.ARROW_W]
```

for 루프를 사용해 오프닝 패턴을 만들어서 **pattern** 리스트에 저장합니다. 루프 반복 횟수를 결정하기 위해 새로운 내장 함수인 **range( )**를 사용합니다. 이 함수는 정수 인수를 취하고, 0 부터 인수로 제공한 숫자는 포함하지 않는 범위까지의 수를 생성합니다. 선생님은 3개의 화살표 패턴을 만들 생각입니다. 그래서 인수로 3을 사용하고, 루프는 3번 반복합니다. 루프 내부에서는 인덱스와 관련된 임의의 수가 만들어지고, 이 인덱스는 **directions** 리스트와 관련이 있습니다. 화살표는 East와 West의 두 요소가 있어서 인덱스 번호는 0 또는 1이 되고, 여러 번 반복됩니다.

```
for i in range(3):
        pattern.append(directions[random.randint(0, 1)])
```

다음 **for** 루프는 플레이어에게 만들어진 패턴을 보여줍니다.

```
for i in range(len(pattern)):
        display.show(pattern[i])
        sleep(500)
        display.clear( )
```

그리고 나서 display.scroll( ) 문에서 **":"**은 패턴이 끝났음을 플레이어에게 알려 줍니다. 이제 플레이어의 기억력과 반사신경이 얼마나 좋은지를 보여줄 시간입니다!

```
display.scroll (":")
```

이 **while** 루프는 pattern 리스트의 요소 수만큼 반복됩니다. count 변수를 하나씩 증가시켜 가면서 해당되는 화살표를 보여주면 플레이어는 어떤 버튼을 눌러야 할지 알게 됩니다. 플레이어가 버튼을 누르면 East와 West 방향 화살표가 **response** 리스트에 추가됩니다.

```
while (count < len(pattern)):
        count += 1
        display.show(str(count))

        if (button_a.is_pressed( )):
                response.append(directions[1])

        elif (button_b.is_pressed( )):
                response.append(directions[0])
```

플레이어가 수행한 동작을 **for** 루프를 이용해 다시 보여줍니다. 루프는 약간 지연되면서 리스트의 각 요소를 표시합니다.

```
for i in range(len(response)):
        display.show(response[i])
        sleep(750)
```

pattern 리스트를 response 리스트와 비교합니다. 일치하면 체크 표시 이미지가 표시되고 그렇지 않을 경우 큰 'X'가 표시됩니다.

```
if (response == pattern):
        display.show(Image.YES)
else:
        display.show(Image.NO)
```

최종 코드입니다. 몇 개의 **sleep( )** 명령을 추가해 마이크로비트의 처리를 지연시키고 플레이어가 패턴을 보며 따라 할 시간을 갖도록 했습니다.

```
#   리더 따라 하기 게임
from microbit import *
import random

count = 0
pattern = [ ]
response = [ ]
directions = [Image.ARROW_E, Image.ARROW_W]

#   오프닝 패턴 만들기
for i in range(3):
        pattern.append(directions[random.randint(0,1)])

#   플레이어 패턴 보여주기
for i in range(len(pattern)):
        display.show(pattern[i])
        sleep(500)
        display.clear( )
```

```
display.scroll(":")
sleep(1000)

#  플레이어 동작을 response 리스트에 추가하기
while (count < len(pattern)):
        count += 1
        display.show(str(count))
        sleep(750)
        if (button_a.is_pressed( )):
                response.append(directions[1])

        elif (button_b.is_pressed( )):
                response.append(directions[0])

display.clear( )
sleep(1000)

#  플레이어 동작 보여주기
for i in range(len(response)):
        display.show(response[i])
        sleep(750)
        display.clear( )

#  결과 비교하기
if (response == pattern):
        display.show(Image.YES)
else:
        display.show(Image.NO)
sleep(1000)
```

이 게임은 타이밍이 라운드 승패의 열쇠인 재미있는 게임입니다! 프로그램을 수정해서 더 긴 패턴을 만들 수 있습니다. 특정한 길이로 설정하거나 플레이어에게 도전할 동작 개수를 물어볼 수도 있습니다. 그 밖에도 게임을 흥미롭게 만드는 옵션들이 많이 있습니다. 창의적으로 재미있는 게임을 만들어 보세요.

우리는 파이썬 기초부터 마이크로비트에서 마이크로파이썬을 사용하는 것까지 많은 주제를 다루었습니다. 파이썬과 마이크로비트를 함께 사용하면 시도할 수 있는 것이 훨씬 더 많아집니다. 이 책으로 시작해서 앞으로 계속해서 파이썬과 마이크로파이썬을 탐구하고, 연구하면서, 코딩을 직접 해 볼 것을 권합니다. 아마도 프로그래머로서 지금 여러분이 할 수 있는 것들에 스스로 놀랄 것입니다. 축하합니다!

정답 및 해설

1장 하드웨어와 소프트웨어

1. 입력 장치, 출력 장치, CPU(중앙처리장치), 메모리(기억장치)

2. 메인보드의 포트를 통해서 유선/무선으로 연결됩니다.

3. 실행 중인 프로그램에 대한 정보와 컴퓨터 명령을 저장합니다.

4. 전원이 꺼지면, 현재 RAM에 저장되어 있는 것은 모두 보존되지 않습니다.

5. 컴퓨터의 두뇌

2장 컴퓨터가 사용하는 언어, 이진수

1. 회로를 통해 전류가 흐르는지 또는 흐르지 않는지 쉽게 판단할 수 있기 때문입니다. 이 두 가지 선택 조건은 참 또는 거짓을 판별하는 논리 게이트를 구축하는 효율적인 방법을 제공합니다.

2. 이진수의 줄임말. 0 또는 1의 값을 가집니다.

3. 비트 8개를 모아둔 단위.

4. 이진수의 자릿값은 십진수와 유사하지만, 숫자 10이 아닌 2를 밑으로 사용합니다. 이진수의 각 비트는 맨 오른 쪽 또는 첫 번째 열에서 2^0으로 시작하는 2의 거듭제곱으로 표시합니다. 일, 십, 백……순서로 10배씩 커지는 십진수와 달리, 1, 2, 4, 8…… 식으로 2배씩 커집니다.

5. $00010111_2 = 23_{10}$

먼저 2의 거듭제곱 표를 만듭니다.

2^7	2^6	2^5	2^4	2^3	2^2	2^1	2^0
128	64	32	16	8	4	2	1

음수가 되지 않고 23에서 뺄 수 있는 가장 큰 값을 찾아야 합니다. 이 예에서는 16입니다. 그러므로 2^4 자리에는 1을, 그 왼쪽 자리에는 모두 0을 표시합니다.

2^7	2^6	2^5	2^4	2^3	2^2	2^1	2^0
128	64	32	16	8	4	2	1
0	0	0	1				

23 - 16 = 7

이 단계를 반복하여 음의 결과가 나오지 않으면서 7에서 뺄 수 있는 가장 큰 수를 찾습니다. 8은 너무 크기에 2^3 에는 0이 들어갑니다. 4가 사용할 수 있는 다음 숫자이므로, 2^2 자리에는 1이 들어갑니다.

7 - 4 = 3

이제 2를 뺄 수 있으므로 2^1 자리에 1을 넣습니다.

3 - 2 = 1

마지막으로 1 - 1 = 0을 계산하고 해당 자리에 1을 넣습니다.

2^7	2^6	2^5	2^4	2^3	2^2	2^1	2^0
128	64	32	16	8	4	2	1
0	0	0	1	1	0	1	1

6. $01111001_2 = 121_{10}$

2^7	2^6	2^5	2^4	2^3	2^2	2^1	2^0
128	64	32	16	8	4	2	1
0	1	1	1	1	0	0	1

음수가 되지 않고 121에서 뺄 수 있는 가장 큰 값을 찾아야 합니다. 이 예에서는 64입니다. 그러므로 2^6 자리에는 1을, 그 왼쪽 자리에는 모두 0을 표시합니다.

121 - 64 = 57

다음으로 뺄 수 있는 숫자는 32입니다. 따라서 2^5 자리에 1을 넣습니다.

57 - 32 = 25

16을 뺄 수 있으므로, 2^4 자리에 1을 넣습니다.

25 - 16 = 9

또 8을 뺄 수 있으므로, 그 자리도 마찬가지로 1이 됩니다.

9 - 8 = 1

1에서 4나 2를 뺄 수 없고 양수 값을 얻을 수 있습니다. 따라서 두 자리에 모두 0이 들어갑니다.

1 - 1 = 0으로 끝내고 2^0 자리에 1을 놓으면 완성됩니다.

7. $01010011_2 = 83_{10}$

이진수를 십진수로 바꾸는 경우, 2의 거듭제곱 표에 이진수를 써 넣으면서 시작합니다.

2^7	2^6	2^5	2^4	2^3	2^2	2^1	2^0
128	64	32	16	8	4	2	1
0	1	0	1	0	0	1	1

기본적으로 이진수 값에 2의 거듭제곱을 각각 곱하여 모두 더합니다. 0은 어떤 수를 곱하든지 0이므로 쓸 필요가 없습니다.

$$1 \times 2^6 + 1 \times 2^4 + 1 \times 2^1 + 1 \times 2^0$$

$$64 + 16 + 2 + 1 = 83_{10}$$

8. $11000011_2 = 195_{10}$

2의 거듭제곱 표의 각 자리에 이진수를 써 넣습니다.

2^7	2^6	2^5	2^4	2^3	2^2	2^1	2^0
128	64	32	16	8	4	2	1
1	1	0	0	0	0	1	1

$$128 + 64 + 2 + 1 = 195_{10}$$

3장 시작하기

1. 이진수인 기계어

2. 컴파일러 또는 인터프리터는 사람들이 사용하는 프로그래밍 언어를 기계어 코드로 번역합니다.

3. 컴파일러는 전체 코드를 번역하고 실행 파일을 만듭니다. 반면 인터프리터는 프로그램을 한 줄씩 기계 코드로 번역합니다.

4. 소프트웨어 개발 프로세스는 코드 생성에 필요한 요구 사항을 충분히 이해하고, 이를 충족하기 위해 충분히 검토된 설계를 만들어 문서화하며, 코딩 후 널리 쓰일 수 있도록 코드를 배포하기 전에 문제가 없도록 테스트하는 데 도움이 되기 때문입니다.

5. 프로그램에 대한 요구 사항을 관리 가능한 작은 블록으로 나누는 과정입니다. 코드를 작성하기 전에 블록을 여러 번 나눌 수 있습니다. 그런 다음 블록들이 최종 프로그래밍 솔루션에 통합됩니다.

6. 반복 프로세스를 통해 더 작은 단위의 코드를 개발하고, 추가 반복 단계에서 필요에 따라 테스트 및 재작업한 다

음 반복해서 또 다른 코드 세트를 작성할 수 있습니다.

7. 여기서 솔루션에 대한 알고리즘이 파악됩니다. 이 단계에서 좋은 설계를 생성하는 데 더 많은 시간을 소비하면 다른 단계에서 더 적은 시간을 소비하게 됩니다. 좋은 설계는 기능이 누락되지 않도록 보장하고 추후 개선된 기능을 추가해야 할 때, 효율적이며 가독성이 좋고 유지관리가 더 쉬운 코드를 만들 수 있습니다.

8. 단위 테스트를 수행해야 합니다. 이는 프로그래머가 다른 사용자가 코드를 테스트하기 전에 모든 오류를 찾으려고 하는 것입니다.

9. 프로그래밍 기능과 관련된 모든 모듈이 올바르게 작동하는지 테스트합니다.

4장 프로그램 설계하기: 알고리즘

1. 문제를 해결하거나 요구사항을 충족시키는 등, 무언가를 해내기 위한 일련의 단계입니다.

2. 컴퓨터는 지시가 명확하지 않을 때 사람과는 달리 실제로 의도하는 바를 추론할 수 없기 때문입니다. 예상되는 결과가 발생하도록 컴퓨터의 알고리즘을 매우 정확하게 설명해야 합니다.

3. 여러분의 답은 이것과 다를 수 있지만, 전체적인 개념은 동일해야 합니다.

> 컴퓨터를 켠다.
>
> 비밀번호를 입력한다 (또는 지문을 입력한다)
>
> 잘못된 비밀번호를 입력한 경우 (또는 손가락에 밴드를 붙였다면)
>
> 　　다시 비밀번호를 입력하세요.
>
> 올바른 암호가 입력되었을 경우 (또는 지문 인식 성공)
>
> 　　사용자 화면이 열립니다.
>
> 잘못된 비밀번호가 너무 많이 입력된 경우
>
> 　　컴퓨터를 잠급니다.

4. 여러분의 답이 이것과 다르더라도, 여전히 옳을 수 있습니다.

> 1. 7cm 간격으로 3cm 길이의 수직선을 두 개 그리세요.
>
> 2. 두 수직선의 위쪽에서 둘을 연결하는 가로선을 그리세요.
>
> 3. 두 수직선 아래에 폭보다 넓게 가로선을 그리세요.
>
> 4. 됐습니다!

5. 가능한 추가 지시의 예는 다음과 같습니다.

> 1. 원의 크기는요?
>
> 2. 두 원은 서로에 대해 어떤 위치에 있어야 하나요?
>
> 3. 원을 어떻게 연결해야 하나요?
>
> 4. "둥근 것"은 양쪽에 얼마나 크게 그려져야 하나요?
>
> 5. "둥근 것"이 원의 양쪽 모두에 있어야 하나요?
>
> 6. 혹은 원의 맨 위인가요, 그림의 맨 위인가요?

그림은 헤드폰이 될 것입니다!

5장 의사코드와 순서도

1. 자연어와 프로그래밍 언어가 결합된 것으로 프로그래머가 코딩 전에 알고리즘을 설계하기 위해 사용합니다. 프로그래밍 언어가 아니기 때문에 컴퓨터에서 실행되지 않습니다.

2. 프로그래머가 코드를 작성하기 전에 솔루션을 설계할 수 있도록 돕기 위해서입니다. 어떤 사람들은 의사코드보다 순서도를 선호합니다.

3. 순서도에 사용되는 도형에는 지정된 의미가 있습니다. 이는 다른 사람들이 순서도와 프로그램 구조 및 목적을 더 잘 이해하는 데 도움이 됩니다. 따라서 올바른 의미를 가진 특정 도형을 사용해야 합니다. 도형들은 Microsoft Word 및 Google Docs를 비롯한 많은 소프트웨어 프로그램에 포함되어 있습니다.

4. 여러분의 답이 이것과 다르더라도, 여전히 옳을 수 있습니다.

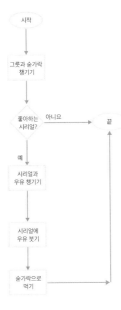

5. 여러분의 답이 이것과 다르더라도, 여전히 옳을 수 있습니다.

> 자판기에 원하는 상품이 있는지 확인한다
>
> if yes, 돈을 넣는다
>
>> \# 더 적은 금액인지, 너무 많은 금액인지 아니면 정확한 금액인지 계산한다
>>
>> if 더 적은 금액이면
>>
>>> 얼마나 더 넣어야 하는지 알린다
>>
>> if 너무 많은 금액이면
>>
>>> 계산해서 거스름돈을 준다
>>>
>>> 상품을 내보낸다
>>
>> else
>>
>>> 상품을 내보낸다

6. 여러분의 답이 이것과 다르더라도, 여전히 옳을 수 있습니다.

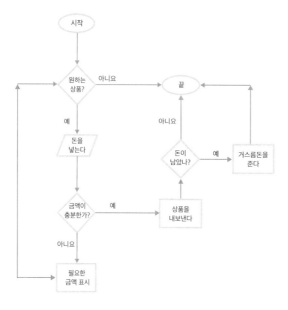

6장 첫 번째 프로그램 작성 및 주석 달기

1. 프로그래머가 코드를 작성, 테스트, 문서화 및 수정할 수 있게 해 줍니다. IDE에는 소프트웨어 개발자를 돕는 디버깅 도구와 함께 내장 컴파일러 및 인터프리터가 포함됩니다.

2. **print("텍스트")**

print( ) 명령이 사용되며 문자열은 따옴표로 묶입니다.

3. 다른 색으로 표시됩니다.

4. 큰따옴표와 작은따옴표는 함께 사용할 수 없습니다. 둘 다 사용할 수 있지만 같은 문자열의 시작과 끝에는 동일한 형식을 사용해야 합니다. 그리고 "Hello 'my' World"처럼 큰 따옴표로 묶인 내부에 작은 따옴표를 넣을수 있습니다. 반대도 가능합니다.

5. .py

6. 스크립트

7. **print("너의 이름")**

8. print("내 반려동물 이름은: 앨리스")

9. 프로그램의 목적을 설명 / 코드의 중요하거나 복잡한 부분을 설명

10. #

11. 블록의 시작과 끝에 다음과 같이 세 개의 큰따옴표를 사용합니다.

```
"""
주석
"""
```

세 개의 작은따옴표 또한 사용 가능합니다.

12. 여러분의 주석은 다를 수도 있지만, 적어도 유사해야 합니다.

```
# 요일을 기준으로 커피포트를 켭니다
# 주중에는 오전 6시에 커피포트를 켭니다
# 주말에는 오전 8시에 커피포트를 켭니다
```

7장 디버깅과 테스트

1. 코드에서 오류를 제거하는 과정

2. 프로그램이 충돌 없이 처리되도록 하기 위해서입니다. 누군가는 필연적으로 잘못된 데이터를 사용할 것이므로, 코드로 이러한 경우를 대비해야 합니다.

3. 경곗값은 사용 중인 조건의 양쪽에 있는 값입니다. 프로그램이 한 건을 너무 적게 처리하거나 한 건을 너무 많이 처리하지 않도록 테스트되어야 합니다.

4. 프로그램 실행 이전에 특정 입력의 결과를 예상한 것. 예상 결과가 있으면 해당 유형의 데이터 입력에 대해 프로그램이 제대로 작동하는지 확실히 알 수 있습니다.

5. 1. 정수 입력 테스트 2. 실수 입력 테스트 3. 문자열 입력 테스트 4. 변환 계산 테스트 등

6. 런타임 오류

7. 구문 오류

8. 논리 오류

9. a. 구문 오류. **print( )** 명령은 모두 소문자로 작성됩니다.

b. 구문 오류. 큰따옴표와 작은따옴표 둘 중 하나만 사용해야 합니다.

c. 구문 오류. **print( )** 명령은 중괄호가 아닌 괄호를 사용합니다.

8장 변수와 대입문

1. a. 유효한 변수 이름입니다. 카멜케이스를 사용해서 읽기 쉽게 했습니다.

b. 숫자로 시작하므로 유효하지 않습니다.

c. 변수 이름의 일부로 기호 #가 있으므로 유효하지 않습니다.

d. 이름에 공백이 있으므로 유효하지 않습니다. 파이썬은 두 개의 변수라고 생각할 것입니다.

2. 변수 이름은 변수 이름이 보유하는 데이터를 나타내야 합니다. asdf은 아무런 설명도 하지 않으며, 따라서 변수의 이름이 될 수는 있지만 좋은 변수 이름이 아닙니다.

3. 좋은 변수 이름이 될 수 있는 몇 가지 옵션이 있습니다. 다음은 그중 일부입니다.

```
        music
        myMusic
        myFavMusic
```

4. 몇 가지 가능한 옵션들입니다.

```
        address
        addr
        home
        homeAddr
        mailingAddress
```

5. =

6. 예. 변수의 값은 필요한 만큼 변경할 수 있습니다.

7. 예. 변수를 사용하여 서로 다른 변수를 할당하는 값을 결정할 수 있습니다.

8. 여러분의 변수 이름은 다를 수도 있지만, 설명할 수 있어야 합니다.

```
    myTeamGames = numGames
```

9. 여러분의 변수 이름은 다를 수도 있지만, 설명할 수 있어야 합니다.

```
winPercent = numWins / numLosses
```

10. 이 예는 여러분의 것과 유사해야 합니다. 변수 이름은 다를 수 있지만 설명할 수 있어야 합니다. 계산에 두 개 이상의 연속이 포함될 수 있습니다.

```
numColdDay = 3      # 3번 감기 걸림
coldDay1 = 3     # 3일
coldDay2 = 7     # 7일
coldDay3 = 4     # 4일
cureForColdAvg = (coldDay1 + coldDay2 + coldDay3) / numColdDay
```

11. 97이 출력됩니다.

testScore의 현재 값 92에 extraCredit의 현재 값 5가 추가되어 92 + 5가 됩니다. 이 새로운 값은 testScore에 다시 저장됩니다. 이전 값 92가 없어져 검색할 수 없습니다.

12.

```
numberOfPlayers = 0
numberOfPlayers = numberOfPlayers + 1
```

다음과 같이 해도 됩니다.

```
numberOfPlayers += 1
```

13.

```
noShows = numRegistered
noShows = noShows - 1
```

다음과 같이 해도 됩니다.

```
noShows -= 1
```

14.

```
print("등록한 수:", numRegistered,
"\n\t선수 수:", numberOfPlayers,
"\n\t등록했으나 참여하지 않은 수:", noShows)
```

15.

```
print("등록한 수:", "{:,}". format(numRegistered),
"\n\t선수 수:", "{:,}".format(numberOfPlayers),
"\n\t등록했으나 참여하지 않은 수:", "{:,}".format(noShows))
```

16.

```
print("세 과목의 평균 점수는: {:.3f}" .format((test1 + test2 + test3)/3))
```

9장 자료형

1. 파이썬의 변수는 변수에 들어가는 값이 결정되면 그때 자동으로 변수 타입이 결정되기 때문에 실수형 float 타입을 써 줄 필요는 없습니다. 변수는 자동으로 float 타입이 됩니다. 확인을 위해 아래 코드를 실행시켜 보세요.

```
realNumber = 1.1
print(type(realNumber))     # 결과 'float'
```

2. 0, -999

3. 따옴표로 묶으면 됩니다. 데이터 유형은 str입니다. 클래스에 포함된 변수를 필드라고 부릅니다.

4. -0.5, -1.0, 0.0, 5432.1

이들은 모두 소수가 있기 때문에 모두 실수입니다. 만일 소수점 뒤의 숫자가 0이더라도 마찬가지로 실수입니다.

5. `pet = "dog"`

6. 소수점과 소수점 뒤의 숫자가 절삭되어 없어집니다.

7. 아니요. "440" 문자열은 숫자문자들로만 만들어졌기 때문에 실수 값으로 변환될 수 있습니다. 메모리에 저장되는 값은 440.0입니다.

8. 주소에 숫자뿐 아니라 문자도 포함되어 있기 때문에 오류가 발생합니다. 이 문자들은 정수로 변환할 수 없습니다.

9.

```
locker = 123
locker = str(locker)
print(locker)
```

다른 변수 이름을 사용하여 변환된 문자열 값을 저장할 수도 있습니다.

```
lockerList = str(locker)
print(lockerList)
```

10. 프로그래밍에서 절삭이란 소수와 그 뒤의 숫자를 잘라내는 것을 의미합니다. 올림이나 내림, 반올림이 아닙니다. 결과는 자르기 전에 존재했던 정수입니다.

11. 실수가 정수로 캐스팅될 때

12. `type( )` 함수는 괄호 안에 있는 변수 이름의 자료형을 결정합니다.

13.
```
numThrows = 0
print(numThrows)
print(type(numThrows)
```

14. str

따옴표가 해당 값이 문자열임을 파이썬에 알려 줍니다.

15. float

age는 코드의 첫 번째 줄에서 문자열 "18"이이고 두 번째 줄에서 실수로 변환되며 값이 실수 18.0으로 변경됩니다.

16. int

소수점 및 소수점 값이 잘립니다. 예를 들어 18.0을 정수로 변환하면 소수점 이하에 해당되는 0이 잘리고 값 18이 변수 age에 저장됩니다.

이 예에서는 변수 age에 세 가지 자료형이 있었습니다. 문자열로 시작해서 실수로 변환한 다음 정수로 변환했습니다. 파이썬은 각 사례에서 변수 age에 대한 자료형 변환을 처리했습니다.

10장 수학 기호

1. +(덧셈), -(뺄셈), *(곱셈), /(나눗셈), //(정수나눗셈), **(제곱), %(나머지)

2. float를 int로 캐스팅하면 소수 부분이 잘립니다.
```
num1 = 2.5
num2 = int(num1)
print(num2)
2
```

3. testAvg = (test1 + test2 + test3) / 3

4. numPizzas = (5*3)//8 + ((5*3)%8+7)//8

5. 아니요. /(슬래시) 기호만 나눗셈에 사용됩니다. \(백슬래시)는 문자열을 출력할 때 이스케이프 문자와 함께 사용됩니다.

6.
```
calc = 2**3
```
이것은 2*2*2와 동일합니다. 결괏값은 8입니다.

7. %

8. 나눈 후 나머지만 결과로 유지됩니다.

9. `hour = 7`

`time1 = hour % 12`

7인 hour를 12로 나눕니다. 몫으로 0을, 나머지로 7을 얻습니다. 나머지 연산에서는 7만 유지됩니다.

`time1 = 7`

10. `evenOdd = number % 2`

변수 evenOdd의 값이 1이면 이것이 홀수임을 압니다. 변수가 0이면 짝수입니다.

11. `threes = number % 3`

12. 3.66667

`num = 1.0 * (17 / 3) - 2`

연산 순서를 사용하면 (17/3)이 괄호로 인해 처음 계산됩니다.

다음으로 1.0에 (17/3)의 결과를 곱합니다.

마지막으로 그 값에서 2를 뺍니다.

13. `radius = 4`

`pi = 3.14`

`circumference = 2 * pi * radius`

`print(circumference)`

14.

```
shoeSize = 7
yearBorn = 1999
answer = (((shoeSize * 5) + 50) * 20) + 1020 - yearBorn
print(answer)
```

변수 answer의 첫 번째 숫자는 신발 사이즈이고 다음 숫자는 나이여야 합니다(올해 생일이 이미 지난 경우 제외).

11장 문자열

1. `artist = "One hit wonder"`

`print(artist[5])`

문자 i가 출력됩니다. 인덱스 위치는 0으로 시작합니다. 인덱스 위치 5는 문자 i를 유지합니다.

값	O	n	e		h	i	t		w	o	n	d	e	r
인덱스	0	1	2	3	4	5	6	7	8	9	10	11	12	13

2. `print(artist[72 - 68])`

이것은 artist[4]와 같습니다. 72-68 계산이 먼저 수행됩니다.

그런 다음 인덱스 위치 4에 있는 문자를 찾아서 출력합니다.

문자 h가 출력될 것입니다.

3. `print(artist[-3])`

이것은 유효한 인덱스 위치입니다. 문자열의 길이인 14로 시작합니다.

확인하려면 print(len(artist))를 입력하면 됩니다.

11이 될 인덱스 위치를 계산하기 위해 14 - 3을 취합니다.

인덱스 위치 11의 문자는 d입니다.

4. `print(artist[len(artist) - 1])`

len( ) 내장 함수를 사용하여 변수 artist의 길이를 찾고, 길이에서 1을 빼서 유효한 인덱스 위치를 얻은 다음 해당 인덱스 위치의 문자를 출력합니다. 결과는 문자열의 마지막 문자인 r입니다.

5. 여러분만의 인덱스 위치 예제를 작성하세요. 결과를 확인하려면 파이썬으로 실행해 보세요.

6. `song = "do re mi "`

`print(song + song)`

문자열일 때 + 기호는 연결 신호를 보내며, 이 신호를 통해 문자열이 서로 결합됩니다.

다음 문자열이 출력됩니다.

do re mi do re mi

7. `song = "do re mi "`

`print(song * 3)`

문자열의 경우, 곱셈 부호 *가 표시된 횟수만큼 문자열을 복제합니다. 노래는 3번 출력됩니다.

do re mi do re mi do re mi

8. fullName = frstName + middleName + lastName

덧셈 기호 +를 사용해 연결합니다.

9. 바꿀 수 없다는 뜻입니다.

10. 변경된 문자열의 복사본이 만들어지고 메모리에 저장됩니다. 그런 다음 변경된 새 문자열이 사용됩니다.

11. Coding i

슬라이싱을 사용하면 첫 번째 숫자는 포함되지만 두 번째 숫자는 제외됩니다.

따라서 인덱스 위치 0-7의 문자가 취해집니다.

12. Coding is awe

첫 번째 위치에 값을 제공하지 않으면 파이썬은 인덱스 위치 0인 부분에서 시작됩니다. 이 슬라이스에는 0-12가 포함됩니다.

13. some

두 번째 숫자가 17인데, 포함되지는 않으므로 이 슬라이스는 13에서 16까지입니다.

14. me!

슬라이스에서 두 번째 위치에 대해 값을 제공하지 않으면 파이썬이 변수의 끝으로 이동합니다. 이 슬라이스는 15-17을 포함합니다.

15. awesome!

슬라이스를 결정하기 위해서는 몇 가지 개념을 결합해야 합니다. 시작 인덱스 위치의 경우 파이썬은 먼저 문자열 변수의 길이를 계산한 다음 이 값에서 8을 뺍니다. 이 값은 (18 - 8) 또는 10입니다. 끝 조각 위치가 문자열의 끝을 초과하므로 문자열의 나머지 문자가 포함됩니다.

16. 5

`find( )` 메소드는 문자의 인덱스 위치를 찾거나 찾지 못한 경우 -1을 제공합니다. 문자 a는 문자열에 두 개 있습니다. 문자열에 문자가 두 개 이상 있는 경우 `find( )` 메소드는 문자열의 첫 번째 항목을 반환합니다.

17. fire alarm test

`lower( )` 메소드는 문자열을 모두 소문자로 변환하고 변경 사항과 함께 해당 복사본을 반환하는데, 그 이유는 문자열이 변경 불가능하기 때문입니다.

18. `alert.replace("test", "drill")`

19. `continue.startswith("y")`

12장 입력

1. 그러지 않으면 키보드의 응답이 사이버 공간에서 손실되어, 나중에 프로그램에서 사용할 수 없게 되기 때문입니다.

2. 프로그램을 잠시 멈추고 키보드로부터의 입력을 기다립니다. [Enter] 키가 감지되는 즉시 이 함수는 입력된 정보를 변수에 저장합니다.

3. `guess = input("1에서 10 사이의 값을 추측해 보세요:")`

프로그램에서 어떤 유형의 입력이 필요한지 사용자가 알아야 input( ) 함수의 괄호 안에 메시지를 넣을 수 있습니다.

4. try: 구문은 사용자 입력과 같은 코드 줄을 테스트할 수 있는 기회를 제공하고, except: 구문은 try: 구문에 오류가 있을 때 프로그램을 중단시키지 않는 방법을 제공합니다.

5. 들여쓰기는 들여쓰기된 명령문과 관련된 코드를 나타내는 데 사용됩니다. 파이썬에서 중요합니다.

6. except: 명령과 연관된 코드는 try: 섹션에서 오류가 발생할 때만 실행됩니다.

7. 아니요. 마찬가지로 except: 없이 try:를 실행할 수도 없습니다. 이 둘은 함께 움직입니다.

8. :(콜론). 항상 try: 및 except: 문 뒤에 있어야 합니다.

9. 이벤트가 발생했음을 나타내는 데 사용할 수 있습니다. 예를 들어 try: 섹션에서 오류가 감지되었을 때 플래그 변수를 except: 코드의 특정 값으로 설정할 수 있습니다. 프로그램에서 플래그 변수의 값을 확인하여 추가 처리가 필요한지 여부를 확인할 수 있습니다.

10. 여러분의 답은 이것과 다를 수 있지만, 동일한 기능을 제공해야 합니다.

```
temp = input("현재 온도는 몇 도입니까?")
try:
        # 문자열 값을 float로 변환합니다.
        temp = float(temp)
except:
        print("오류가 발생했습니다. 온도값은 숫자여야 합니다.")
```

11. 프로그램의 처리가 계속되도록 코드의 except: 섹션에 플래그 변수를 설정해야 합니다. 오류가 발생했으므로 특정 작업은 테스트되지 않습니다.

```
flag = "y"
```

12. 이상 없습니다.

단, 들여쓰기가 파이썬에 매우 중요하다는 점을 기억하세요. try: 문 아래에 있는 코드 줄과 except: 문 아래에 있는 코드 줄은 반드시 들여써져야 합니다.

13. 데이터를 사용할 수 있도록 파일과 프로그램을 연결합니다. 한 프로그램에서 파일이 열려 있는 동안에는 다른 프로그램에서 사용할 수 없습니다.

14. 프로그램이 파일에 쓸 수 있도록 합니다. 파일에 이미 있는 모든 데이터를 덮어씁니다. 파일이 아직 없는 경우 파일을 자동으로 생성합니다.

15. '쓰기'는 파일에 이미 있는 모든 항목을 덮어씁니다.

반면 추가는 기존 데이터의 끝에 새 데이터를 씁니다. 이미 있는 데이터를 덮어쓰지 않습니다.

16. `with open("temp.txt", "r") as fileIn:`

괄호 안의 첫 번째 값은 파일 이름입니다. 두 번째 값은 파일을 여는 모드입니다. r은 읽기 전용 모드를 나타냅니다. 파일 이름과 파일 핸들은 다를 수 있지만 나머지 문은 동일해야 합니다.

13장 세 유형의 명령문

1. 선택문/조건문

평가할 조건을 포함합니다. 조건이 참이면 if 아래에 들여쓰기된 코드가 실행됩니다.

2. 반복문

코드 블록을 여러 번 실행합니다. 루프라고도 합니다.

3. 순차문

14장 선택문

1. a. 예. 두 가지 옵션만 있으므로 앞은 참으로, 뒤는 거짓으로 설정할 수 있습니다(반대도 가능).

   b. 예. 조명에는 두 가지 가능성만 있으므로 부울로 설정할 수 있습니다. 점등은 참, 소등은 거짓일 수 있습니다(반대도 가능).

   c. 예. 이 질문에 대한 옵션은 예 또는 아니요이므로 긍정을 참으로, 부정을 거짓으로 하는 부울로 사용할 수 있습니다.

   d. 아니요. 요일에는 7가지 가능성이 있으므로 부울 조건으로 사용할 수 없습니다.

2. 가능한 코드의 예시입니다.

```
whistle = input("휘파람을 불 수 있나요? 'y' or 'n'")
if (whistle == "y"):
        print("휘파람을 불 수 있습니다!!")
```

3. `>`

4. `<=`

5. 단일 등호(=)는 변수에 값을 할당하는 데 사용되고, 이중 등호(==)는 좌우의 값을 비교하여 같은지를 판단할 때 사용됩니다.

6. 가능한 코드의 예시입니다.

```
favoriteSong = "your favorite here"
if (song == favoriteSong):
        print("나의 애창곡이야!")
```

7. :(콜론)

8. 아니요. 파이썬의 if 문에는 괄호가 필요하지 않습니다. 그러나 많은 다른 프로그래밍 언어는 괄호를 요구하기 때문에, 괄호에 익숙해지는 편이 좋습니다.

9. 조건이 조건 아래 한 수준(탭 한 개)에 해당하는 경우, 실행될 코드를 모두 들여쓰기해야 합니다.

10.
```
if (day == "토요일" or day == "일요일"):
        alarm = "끈다"
else:
        alarm = "0600"
```

다음처럼 쓸 수도 있습니다.

```
if (day == "월요일" or day == "화요일" or day == "수요일" or day == "목요일" or day == "금요일"):
        alarm = "0600"
else:
        alarm = "끈다"
```

11. 이 조건은 상품의 가격이 100달러 이상인지를 확인합니다.

12. 이 조건은 제시간에 버스를 잡았는지를 확인합니다.

다음과 같이 쓸 수도 있습니다.
```
  if (onTime == True):
```

13.
```
if (listen):
        playSong()
else:
        skipSong()
```

14. 코드 줄이 if 조건과 같은 수준으로 들여쓰기되어 있지 않으면 파이썬은 선택문과 관련된 코드가 완료되었음을 인식합니다.

15. 이 의사코드는 개에게 먹이를 줄 시간인지를 테스트하고 있습니다.

오후 6시라면(또는 1800) 개에게 먹이를 줍니다.

오후 6시가 아니더라도 개와 놀아 주고 빗질을 해 줍니다. 해당 문은 if 문 아래에서 들여쓰기되지 않기 때문입니다.

16. 아니요. 파이썬은 조건 중 하나가 참이 될 때까지만 확인합니다. 일단 하나가 참이라면, 다른 조건은 확인하지 않습니다.

17. 둘 중 앞선 True 조건으로만 코드를 실행합니다.

18. "경기 규칙 매뉴얼을 참고하세요."가 출력됩니다.

19.
```
if (num % 3 == 0):
    num = num + 10
elif (num % 3 == 1):
    num = num + 5
```

20. Hong Gildong이 앞에 있습니다.

문자열 비교 문제입니다. 처음 4개 문자는 두 문자가 같으므로, 실제로 "G"와 "O"에서 비교가 수행되었습니다.

21. (1)if 및 else 문 뒤에 :(콜론)이 없습니다.

(2)관계 연산자의 순서가 잘못되었습니다. 크거나 같으면 >=이어야 합니다.

15장 논리 연산자

1. 조건 중 하나 이상이 참일 때

2. 하나 이상의 조건이 거짓일 때

3. 오후 5시이고 비가 오지 않는 경우

4. 토요일 오후 1시인 경우

5. 아무것도 출력되지 않습니다.

두 조건 모두 참이 아니기 때문입니다. book2 <= book1에 대한 조건은 False이므로 book3 < book2 여부에 관계없이 전체 조건이 False가 됩니다.

6.
```
if (musicTaste == "classic rock" and playGuitar):
```
변수 이름은 다를 수 있지만, 구조는 같아야 합니다.

다음처럼 쓸 수도 있습니다.
```
if (musicTaste == "classic rock" and playGuitar == True):
```

7.
```
if ((day == "Saturday" or day == "Sunday") and daysClean > 10):
```
변수 이름은 다를 수 있지만, 구조는 같아야 합니다.

8. "커피포트가 꺼져 있습니다."

주어진 시간이 오전 7시가 아니라 오후 7시이기 때문에 조건은 False입니다. 또한 요일이 월요일이 아닌 수요일이므로 이 조건 역시 False입니다.

9. 가능한 예시 중 하나입니다.

```
if (time >= 2100) and (time <= 2300): # 오후 9:00 부터 11:00 까지
    watchTV == True
```

10. 이 코드는 플레이어가 여전히 생명을 가지고 있는지 테스트합니다. 참이면 게임이 계속됩니다. 그렇지 않으면 게임을 끝내고 다시 할 건지 묻습니다.

11.
```
if (movieToSee == True and money < 15):
    print("용돈을 벌기 위해 아르바이트를 한다.")
else:
    print("영화 보러 가자!")
```

다음과 같이 쓸 수도 있습니다.

```
if (movieToSee and money < 15)
```

12.
```
# if challenges > 0이라면 해결해야 할 도전이 남아 있음을 의미
if (not(challenges > 0)):
    print("레벨업!")
```

13.
```
if (win and score > highestScore):
    highestScore = score
    print("최고 점수가 갱신되었다!")
```

16장 리스트

1. movies = ["스위트홈", "킹덤", "스타워즈"]

2. me = ["이름", "키", "나이", "성별"]

여러분의 정보를 구체적으로 넣을 수 있습니다.

3. 요소

4. 인덱스 위치를 사용합니다.

5. 0

6. 가능한 예시입니다. 더 다양할 수 있습니다.

```
favFood = ["팝콘", "피자", "딸기", "스테이크"]
print(favFood)
favFood[1] = "치킨"
print(favFood)
```

7.
```
numScores = len(scores)
print(numScores, scores[numScores - 1])
```
다음과 같이 쓸 수도 있습니다.
```
print(len(scores), scores[len(scores) - 1])
```

8. 가능한 예시입니다. 실제 노래 제목을 넣어 보세요.

```
favSongs = ["Imagine", "When I Dream", "I.O.U", "Yesterday", "Vincent"]
for song in favSongs:
        if (len(song) % 2 == 0):
                print(song)
print("다시 재생")
```

9. a. 피보나치 수열의 다음 두 값을 리스트에 추가합니다.
```
    fibonacci.append(21)
    fibonacci.append(34)
```
b.
```
for num in fibonacci:
    print(num)
```

10.
```
roster.insert(3, "세종")
for king in roster:
    print(king)
```

11.
```
pets.remove("horse")
```

12.
```
pets.pop(4)
```

13.
```
del pets[4]
```
또는
```
pets.remove("snake")
```

14.

```
large = weights[0]
for num in weights:
        if (num > large):
                large = num
print("리스트의 가장 큰 수:", large)
```

또는

```
print("리스트의 가장 큰 수:", max(weights))
```

15. a. 90.3

　　 b. 180.6

　　 c. 45.15

　　 d. 88.3

16. [42, 256, 1023, 42, 256, 1023, 42, 256, 1023]

17장 반복하는 while 루프

1. 조건에서 테스트한 변수가 루프 실행 중에 변경되지 않는 경우

2. 컴퓨터의 모든 리소스가 사용되어 충돌할 때

다시 시작하면서 지워집니다. 다시 실행하기 전에 무한 루프를 수정하세요!

3. :(콜론)

4. while 루프 내에 속하는 코드는 그 아래에 들여쓰기되어 있습니다. 루프가 수행되고 코드 라인이 루프에 속하지

않음을 나타내려면 해당 줄의 들여쓰기를 왼쪽으로 복귀시키세요.

5. 루프를 통과할 때마다 변수 score에 1을 더하면 됩니다.

score = score + 1 또는 **score += 1**

6. Game Over

변수 lives가 현재 11이기 때문에 루프에 들어가지 않습니다. 루프에 들어가려면 10 이하여야 합니다.

이것은 제로 트립 루프입니다.

7. 루프를 변경하는 방법에는 두 가지가 있습니다.

하나는 처음에 lives를 11이 아닌 10으로 설정하는 것입니다.

다른 하나는 lives <= 10이 아닌 lives <= 11을 확인하도록 조건을 변경하는 것입니다.

8.

```
count = 0
animal = input("어떤 종류의 반려동물을 가지고 있나요?  혹은 원하는 반려동물은 무엇인가요?")
while (count < 4):
        print(animal)
        if (animal == "햄스터"):
                break:
        count = count + 1
        animal = input("기르고 있거나 원하는 다른 반려동물의 이름을 입력하세요.:  ")
```

9.

```
count = 5
while (count > 0):
        print(count)
        count = count -1
print("발사!")
```

10.

```
while (number < 0):
        if (number % 2 == 0):
                print(number)
        number += 1
print ("종료")
```

11.

```
count = 0
numChannels = 1000
while (count < numChannels):
        count += 1
        if (channelGenre == "음악채널"):
                continue
        print(count)
```

12.

```
count = 0
name = input("이름을 입력하세요. 혹은 완료되면 'done'을 입력하세요.: ")
while (name != "done"):
        count = count + 1
        name = input("다른 이름을 입력하세요. or 완료되었다면 'done'을 입력하세요.: ")
print("입력한 개수는", count, "개 입니다.")
```

18장 반복문: for 루프

1. for 루프 아래에 들여쓰기된 코드는 반복될 때마다 되풀이됩니다.

2. :(콜론)

3. **Locker#: 103 TWICE**　　(마지막 전 반복)

　　Locker#: 104 IU　　(마지막 반복)

4.

```
count = 0
for letter in "Mississippi":
        if (letter == "s"):
                count += 1
print("'Mississippi'란 단어에서 문자 's'는", count, "번 나왔습니다.")
```

19장 함수

1. 파이썬 IDE/IDLE에서 컬러로 표시되어 알아볼 수 있습니다.

프로그래머는 공식 파이썬 문서(https://docs.python.org/3/library/functions.html)로 이동하여 해당 기능을 확인할 수 있습니다.

2. 아니요. 변경할 수 없습니다.

프로그래머는 프로그램에 내장된 기능만 사용할 수 있으며 변경할 수는 없습니다. 이 코드는 이미 작성 및 테스트되었습니다. 기본 제공 함수의 변경을 방지하기 위해 실행 가능한 컴퓨터 코드만 프로그래머에게 제공됩니다.

3. 아니요. 변수는 기본 제공 함수와 같은 이름을 가질 수 없습니다.

기본 제공 함수가 해당 단어를 이미 예약했으며 특정 기능과 문서화된 기능이 연결되어 있습니다.

4. def

5. 예. :(콜론)이 사용됩니다.

6. 함수에 속하는 코드는 def 문에서 한 수준 들여쓰기됩니다. 들여쓰기되지 않은 코드의 첫 번째 줄은 함수 정의가 완료되었음을 나타냅니다.

7. 함수에서 코드를 실행하려면 프로그램에서 코드를 호출해야 합니다. 이를 호출하기 위해 함수 이름 + 괄호를 사용하고, 이때 필요한 인수는 괄호 안에 넣습니다.

print("text to print")

calcAvg(score1, score2, score3)

8. 가능한 예시입니다. temp1에서 temp4의 변수가 이미 정의되어 있다고 가정합니다.

```
def calcAvgTemp():
        global temp1, temp2, temp3, temp4
        avg = (temp1 + temp2 + temp3 + temp4) / 4
        print("평균 온도는", avg, "도 입니다.")

# Call to function
temp1, temp2, temp3, temp4 = 25, 18, 19, 24
calcAvgTemp()
```

9. 인수는 값을 함수에 전달합니다.

매개 변수는 인수에서 값을 받는 함수의 변수입니다.

매개 변수는 함수에 국한됩니다.

10. 예. 괄호는 내장된 모든 함수와 우리가 작성하는 함수에 모두 필요합니다.

11. ,(쉼표)

12. 가능한 예시입니다. 정수 5와 다른 정수 29를 포함하는 변수를 호출했습니다. 두 개의 정수나 두 개의 변수를 사용하여 정확하게 부를 수도 있습니다.

```
def avgTwo(num1, num2):
        avg = (num1 + num2) / 2
        print("평균 값:", avg)


number1 = 29
# Call to function
avgTwo(5, number1)
```

13. 지역 변수.

함수에 정의된 변수는 해당 함수에 대해서만 지역입니다.

14. 프로그램 전체

15. 함수에 전역 변수를 사용하려면, 전역 키워드인 global을 전역 변수 이름 앞에 붙여 def 문이 함수를 정의한 첫 번째 줄에 넣으면 됩니다.

16.
```
def myPets():
        global currentPet
```

17. 함수 이름과 변수 이름은 다를 수 있지만 if 문의 비교는 동일해야 합니다.

```
def maxNum(num1, num2):
        if (num1 > num2):
                        return num1
        return num
```

`else: return num2` 문을 사용할 수도 있습니다.